湖北省教育厅人文社科重大项目《古代文学批评文体研究》研究成果
湖北省重点（培育）学科黄冈师范学院中国语言文学学科资助出版

文体与批评研究丛书

古代文体研究论稿

吴作奎　郭薇　侯利萌　万昭　沈立群　著

WUHAN UNIVERSITY PRESS
武汉大学出版社

图书在版编目(CIP)数据

古代文体研究论稿/吴作奎等著. —武汉:武汉大学出版社,2016.12
文体与批评研究丛书
ISBN 978-7-307-19087-0

Ⅰ.古…　Ⅱ.吴…　Ⅲ.文体论—研究—中国—古代　Ⅳ.H152

中国版本图书馆 CIP 数据核字(2016)第 315585 号

责任编辑:白绍华　　　责任校对:李孟潇　　　版式设计:马　佳

出版发行:**武汉大学出版社**　　(430072　武昌　珞珈山)
　　　　　(电子邮件:cbs22@ whu. edu. cn　网址:www. wdp. com. cn)
印刷:虎彩印艺股份有限公司
开本:720×1000　1/16　印张:20　字数:267 千字　插页:1
版次:2016 年 12 月第 1 版　　2016 年 12 月第 1 次印刷
ISBN 978-7-307-19087-0　　定价:79.00 元

前　言

中国古代文体繁多，古代文体学研究也成为近几十年来学术研究的热点。本书选择魏晋时期小赋、宋元时期赴日禅僧宗教文体、明代后期八股文、冯梦龙小说《智囊》等受到研究者较少关注的文体，从具体角度考察博物观念与魏晋时期小赋、宋元时期赴日禅僧群体创作与宗教文体、阳明心学与明代后期八股文、冯梦龙智慧观与小说《智囊》等的关系。

魏晋之际，风气尚博好异，此时涌现了一批博物学家与博物著作。魏晋小赋的描写对象非常广，天地岁时、日月星辰、松柏梧桐、孔雀猿猴、玛瑙砗磲……前代赋中已写或未曾写到过的题材此时都涉及了。这和当时的博物观念有一定的联系，博物学家如张华、郭璞、嵇含等博物学家都有小赋传世，而小赋作家如陆机、傅咸、顾恺之也博学多才，这一时期尚通博，此风气在小赋中也有体现。而赋是体物的文体，在写作中也可以更多地体现出作者的知识和学问。在文体上，历来对赋的诗化讨论的比较多，而本章则侧重于博物观念在内容上对小赋的影响。魏晋时期南方开发，涌现出一批记录南方物产风俗的博物志著作，南方丰富奇异的物产在赋中有所表现，引起了时人的惊奇。而随着对外交流的发达，舶来品也丰富了时人的知识和想象。这一时期大量异物的出现，对时人的心灵有着一定的触动，在赋中有所体现。同时，这一时期的小赋盛行，对博物学著作的写作也产生了一定的影响。

宋元时期赴日禅僧与宗教文体研究旨在从宗教文学和宗教诗学的视

阈，对宋元时期赴日禅僧及其宗教文学作品予以探析。首先，对宋元时期赴日禅僧的生平及其著述情形进行基本的考证和论述；其次，立足于宗教本位，分析宋元赴日禅僧宗教文学作品的经典文体——语录的文体类别及其宗教文学特质；然后，揭示出他们创作的另一经典文体——偈颂形式和内容的散文化与诗学化特点，并对偈颂的题材予以分类；最后，从宗教诗学的维度分析偈颂的文学旨趣，挖掘其中蕴涵着的天涯游子的羁旅情愁和出世间的隐居情怀。

八股文是明代科举考试的专用文体，阳明心学与明代后期八股文研究包括三个方面。一是系统考察了阳明心学在国家意识形态禁锢下逐渐扩大影响并渗入八股文的历程。明初科考程式规定八股文的命题和作答严格限于四书五经及程朱传注的范围之内，程朱理学成为八股取士的钦定标准。士子答题谨遵程朱的现象一直持续到明中期。阳明心学兴起于八股文鼎盛的正德、嘉靖时期，所倡导的"致良知"、"知行合一"等思想是对程朱理学权威地位的有力冲击，虽一再受到朝廷打压，仍顽强生长，声势越来越大。但由于朝廷的禁令，士子尚不敢在八股文中公然表达心学思想。隆庆元年，王学终于得到官方承认。隆庆二年，会试主考官李春芳在程文中引用阳明语录，自此阳明心学逐渐渗入八股文，改变了八股文坛的面貌。二是以明代后期的八股文本为例，具体分析阳明心学在八股文中的表现。所选择的八股文本分为两类，一类是程墨（程文指主考官依该科考题所做的八股文，墨文指被录取的士子中试时所作的八股文），一类是诸生习作。历科的乡试、会试程墨代表着主考官的录取喜好，反映了八股文的写作潮流和方向。嘉靖以后，许多朝廷官员乃至乡试、会试的主考官不少为阳明后学，应试高中的举子中也不乏阳明心学的追随者。经由对极具心学色彩的程墨和诸生习作的文本细读，探讨阳明心学对明代后期八股文内容的深刻影响。三是探讨阳明心学在明末的兴衰与八股文风变迁的关联，具体从两个层面展开论述。第一个层面：阳明心学的广泛渗入使明代后期八股文突破了功令限制，广泛吸纳诸子及释道语汇，形式灵活多变，风格追新求奇，八股文坛繁盛一时。第二个层面：晚明的社会危机导致了儒学正统的复兴和阳明心学的衰落，八股文坛的清真雅正之风再度兴盛，阳明心学对八股文的影响渐趋衰微。

提到冯梦龙，人们最熟悉的是他的"三言"（《喻世明言》《警世通言》《醒世恒言》）。在现有的研究中，"三言"受到的关注最多，成果最丰。相较而言，冯梦龙编纂的几部文言小说集《智囊》《古今谭概》《情史》受到关注较少，而三者之中，《智囊》尤甚。《智囊》是冯梦龙编纂、评点的一部重要的专题性文言小说集，编者从先秦到明代的各种典籍中选取一千多则有关"智"的故事。冯梦龙智慧观与小说《智囊》研究，则尝试从历史、地域文化的角度切入，将《智囊》定位在"晚明江南"这一特殊文化背景下，包括以下五个方面：一是《智囊》编纂的时代文化背景；二是《智囊》的内容介绍和对其中分类内在逻辑的评价；三是对《智囊》中的评点及作者思想观点的辨析；四是《智囊》中某些奸诈智谋运用情况及其评述的辨析；五是《智囊》政治思想与冯梦龙的政治实践。以上五大部分层层递进，环环相扣，见出冯梦龙的《智囊》一书，不仅为读者提供智慧学习的读本，也为广大士子读者文人提供实际经验，以便在他们将来的政治和人生实践中给予支持，从而为有效阅读利用此书进行最好的指导。

目　　录

第一章　博物观念与魏晋时期小赋

魏晋之际，风气尚博好异，涌现了一批博物学家与博物著作。魏晋小赋的描写对象非常广，天地岁时、日月星辰、松柏梧桐、孔雀猿猴、玛瑙砗磲……前代赋中已写或未曾写过的题材此时都涉及了。这和当时的博物观念有一定的联系，博物学家如张华、郭璞、嵇含等博物学家都有小赋传世，而小赋作家如陆机、傅咸、顾恺之也博学多才，这一时期尚通博，此风气在小赋中也有体现。而赋是体物的文体，在写作中也可以更多地体现出作者的知识和学问。魏晋时期南方开发，涌现出一批记录南方物产风俗的博物志著作，南方丰富奇异的物产在赋中有所表现，引起了时人的惊奇。而随着对外交流的发达，舶来品也丰富了时人的知识和想象。这一时期大量异物的出现，对时人的心灵有着一定的震动，在赋中有所体现。同时，这一时期的小赋盛行，对博物学著作的写作也产生了一定的影响。

第一节　魏晋博物观念

一、博物溯源

《说文解字》："博，大通也。"①这符合我们对博物一般意义上的理

---

① （汉）许慎撰，（清）段玉裁注：《说文解字注》，上海古籍出版社 2009 年版，第 89 页。

解。先秦时期已经有了博物的观念。《左传》已出现"博物"一词。据《左传·昭公元年》记载:"晋侯谓子产博物君子也。"①杨伯峻释博物为"知识渊博。"②子产这一称号的得来源于他论晋候之病时所体现出的博学。晋候生病,晋国一众大臣不明白"实沈、台骀为祟"为何意,独子产侃侃而谈,不仅叔向听了心悦诚服,晋平公也称赞他为博物君子。几年后,晋平公又病寝,这次生病的原因是因为做梦梦见了一只黄色的熊进入居室。子产此时正好在晋国聘问,韩宣子向子产询问黄熊是怎样的一种厉鬼,子产说黄熊是鲧身死之后魂灵所化。在子产的指点下,晋国祭祀了鲧,平公的病情有起色,因而赐给子产两件莒国的方鼎。从子产论病来看,子产在历史渊源、神话传说、鬼神幽冥、政治时节等方面知识渊博。

除子产外,孔子也是先秦时期著名的博物人士。《论语》中孔子教弟子学诗,认为《诗经》的作用除了兴观群怨之外,还可以多记草木鸟兽名。孔子按说形象应该非常正统,在四书中基本找不到孔子言说怪力乱神方面的记载。甚至按照《论语》的说法,孔子罕言性与命,性与命是两个比较玄的概念,与上天相关,孔子都很少言说。《孟子》中孔子也是大仁大智大慈大悲的圣人形象,传为子思所作的《中庸》也是极力推崇孔子,书中的孔子仁德、睿智,与怪力乱神丝毫不沾边。但是到了后世的典籍里,孔子的形象有了较大的不同。这尤其以太史公的《史记》最为典型,《孔子世家》记载了大量关于孔子博物的事件,如鲁国的季桓子打井时挖出一个像羊的土缶,却故意告诉孔子说挖到的是狗。"仲尼曰:'木石之怪夔、罔阆,水之怪龙、罔象,土之怪坟羊'。"③除《史记》外,其他典籍如《孔子家语·辨物》《说苑·辨物》《淮南子·氾

---

① 杨伯峻注:《春秋左传注》,中华书局 2009 年版,第 1217-1221 页。
② 杨伯峻注:《春秋左传注》,中华书局 2009 年版,第 1221 页。
③ (汉)司马迁撰,(宋)裴骃集解,(唐)司马贞索隐,(唐)张守节正义:《史记·太史公自序》,中华书局 2009 年版,第 1542 页。

论训》都有相同之事的记载。无论是正史还是笔记小说，都对此类怪力乱神之事津津乐道。太史公好奇为世人所共知，但子长并不会随意捏造，那么孔子的奇异应是有迹可寻。这或许是因为四书等典籍的作者为孔子的嫡传弟子或私淑弟子，这些弟子看重推崇的是孔子的仁德智慧与学问人品，孔子明言不说这方面知识的训导这些弟子也牢记于心。从时间上看，先秦典籍里孔子的形象比较正常，到汉代孔子的形象便发生了变化。从以上所引材料来看，汉魏六朝之人如司马子长乃至到明代的胡应麟等人似乎都对孔子在传统的六艺之外的知识特别感兴趣。太史公甚至在书中记录了与孔子同时代的人获羊而故意说获狗来试探孔子是否博物。而所谓坟羊、防风氏之骨和所谓肃慎之矢，都属"怪力乱神"的范畴，虽然孔子不语怪力乱神，但他这方面的知识却相当渊博。故胡应麟说："仲尼索引之宗而语怪之首。"①胡应麟在书中也大量记录孔子通晓博异的事迹。这也可以看出与孔子同时代之人及以司马子长为代表的汉代人对博物的理解是涵盖了怪力乱神方面的知识的。子产所云如鬼神之事，也属于这方面知识。太史公为孔子奠定了博异的形象，一直影响到明代。

《汉书·刘向传赞》除刘向外，另外提及几位人士，"皆博学多闻，博贯古今"②。即是孟子、荀子、董仲舒、司马子长、刘更生、扬子云。班固认为他们几位是继孔子之后的博学家，也正是因为这点故而班固把他们并列在一起。传中记载刘向幼读刘安《鸿宝苑秘书》，深以为奇，对其中记载的神仙驱使鬼变出金子的法术深信不疑，乃至因此获罪。刘向更多以经学家和目录学知名，他是目录学的创始人，所著《别录》开创了后世目录六分法之先例，垂法于后世。这两方面就足以体现出刘向的博学，但《汉书》中的记载让我们看到了另一重形象的刘更生，这个

①　胡应麟：《少室山房笔丛》，上海书店出版社 2009 年版，第 382 页。
②　(汉)班固撰，(唐)颜师古注：《汉书》，中华书局 2009 年版，第 1531 页。

形象与正统的经学家形象很不一样，虽然这是刘向幼年时期的事，但也看出刘向的好奇。由此可见刘向被称为博物洽闻通达古今不仅在于他烂熟六艺经术，也在于其对天人阴阳、神仙方术的了解。另外，刘歆不仅仅是绍绪其父未竟的目录学事业，写成《七略》，在好奇这点上也是接续其父，刘歆的博学不消多说。但王莽拜其为国师并不仅仅是因为刘歆在经学上造诣高深，刘歆在怪力乱神方面的知识不在其父之下。刘歆在新朝动乱之际，算到主天下沉浮的中兴之主名为刘秀，便改名为刘秀，当然后来称帝的是另外一个刘秀。这些都表明了刘向刘歆父子在怪力乱神方面的知识同他们的经学知识一样也是无人能及的。至于另外几位汉代博物君子，《汉书》中另有提及。《汉书·董仲舒传赞》云："秦末纷乱，诸侯争乱，书籍流散，经典多亡，仲舒心忧，下帷发奋，潜心大业，令后学者有所统壹，为诸儒之首。"[1]从传中来看，董仲舒是一个很传统纯粹的儒者形象，他在儒学上的造诣在当时无人能及，传中所说"下帷发奋"，董仲舒学习上非常勤奋，能够目不窥园，最终成为一代儒学大师。董在汉武帝推行"独尊儒术"政策的过程中所起的作用是不可替代的，但董是否和他推崇的孔子一样也精通一些杂七杂八的知识，传中并无记载，而这一切都不妨碍董博学之名。扬雄"博览无所不见"[2]。扬雄是著名的辞赋家，著名的扬雄四赋足以让他在文学史上占一席之地，但他并不仅仅是个辞赋家，他同时还是一位著名的文字学家和训诂学家，著有《方言》和《法言》。后来郭璞有《方言注》，由后代的博学之士注释前代博学之士的著作，郭璞可谓扬雄异代之知音。扬雄与刘向父子一样都曾在天禄阁校注整理过国家藏书，这在博学上不在刘向父子之下。扬雄与刘歆一样为王莽所重视，并不仅仅由于他在经学上的造诣，王莽十分迷信，对于谶纬符命的态度也十分矛盾，他相信谶纬，

---

① （汉）班固撰，（唐）颜师古注：《汉书》，中华书局 2009 年版，第 1920 页。

② （汉）班固撰，（唐）颜师古注：《汉书》，中华书局 2009 年版，第 2607 页。

也以谶纬向天下昭告他受命于天，但又害怕别人也用此来推翻他的神圣政权，因之又大力禁止。扬雄曾教刘歆子棻奇字，棻因此触怒王莽，也连累扬雄投阁。可见扬雄在知识构成上与刘向父子是相似的。班固所列举的几位博学之士都是儒家的代表人物，这可视作汉武帝独尊儒术影响了人们对博物的看法，班固本身就是一位正统的儒者，博物这一观念一直为儒家所承继。而其中几位又精通怪力乱神，这与孔子的学问倒也算得上一脉相承。

从以上材料来看，魏晋之前的以儒家为代表的博物之士在知识上无所不包，比较驳杂。司马谈《论六家要指》："儒者博而寡要，劳而少功。"①虽然批判儒家，但同时也道出儒家的博物追求。先秦两汉时期儒学地位颇高，因而这一时期的博物之士基本上都是儒学出身。这种观念影响了魏晋人的博物观念，魏晋的博物之士也多有儒学背景，这在后面将会论述到，此不赘述。魏晋也承接了前代好异的博物观念，而这种尚博好异的风气体现在博物君子数量多与博物著作的大量出现，博物著作的数量之多也是前代无法比拟的。但魏晋比起先秦两汉来说，思想多元，不再推尊儒术，在好异方面比前代走得更远，发展成博物志怪。因之魏晋博物有了自身的特点。

二、魏晋博物君子

魏晋之际思想通达，对传统艺术和学术都采取兼收并蓄的态度，并不视之为小道。因此，这一时期书法、音乐、绘画等各种艺术都蓬勃发展，艺术家们的艺术作品也都足以流传不朽。以书法为例，王羲之"书圣"的称号当之无愧，后世书法家也难以达到王羲之的高度；乾隆帝最爱晋人的三幅书帖，特名之为《三希堂法帖》；闺中妇女也多有书法家。

---

① （汉）司马迁撰，（宋）裴骃集解，（唐）司马贞索隐，（唐）张守节正义：《史记·太史公自序》，中华书局2009年版，第2486页。

音乐上魏晋也给后人留下诸多遗产和遗韵，著名的《梅花三弄》即为东晋著名音乐家桓伊所传，《广陵散》也是在魏晋人嵇康的手上焕发出了最热烈的光辉。嵇康同时也是文学家。竹林七贤中的阮籍更是一位音乐天才，也许他在名气上不如嵇康，但在音乐造诣上可以说是七贤中最高的，他是整个魏晋中的超一流音乐家，死后以琵琶陪葬，对音乐的痴迷从生到死，不曾改变，他的贡献在于对琵琶进行改制，制成了另一种音色清亮的乐器"月琴"。绘画则首推顾恺之，他的作品流传千载而不衰。在技艺上或许后世有艺术家能够达到魏晋人的高度，但在精神气韵上却无法与之相匹敌。魏晋时期的艺术家们个性突出，每个人都有自己的特点，所谓"宁作我"，这样的自信或是自恋可谓千古少有。这些固然是人的性情所致，但也是通博尚异氛围影响的结果。魏晋人除了对前代艺术的传承与发展外，对其他传统学术如名物学、农学都有继承和吸收，这一时期思想和知识可谓是三教九流。值得重视的是玄学的极度兴盛也使得这一时期博物观念大为流行，玄学是随着儒学的衰落而兴盛的。而清谈则要求清谈者有一定的博学修为。陈顺智论述道："由于清谈玄论演变为表现个人价值、炫耀才智的审美活动，因而清谈者必须具有相当丰厚渊博的学问修养，加以论辩时常常通宵达旦，弥日不辍，如此长时间的论辩也要求清谈者非具有广征博引、信手拈来的学问不可……而对学问广博的要求，也是时代之共识。"①清谈者多有学问广博者，这促进了博物的风尚。嵇含为嵇康的侄孙，虽未见关于他清谈的直接记载，但《晋书·忠义列传》记载驸马王粹在自家豪宅里画上庄子的画像，请嵇含作赞。既然为庄子图作赞，王粹在满朝文士中独挑嵇含，说明嵇含有一定的玄学修为，嵇含直接写了篇吊文，这篇吊文可以显示出他的玄学修为。嵇康也以谈玄闻名，嵇康是七贤中最任情恣意的一位，他的人生不受到任何束缚，打铁、弹琴、出门做客、与朋友相聚，都是非常的顺

---

① 陈顺智：《魏晋玄学与六朝文学》，武汉大学出版社 1993 年版，第 84-85 页。

其自然。和嵇康一样，魏晋时期的名士们都追求一种不受束缚的人生状态，《世说新语》所记录的那些名人轶事，或任诞或任情，一桩桩一件件都是对自身感情的表达，对自由的向往，对自我价值的肯定。在玄学影响下，这些人"超然有出尘之想，不为尘网所撄"①，无论是好言鬼神还是喜博尚奇，都与这种风气有关。

在这种风气的影响下，魏晋之际的博物君子特多。魏时有王粲和荀氏家族等，西晋有张华、雷焕、傅玄、皇甫谧、挚虞、束晳、陆机、孙楚、左思、张载、刘逵等，东晋有郭璞、葛洪、顾恺之等人。他们的博学得到承认和尊重，在史书中也多有记载。

王粲是魏时最为著名的博物学家，他博闻强识、才华横溢。王粲虽然貌寝，但他的博学确是无人能比，这在于他的聪明勤奋与博览群书。王粲出身高门巨宦，年少知名，蔡邕听闻王粲到来，倒屣相迎。蔡邕临终前将生平所藏之书都传给了王粲，王粲的博学有其外在条件。王粲年少时就展现出过目不忘的本领，看一遍碑文便能原文背诵，丝毫不爽；棋局下到一半被打乱后王粲居然可复原如初。有这样好的记忆力加上有那么多书，自然成就了一位博物家。王粲儿子俱亡，他又将书传给了与他一同流落在荆州的族弟一家，族弟的后裔即为王弼，此为后话。王粲博学又有文学天分，他的诗赋在文学史上的地位从同时代到南朝一直都很高，现在文学史书写王粲也是很浓重的一笔。除诗赋外，王粲尚撰有地志《荆州文学记官志》②，惜已亡佚。据《三国志》记载，王粲对典章制度非常熟悉，君主垂问时往往能够应答如流，王粲见之宠信并不仅仅在于他能诗能赋。荀彧是曹操最重要的谋士之一，世称荀令，从他的对策奏议来看，荀彧具有长远的战略眼光和博学的知识。荀彧子荀顗"博

---

① 刘师培：《论古今学风变迁与政俗之关系》，见李妙根编选《刘师培文选》，上海远东出版社 2011 年版，第 193 页。

② 张国淦：《中国古方志考》，中华书局 1962 年版，第 468 页。

学洽闻"①，荀颙虽然史籍记载较少，但他未坠家风。荀勖为荀爽曾孙，亦博学多才，《晋书·荀勖传》称他"遂博学，达于从政"②。荀勖在为人方面不太方正，为了一己私利罔顾国家利益，这点十分不可取。但他的确博学多才，与刘向一样，也是著名的目录学家，撰有《中经新簿》，此书将书目分成甲乙丙丁四类，这种分法实为四部分类法之先导。刘向开创了六分法，荀勖则先导了四分法，这都是目录学上的大事，对后世学术发展贡献不少。除此之外，荀勖还是著名的音乐家，他不仅为国家整理图书，也为朝廷校正乐律。除了学问大、音乐才能高外，荀勖的画技也让人叹赏。《世说新语·巧艺》里记载，他有一把价值百万的宝剑，随身携带不便，故放在母亲钟夫人处保管。荀勖是钟会的从舅，虽为姻亲，但二人相处一直不融洽。钟会善书法，便按照他的笔迹从荀母那骗得了宝剑，荀勖知道是钟会施诡计但也无计可施。后来钟氏兄弟花钱千万盖成大楼，荀勖偷偷在门前堂上画上钟繇的画像，衣饰、冠履、眉发、神情都极其传神，仿若钟繇还在人世，钟会兄弟见之大恸，一座价值千万的宅子就这么废弃了。他二人的罅隙自然令人感叹，但也确实可见荀勖画艺高超。他一人身兼博学家、目录学家、音乐学家、画家于一身，真令人拜倒，只可惜人品不方正，除了罔顾国际利益外，也嫉贤妒能。他自矜自身的音乐才能，但阮籍确实是音乐奇才，品识赏鉴均在他之上，因一次在音乐上的赏鉴输给了阮籍，便进谗言将阮籍革职。人品如此，使得荀勖其他的所有光辉都大打折扣。其孙荀绰博学能文，《晋书》中说他"博学且有才能"③。荀绰为史学家，写有《晋后略》和《冀州记》，除在博学上承其祖风范外，荀绰的人品也值得钦佩。他为人正直，为官清廉，在石勒攻陷京城的时候，他又表现出宁折不弯的刚强和

---

① 房玄龄等撰：《晋书》，中华书局 2009 年版，第 753 页。
② 房玄龄等撰：《晋书》，中华书局 2009 年版，第 755 页。
③ 房玄龄等撰：《晋书》，中华书局 2009 年版，第 758 页。

正义。荀氏家族中有不少人都博学多识，家族的博物传统一直未坠。

张华是西晋最著名的博物学者，所著《博物志》为代表性的博物学著作。丰城令雷焕为张华好友，在书中经常和张华一起出现，《搜神记》说他是"博物士也"①。从书中的记载来看，雷焕确实当得起博物学家的美名，在博物上较张华不遑多让，甚至有时张华也为之束手之事雷焕还能帮忙，指点张华从哪些方面入手。据书中记载，有一修行千年的狐妖化身为一位翩翩谈吐的文雅年少书生，以张华的博物都对这位年轻书生的广博感到惊讶，因而断定这位书生是妖物所化，但张华低估了这位书生的道行，一时之间无计可施。这时候雷焕出现了，他帮助张华辨妖，言百年狐妖用猎狗，千年老精则需千年神木。最著名的故事则是雷焕见斗牛之间有宝剑气，知道那个地方一定有难得的宝剑，因而在张华的帮助下来到丰城为令，雷焕一到丰城挖掘县牢，果得龙泉、太阿二剑。傅玄虽然也博物多识，多才多艺，《晋书》称其"博学善属文，解钟律"②，但与张华、雷焕的博异神奇相比，傅玄的形象显得更为正统。魏晋诸多赋家唯独傅玄咏物小赋最多，题材也最为广泛，从其《蜀葵赋》来看，傅玄有过亲自种植蜀葵的实践。傅玄是著名的文学家，也以音乐家知名，他有多篇音乐赋传世。他的音乐赋和汉代音乐赋相比，有点不一样，除了体式上短小精悍外，傅玄不像汉赋家那样描写音乐的感发力量。在赋序或赋中傅玄多有考证文字，譬如考证乐器名称的来由、乐器发声原理、乐器的制作使用等，这些更像是说明的文字。而他的一些考证性文字为多种史书中的乐志引用，可见其考辨之精当。他的音乐才能与朝廷中校订乐律的荀勖相比也丝毫不逊色，这也证明了傅玄的博学。皇甫谧与挚虞师徒都博学多才。皇甫谧"博综典籍百家之言"③，一生著述颇多，在医学和文学上的成就在当时就为人所敬仰。左思《三都

---

① 《汉魏六朝小说笔记大观》，上海古籍出版社 2013 年版，第 417 页。
② 房玄龄等撰：《晋书》，中华书局 2009 年版，第 869 页。
③ 房玄龄等撰：《晋书》，中华书局 2009 年版，第 933 页。

赋》无人问津，是张华指点左思去求皇甫谧作序，在皇甫谧作序后，洛阳城里人人竞相抄阅谈论《三都赋》，出现了洛阳纸贵的现象。挚虞从小拜皇甫谧为师，并且自身勤奋学习，所以能够"才识学问通大博达"①。束皙是东晋著名的文学家，张华对束皙颇为欣赏，史称"皙博学多闻"②。束皙出身贫寒，他的一些赋作如《恶饼赋》刮起一阵"俗风"，冲击着当时的文坛，虽然因此引起诸多批判，但这些题材是前人和时人都未曾写过的。《文选》中也收录其《补亡诗》六首，所谓"补亡"，即补《诗经》六首有歌无词的笙诗之亡。这是非常端正典雅的文体，说是庙堂文学也不为过，《文选》收而录之，对束皙诗的雍容大雅是认可的。束皙可雅可俗，是他天分使然，也是其博学的体现。《隋志》载其《发蒙记》，概括为"载物产之异"③，也是证明了束皙的博学。孙楚被同乡王济评为"天资奇才英博"④。孙楚也是著名的文学家，妻子去世后写诗表达内心的悲痛与哀悼之情，依旧还是这位同乡王济，读诗之后说看了孙楚的诗使人更加珍惜夫妻之间的情分。在魏晋玄风大行的情况下，孙楚的感情至真之文在当时可谓是一股清流。其孙孙绰亦博学，史称"博学善属文"⑤。孙绰能文比起他祖父来说可谓更上一层楼，在《世说新语·文学》中有多条记载，他诗赋皆擅，在名士云集的兰亭雅会中，孙绰作为著名玄言诗人与名士加入。《晋书》记载左思写三都赋时认为自己的见识不够广博宏达，求为秘书郎。可见他对博物的重视与自觉追求，而此赋所体现出的博物在当时得到了大家的认可。《三都赋》内容富赡，所记植物动物物种丰富，魏晋便有人在写作地志时引用《三都赋》。刘逵是著名的经师大家，他给《蜀都赋》作注。《蜀都赋》为大赋，其中写

---

① 房玄龄等撰：《晋书》，中华书局 2009 年版，第 939 页。
② 房玄龄等撰：《晋书》，中华书局 2009 年版，第 945 页。
③ 魏征等：《隋书》，中华书局 2009 年版，第 663 页。
④ 房玄龄等撰：《晋书》，中华书局 2009 年版，第 1022 页。
⑤ 房玄龄等撰：《晋书》，中华书局 2009 年版，第 1023 页。

到的动植物和相关传说本就琳琅满目，如赋名所示，此赋是对巴蜀大地风物的记载，四川物产之丰富为世所公认。蜀葵、紫华、橘子等赋中描写的异物在四川随处可见，俯拾即是。《红楼梦》里宝玉在教大家辨认蘅芜苑的一些奇异花草时，有些花草很多人都不认识，宝玉引用《蜀都赋》中的话来说明，这一来可说明宝玉知识丰富，也可见《蜀都赋》历千载依旧可为博学知识宝库。所以此赋的注释要求注释者知识要非同一般地广博，刘逵的博学使得他出色地完成了注释的任务。张载更多以文学家闻名，晋代所谓的"三张"有不同说法，但都包括张载，《晋书》本传言张载"博学多识有文章"[①]。张载也有数篇赋作流传。张载的父亲为蜀郡太守，张载因为要省亲的缘故多次前往四川，对蜀中风物自然也很了解，在这点上张载与刘逵都可谓与巴蜀有缘。

从这些史书材料来看，这些博学者除以博物闻名外，也以文才显重于当时。而这些人当中不乏儒者，前所提及的张载、刘逵以经学知名，张华、陆机、左思、葛洪等人在史籍中都有儒学背景的记载。这些集儒者与博物学家于一身的人，与先秦两汉的博物君子相似。但是这一时期的博物君子又不单是以儒者的形象展现在世人眼前，这一时期的大多数博物君子还有一重文学家身份，一些人还有艺术家等其他身份。陆机是著名的书法家，其《平复帖》一直流传至今，为故宫所藏之珍宝。傅玄、荀勖是著名的音乐家，荀勖同时还是画艺高超的画家，顾恺之在画史上的地位也是无法被忽视。戴安道不仅是著名画家，还是著名雕塑家，琴艺志怪高超也远近闻名，武陵王特邀他去王府献奏，安道大怒摔琴。其也有《流火赋》等三篇赋作流传，惜乎所存不完。皇甫谧是著名的医家。当然，这些人个个也有文才，亦以文学名世。魏晋时期的人比先秦要跳脱一些，也有趣一些，魏晋人尤其是男子对容貌的重视千年来无与伦比，《世说新语》特设容止一门。从相貌上看，王粲、左思、张载都其貌

---

① 房玄龄等撰：《晋书》，中华书局 2009 年版，第 1004 页。

不扬甚至可以用丑来形容。刘表爱王粲之才，本欲将女儿许配于他，但因为王粲形容短小又貌寝，便将女儿嫁给了同他一起来荆州的族弟。左思、张载二人出门都会因为容貌的缘故而被人扔石头。但博学不在于貌寝，与容貌无关。魏晋的博物之士不仅仅是数量上多，层次也比较广泛。

可见，当时博学之人在数量上非常多，不仅博学，还多艺。博学为一代之风气。诸人中，张华最为典型。《晋书》记载了不少张华博学之事，诸如识得海凫毛与龙肉，知道忽然出现的雉雊为蛇化之雉，刻蜀桐为鱼以之扣击石鼓乃发声……这些都为时人所不知，而时人遇见怪事，会习惯找张华询问。从这些记载来看，张华和《史记》中的孔子博物形象很相似。除正史外，一些笔记小说也记载了张华的博学。南朝宋刘敬叔所撰《异苑》一书有多条关于张华博物神异之事的记载，如卷二前六条，六条材料中多数亦见于《晋书》张华本传。按《异苑》的记载，张华简直多闻近乎神。寻常人所不解之事，张华都能予以解答。

三、魏晋博物著作

魏晋时期尚有多种博物著作，可分为经史子集四类。试分论如下。

1. 经部

经部著作主要是对经书的注释，其主要为对《诗经》《尔雅》的注释。据史志及笔记目录，可列表如下：

书　名	作　者	朝　代	卷　数
《毛诗草木虫鱼疏》	陆玑	吴	二卷
《尔雅注》	郭璞	晋	五卷
《尔雅图》	郭璞	晋	一卷
《尔雅图赞》	郭璞	晋	二卷(佚)
《方言注》	郭璞	晋	十三卷

经部博物著作以郭璞为多，主要是对《尔雅》的注释，郭璞注比较简易，用当时通行的话语对《尔雅》中古奥的草木鸟兽之名进行解释，并说明产地、功用、品种等。如《释草》："薁，王刍也；郭注：薁，蓐也；今呼为鸱脚莎。"①随着语言的变化，到郭璞的时代，不管是说薁还是王刍都已经不太好理解了，因之在注释时要用当下的称呼鸱脚莎来解释。现在离郭璞的时代已经一千多年了，今人也不明鸱脚莎为何意，若今人注释应加上今称荩草这样的字句。再如"菥，鼠尾也；郭注：可以拿来染皂"②，则是说明鼠尾草的功用。其余如释鱼、鸟等皆如此。《尔雅图赞》纯以四言韵文写成，有些纯是体物如柚赞，有些体现作者的好恶感情如蘼芜赞和蝉赞。这些赞语中流露出郭璞对纯洁干净事物的追求，对虚伪丑恶的摒弃，联系郭璞的为人与经历，这些赞语也可视作他人格的写照。

2. 史部

主要为州郡地志。这一时期史学发达，地志也特别多。这些地志中，记录异产异俗的异物志尤其值得注意。此时出现了大量的异物志，据王晶波的说法，"汉唐各类异物志现存可考的共 21 种"③。其中可确定为魏晋之际的异物志共有 11 种，占一半以上。这些异物志的内容可列表如下：

作者	朝代	书名	卷数
万震	三国·吴	《南州异物志》	一卷
朱应	三国·吴	《扶南异物志》	一卷
沈莹	三国·吴	《临海水土异物志》	一卷

① 房玄龄等撰：《晋书》，中华书局 2009 年版，第 396 页。

② （晋）郭璞注，（宋）邢昺疏：《尔雅注疏》，上海古籍出版社 2010 年版，第 397 页。

③ 王晶波：《〈异物志〉编纂及其种类》，《社科纵横》，1993 年第 4 期。

续表

作者	朝代	书名	卷数
薛莹	三国·吴	《荆扬以南异物志》	不详
谯周	三国·蜀	《巴蜀异物志》	不详,已佚
续咸	晋	《异物志》	十卷,已佚
宋膺	汉晋之际	《异物志》	不详
不详	约为东晋时期	《凉州异物志》	《隋书经籍志》曰一卷,《新唐书·艺文志》曰二卷
陈祈畅	汉晋之际	《异物志》	一卷,已佚
孙畅	汉晋之际	《异物志》	不详
不详	晋代	《南中八郡异物志》	不详

　　从表中所列的书名来看,南州、扶南、巴蜀、荆扬以南、南中八郡,显然都是南方区域,记载的也是南方异物,只有少量记载北方异物的著作。异物志在记载异物的同时记录一些故事传说,故王庸概括这些异物志的内容为"大抵皆记长江流域以南之异物者,所记多草木禽兽,以及矿物之属之异于中原者,而间附以故事神话"①。这些异物志涉及的地域不仅包括南方郡县,还包括一些南方国家如扶南、天竺、斯调。《南州异物志》中记有椰子、榕树、甘蔗、沉香、犀牛、鹦鹉、翡翠等南方物产,《临海水土异物志》有石鸡、山鸡、杉鸡、鹧鸪、啄木鸟、独足鸟、安乐鸟、人鱼、牛鱼、鹿鱼等,都是南方的物产,从名目上就可看出南方的物产极其丰富。

　　槟榔与荔枝一直以来都是南方的特产,《异物志》对它们的形状、口味、性质等都描述得非常详尽,作者很有可能亲身到过这些地方并

---

　　① 王庸:《中国地理学史》,上海书店1984年版,第14页。

尝过这些水果。以上都是描述这些异物的形状、颜色、功用等，有些记载却是可怖的，《异物志》记载高鱼产卵时如果有人靠近，高鱼就会杀人。

除了这些异物的记载外，这些异物志对当地的风俗也有记录。有些风俗看起来比较正常，但大部分还是很让人吃惊的。《南州异物志》有俚人不爱骨肉爱财物的记载，俚人不爱孩子却贪金钱，见到商人有牛羊，便用孩子交换，为了金钱牛羊可以连亲生孩子都不要，真是匪夷所思。书中还有类似的记载，可见南州风俗愚昧、剽悍，人民贪利忘义，虽然作者没有直接表明褒贬，但字里行间的叙述让人觉得南州之民乃化外之民。《临海水土异物志》所记民风更是落后野蛮，"交会之时，各不相避"①。其地又好打斗，打死了对方，便把对手的头颅用来制作面具，这样的面具越多，越显出自身的勇武，从部落首领到下面普通男子，都好勇斗狠，喜欢砍人脑壳。有些风俗行人不宜，如《异物志》中关于鸟浒族杀人的记载。鸟浒族是一个看起来比较诗意的民族，族人以收集翠鸟的羽毛和采珠为生，鸟浒族人心灵手巧，织出的布很精美，但就是这样一个部落，居然也喜欢杀人。如果有同族被杀，那么死者的族人一定会为他报仇，族人不理会其中的是非曲直，见到凶手就杀害，如果仅是如此，还可说是为族人复仇心切，使人感到害怕的是他们还要吃凶手的肉，这样的风俗与食人族无异。而《南中八郡异物志》所记"翠大如燕，腹背纯赤；民捕食之，不知其毛羽也"②。翠鸟的羽毛非常珍贵漂亮，可以用来制作各种精美的装饰品，尤其是妇女头饰如簪钗步摇等点翠需要用翠鸟的羽毛，而点翠之后的头饰光彩夺目，因而翠羽为世人所追捧，但这个地方的人却把翠鸟捉来吃了。翠鸟十分美丽，食用翠鸟

① 刘纬毅：《汉唐方志辑佚》，北京图书馆出版社 1997 年版，第 64 页。
② 刘纬毅：《汉唐方志辑佚》，北京图书馆出版社 1997 年版，第 151 页。

已有煞风景之嫌弃，而丢弃翠鸟身上最为贵重的羽毛更是流露出一种暴殄天物的感叹。作者是如实地记录或是带有一种中原王化之地对夷狄化外之民的歧视心态书写不得而知，但这些异风异俗确实令人耳目一新。

记录北方物产风俗的异物志只有三种，其中一种已佚。《凉州异物志》除凉州外，西域国家如高昌、大秦等国风物都有记录。从现存的几条佚文来看，所记有些方物相比南方似乎并不是很稀奇，多有一些如羊大如骆驼的记载，但牛羊等动物在人们心中不是什么异物，也许只是因为凉州等地的牛羊长得壮美，与别处不同，故在广泛意义上也可称之为异物。但是书中所记砗磲玛瑙实为方外殊珍。而"葱岭之水，分流东西；西入大海，东为河源"①，与人们的普遍认知水从西往东流不同，自会引起人们好奇。

除《异物志》外，尚有多种博物地志。今人刘纬毅《汉唐方志辑佚》一书，辑汉唐方志较详，但亦有漏收，加上《隋书经籍志》著录的魏晋方志，二者比较完备地收录了魏晋方志。据刘书，将魏晋方志目录列表如下（异物志上已列表，不赘引；人物传记亦不列入）：

书　名	作　者	朝　代
《冀州论》	卢毓	魏
《冀州论》	何晏	魏
《宜阳记》	阮籍	魏
《秦记》	阮籍	魏
《濑乡记》	崔玄山	魏
《桂阳记》	杨元凤	魏
《三州论》	蒋济	魏

① 刘纬毅：《汉唐方志辑佚》，北京图书馆出版社 1997 年版，第 166 页。

书 名	作 者	朝 代
《西河旧事》	不详	魏晋之际
《关中图》	不详	魏晋时期
《汉中记》	不详	魏晋之际
《洛阳记》	不详	魏晋之际
《上党记》	不详	魏晋之际
《三巴记》	谯周	蜀
《益州志》	谯周	蜀
《永昌郡传》	不详	蜀
《娄地记》	顾启期	吴
《会稽土地记》	朱育	吴
《吴都记》	不详	吴
《吴地记》	环氏	吴
《吴县记》	顾微	吴
《吴兴录》	韦昭	吴
《三吴郡国志》	韦昭	吴
《豫章旧志》	徐整	吴
《河南十二县境簿》	不详	晋
《河南郡图经》	不详	晋
《晋中州记》	不详	晋
《洛阳记》	陆机	晋
《洛阳记》	华延儁	晋
《洛阳记》	杨诠期	晋
《洛阳宫殿簿》	不详	晋
《洛阳宫地记》	不详	晋
《洛阳宫舍记》	不详	晋
《洛阳故宫名》	不详	晋
《汝南记》	杜预	晋

续表

书　名	作　者	朝　代
《陈留记》	江敞	晋
《雍州记》	裴秀	晋
《西京记》	戴延之	晋
《关中记》	潘岳	晋
《冀州记》	裴秀	晋
《兖州记》	荀绰	晋
《济阳录》	不详	晋
《中山记》	张曜	晋
《齐地记》	晏谟	晋
《齐记》	伏琛	晋
《三齐略记》	不详	晋
《吴记》	不详	晋
《分吴会丹阳三郡记》	不详	晋
《吴郡记》	顾夷	晋
《永世记》	不详	晋
《三吴土地记》	顾长生	晋
《徐州记》	不详	晋
《吴兴山墟名》	张玄之	晋
《会稽记》	贺循	晋
《九江图》	张须无	晋
《浔阳记》	张僧监	晋
《荆州记》	范汪	晋
《荆州记》	庾仲雍	晋
《荆州土地记》	不详	晋
《武昌记》	史筌	晋
《宜都山川记》	袁山松	晋
《湘州记》	庾仲雍	晋

书　名	作　者	朝　代
《湘中记》	罗含	晋
《交广记》	王隐	晋
《交广记》	黄恭	晋
《交广二州记》	王范	晋
《交州记》	刘欣期	晋
《交州杂事》	不详	晋
《广州记》	裴渊	晋
《广州记》	顾微	晋
《广州记》	不详	晋
《珠崖传》	盖泓	晋
《巴蜀志》	袁休明	晋
《巴汉志》	不详	晋
《南中志》	魏完	晋
《南方草物状》	徐衷	晋
《凉州记》	段龟龙	后凉
《西河记》	段龟龙	后凉
《凉州记》	张资	后燕

除此之外，见于《隋志》之魏晋地志尚有郭缘生《述征记》二卷、戴延之《西征记》二卷、周处《风土记》三卷、束皙《发蒙记》、郭义恭《广志》二卷、法显《佛国记》一卷、智猛《游行外国传》一卷、常宽《蜀志》一卷、常璩《华阳国志》十二卷、顾夷《吴郡记》二卷。

这些地志中，北方之地有濑乡（河南鹿邑县）、洛阳、上党（山西长治）、汝南、陈留（河南开封）、雍州（西安）、汉中、中山（河北定县）、济阳（山东定陶）、兖州（山东范县）等，南方郡县则有桂阳（湖南郴州）、益州（今成都）、娄县（今昆山）、会稽（绍兴）、吴郡（苏州）、吴兴(湖州)、豫章(南昌)、永世(江苏溧阳)、湘州(长沙)、广州、海南等。北方地志所记物产风俗并不太奇异,卢毓《冀州论》津津乐道于"魏郡好杏,地产无不珍……真定好稷,地产无不珍……安平好枣,地产无不珍"①,这些杏枣应该说都是很常见的东西,不过冀州产的可能味道更好,实算不上异物,这与《凉州异物志》所载的"羊大如驼"性质一致。但这些在一定程度上还是丰富了人们见识。正如现在人们常称道烟台苹果、魏县鸭梨、洛阳牡丹、漳州水仙,虽为普通的鲜花水果,但若知晓这方面的知识,倒也可称得上博物。魏晋除《异物志》以外的多种地志也记载了一些异物。段龟龙《凉州记》写位于北方的张骏陵被盗,盗墓者得玛瑙榼、白玉樽、琉璃榼、珊瑚马鞭等物。岭南与海南物产极其丰富与神秘,徐衷《南方草物状》记南方草木鸟兽,有夫编树、鬼木树、栈蜜香、狌狌之兽、果然兽、越王鸟等,这些动植物的名字就十分奇特。两广地志中有许多种,以刘欣期《交州记》为例,其地异物有竹风鼠、鲛鱼、君迁树、霍香、含水藤等,这些都是中原不常见之物。总的来说,南方的物产风俗更能予人以惊奇之感。

和《异物志》一样,这些地志也记载了恐怖的风俗。如《永昌郡传》中记载:"此津有瘴气",击中人不仅会有声响,还会让人皮肤溃烂,瘴疠之地,委实可怕。"獠民喜食人,以为至珍美"②,则更是让人胆战心惊。虽然他们并不食用自己的亲人,只是吃敌对之人,这点和鸟浒族很相似,但食人的风俗不仅落后,也使人害怕。有些则与志怪小说同,如《广州记》写鸟化而为虎,《湘洲记》写零陵石燕可以在风雨中飞翔,《湘中记》写长沙金牛冈得名传说……都有志怪色彩。

万绳楠认为:"从黄巾起义开始,官府控制史学的局面被打破了,博达之士,各撰史书,私史如雨后春笋一样发展起来;纪传体、编年体

---

①　刘纬毅:《汉唐方志辑佚》,北京图书馆出版社1997年版,第21页。
②　刘纬毅:《汉唐方志辑佚》,北京图书馆出版社1997年版,第29页。

的史学也被突破了，没有固定的限制，想写什么就写什么，想怎么写就怎么写。"①从以上论述来看，地志亦不单单是记一地之人与物，地志作家对那些不经之谈也是津津乐道，而通博尚异的风气则使得这些随心所欲写作的地志为大众喜闻乐见。

3. 子部

魏晋子部博物著作主要为博物笔记小说，如张华《博物志》、王嘉《拾遗记》等。这时期的志怪小说大多含有博物的成分，兹列表如下：

书　名	作　者	朝　代	卷　数
《列异传》	《隋志》题曹丕，《旧唐书·经籍志》题张华	魏晋	三卷
《博物志》	张华	西晋	十卷
《张公杂记》	张华		一卷
《杂记》	张华		十一卷
《神异经注》	张华		一卷
《神异记》	王浮	西晋	未知
《广志》	郭义恭	西晋	二卷
《古今注》	崔豹	西晋	三卷
《山海经注》	郭璞	两晋之际	二十三卷
《山海经图赞》	郭璞		二卷
《穆天子传注》	郭璞		六卷
《玄中记》	郭璞		不详
《抱朴子》	葛洪	东晋	七十卷
《搜神记》	干宝	东晋	二十卷
《南方草物状》	嵇含	东晋	三卷
《华阳国志》	常璩	东晋	十二卷
《搜神后记》	陶潜	东晋	十卷

---

①　万绳楠：《魏晋南北朝文化史》，东方出版中心 2007 年版，第 270 页。

续表

书　名	作　者	朝　代	卷　数
《志怪》	孔约	东晋	四卷
《甄异录》	戴祚	东晋	三卷
《志怪》	祖台之	东晋	二卷
《灵鬼志》	荀氏	东晋	三卷
《录异传》	不详	东晋	不详

陈文新论述道："从写法看，'博物体'是从地理书发展来的，重在说明远方珍异的形状、性质、特征、成因、关系、功用等，意在使读者清楚明白地把握对象，所以，生动的描写较之曲折的叙事是更重要的。"①《山海经》在史志中多著录于史部目录下，亦是博物志怪小说的代表。《山海经》分山经、海经、大荒经，各部分按东南西北中的方位来叙述，描写了很多远方异国及其异俗。这些国家多以其国人的外貌特征命名，一臂国人只有一只手臂，一目国人只有一只眼睛，名字即已表明其奇特。《山海经》对魏晋博物志怪小说的影响是巨大的。张华《神异经注》分为《东荒经》、《东南荒经》等九篇，这与《山海经》按照地理方位来划分是一致的。叶舒宪认为《山海经》的奇特让很多博物学家都有一种望洋兴叹之感，"《山海经》之奇，使最渊博、最聪明、最有'考据癖'的学者都望而生畏"②。提到《山海经》，就必须提到郭璞，他不仅注释过《山海经》，《山海经图赞》则是以四言韵文的形式描述赞美书中的各种动植物，使得这部古书重新为世人所知，而且他的小说也有山海经色彩。李剑国题解《玄中记》："《玄中》一书正为方舆、动植物方术的混合；因此叶德辉称其'恢奇瑰丽，仿佛《山海》、《十洲》诸书'。"③这

---

① 陈文新：《中国文言小说流派研究》，武汉大学出版社1993年版，第48页。
② 叶舒宪：《山海经的文化寻踪·前沿》，湖北人民出版社2004年版，第1页。
③ 李剑国：《唐前志怪小说辑释》，上海古籍出版社2011年版，第203页。

些都是《山海经》影响下的产物。郭璞认为只有最博物的人才能谈论《山海经》，以郭之博物，亦有不可解之处，故注《山海经》需要态度比较严谨审慎，宁可存疑，也不强不知以为知。郭是著名训诂学家，注释里对字的音义与古今转变都有说明。郭璞的更大贡献在于用平易语言和常见比喻来说明《山海经》中的一些奇花异草、奇禽怪兽。

4. 集部

集部中的博物著作最少。《隋志》载郭璞《楚辞注》三卷，以郭璞之博学，对《楚辞》中的草木鸟兽应有详尽注释，惜亡佚。"单篇论文"有薛综《东京赋注》及张揖《上林赋注》和郭璞《上林赋注》，赖李善注得以保存。薛综为薛莹之父，担任过合浦交趾太守，见闻广博。但同时他也以才思敏捷闻名，最著名的故事是以拆蜀、吴二字煞蜀张奉之傲慢，长本国之威风。郭璞是著名的博物家，张揖则以《广雅》知名于后世。这三位都见多识广，故注释汉大赋可以从心所欲。

四、魏晋博物特点

朱渊清认为魏晋博物特点为博杂，从大方向来看，此说诚然。笔者以为除此之外，魏晋博物的其他一些特点也值得注意。

1. 好奇好异

魏晋人自觉地关注身边的一草一物，尤其喜欢一些奇异的事物。就好奇好异这一特点来说，魏晋人是特别突出的。前已讲到左思在写《三都赋》时自觉地追求博物，在博物知识上又喜欢追求奇异的事物，似乎不奇异不足以博物。当然，这与人的心理有关：常见事物为大家所见，知道了也不算稀奇。魏晋人对博物学者的崇拜和以博学多闻炫耀的风气，使得这一时期的博物著作普遍呈现出好奇好异的特点。魏晋儒学已然没落，无复当年之尊。儒学的衰落体现在对传统儒学道德价值的抛弃，曹操的几篇政令完全是新时期的道德价值观，他推行唯才是举的政策，只要有才，不论出身，不论品行，甚而其人不仁不孝，若有"治国用兵之术"①，有司都要推荐。仁与孝是儒家的两个基本道德观念，曹操的这些言论，显然是对传统的儒家道德的抛弃。随着儒学的衰落，魏晋人不再固守一经，更不会皓首穷经，儒学对人们的束缚逐渐松开。此时尚有儒学之士，张华、陆机、左思、葛洪等人都有儒学背景，但却并不以解说一经闻名，他们的关注点也并非集中在儒学上，人们也不把他们视为儒学大家。虽然博物著作中有关于经部的基本注疏，但在整个博物著作中所占比重很小。况且郭璞学问博杂，注疏遍及四部，而他在正史或小说中又多为占卜准确、预言精确的神人形象，内容多与讲论风水、勘测墓地等相关。魏晋时期小说地位提高，时人不再以著述小说为耻，这与《汉志》中把小说排在最末位并多有贬斥之语截然不同。如上表所述，张华、郭璞、干宝、王嘉、葛洪等都有博物志怪小说传世，这些人都身处高位，并不以写作街谈巷语道听途说为耻。而这些小说中所显现出来的好奇好异、通博驳杂的内容，更与儒家正统的形象不合。虽然孔子经常被视为博物的代表，大部分怪力乱神的事他都很清楚，但在教授学生时还是要把黄帝四面解释成治理四方之意，这与《山海经》等著作中对黄帝奇特相貌的记载完全不同。魏晋的各种博物著作完全是从心所欲、不受束缚的，本应如实记录一地地理人情的地志也有奇异的成分，那么，在写作中对博物的追求便也是自觉的，不以通怪力乱神为耻，反以不通博为耻。儒学观念的衰落最重要的作用是解脱了对人们的思想束缚，促进了人们去发现自然探索自然，也发现自己的内心。儒学的衰落使得他们不用再像汉代经师儒生那样一生只用繁琐的章句去解释一部经典，而是可以广涉博猎，可以公然谈鬼谈神，顺理成章地写奇写异。这些基本构成了博物志怪小说的主要内容。

在魏晋博物著作中谶纬随处可见，多种博物著作引用谶纬之书。张

---

① （三国）曹操著，中华书局编辑部编：《曹操集》，中华书局2012年版，第48页。

华《博物志》卷首即整段引用《河图括地象》："地南北三亿三万五千五百里……是好城也。"①《地》引《尚书考灵曜》，《山水总论》引《援神契》，卷二《异人》引《河图玉版》。郭璞《山海经》注多有引用谶纬之书，《海内经》郭注引《河图玉版》；《大荒西经》郭注引《孝经援神契》，《西次三经》引《河图玉版》，《中次三经》引《诗含神雾》。例子比较多，其余不赘举。《搜神记》中明显可以看到谶纬的影子，卷六记龟毛兔角、人产龙、黑白乌斗、牛足出背、虫叶成文……内容荒诞不经，多系以自然异常之事物比附人事，马生角为吴王刘濞将反之象，人生角应汉七国之乱与晋赵王伦之乱，黑白乌斗为燕王刘旦谋反之先兆。书中还直接出现了谶纬，卷八赤虹化为黄玉，玉上有文字为"宝文出，刘季握；卯金刀，在轸北；字禾子，天下服"②。这是写刘秀当为天下之主，卯金刀与禾子显然是用拆字法来言明刘秀获得政权的合法性。又西晋时期童子传言"三公归于司马"③，不久晋灭吴，统一全国，结束了魏蜀吴三足鼎立的分裂局势。谶纬的内容多荒诞迷信，魏晋人在著作中却津津乐道，这些都体现了魏晋人好奇好异的特点。

　　张华《博物志》中通篇所记均为奇异之事之物，书中直接以异为名者有卷二之《异人》、《异俗》、《异产》，卷三之《异兽》、《异鸟》、《异虫》、《异鱼》、《异草木》，卷七《异闻》，卷十《异说》。从名字上看就知道所记事物的不同寻常。魏晋时有多种《异物志》，直接以异为名。前已论述《异物志》主要记载南方风物，其他地志也类似。这是因为南方对中原人来说是个不熟悉的所在。魏晋南方的开发比前代大有进步，但对大多数人来说，南方可能是终其一生都不会到达的地方，故稽含说"中州之人，或昧其状"④。《南方草木状》写岭南的草木果竹。岭南温

<hr>

①　范宁：《博物志校正》，中华书局 2014 年版，第 7 页。
②　范宁：《博物志校正》，中华书局 2014 年版，第 346 页。
③　范宁：《博物志校正》，中华书局 2014 年版，第 347 页。
④　《汉魏六朝笔记小说大观》，上海古籍出版社 2013 年版，第 255 页。

暖，一年鲜花不断，其地妇女也爱在头上戴花，南方妇女一年四季都有鲜花插戴的风俗对中原人来说自是不寻常的。有些著作喜欢记录名人的非凡相貌，如魏崔玄山《濑乡记》所存轶文都与老子有关，"老子……下托于李氏胞中，七十二年产"①，"老子耳有三门"②。老子本就名气很大，魏晋时期其书更是三玄之一，但崔氏在书中详细近乎琐碎地记录老子的各种奇特，在母腹中一待便是七十多年，耳朵有三个耳蜗，鼻梁宽大异常，这些都与常人迥异。崔氏之书，不可谓不奇；崔氏之人，不可谓不好奇。

除了记录不同的物产与风俗外，魏晋博物著作的显著特点是好言鬼神，虽然古人的鬼神观念早已形成，但有多少人可以看到鬼神呢？王充、阮瞻都是无神论者，干宝言之凿凿地记录很多人见到鬼神降临之事，《晋书》这样的正史都记载阮瞻遇鬼。阮瞻不相信有鬼神存在，经常与人辩论，他辩才又好，几乎没有人能驳倒他，有一次和人继续就这个问题辩论，对方一时理屈词穷，便声色俱厉地变成一只鬼，阮瞻意大恶，因而在半年后去世。晋书的记载到此戛然而止，对阮瞻当面见鬼的心理活动也只是用意大恶三字一笔概括，阮瞻是否从此相信世上有鬼书中并未告知。但正史的记载让人觉得世上真有鬼的存在。《裴子语林》记载嵇康灯下弹琴，忽然有一全身着黑的鬼出现，嵇康真不愧是名士，镇定地看了看鬼之后便把灯吹灭，说是不屑与鬼争光。典籍里经常用异形、异物来指称鬼。司马贞索隐："谓死而形化为鬼，是为异物。"③由此可见鬼之"异"。博物著作中博物志怪小说多言鬼神自不必说，一些地志中虽然鬼神色彩不浓，但其中也多喜言异事。《三齐略记》志怪色彩相对浓厚，因秦始皇曾巡游山东，故其中多有始皇遇海神的故事。

---

① 刘纬毅：《汉唐方志辑佚》，北京图书馆出版社1997年版，第30页。
② 刘纬毅：《汉唐方志辑佚》，北京图书馆出版社1997年版，第30页。
③ （汉）司马迁撰，（宋）裴骃集解，（唐）司马贞索隐，（唐）张守节正义：《史记·太史公自序》，中华书局2009年版，第1946-1947页。

《三齐略记》中的海神非常在意自己的容貌，这点让人觉得海神与普通人非常相似。秦始皇欲与海神相见，海神回答说："我形丑，莫图我形，当与帝会。"①可是有人暗中以脚画之，海神大怒，淹死了包括画者在内的一干人等，始皇仅以身免。海边山上的石头也都倾倒了下来，到而今依旧如此，都往东边倾斜。作者对这些故事津津乐道，并且用这样的传说来解释一些自然现象，不可谓不好奇。再如"时有神人，驱石下海，石头走得不够迅速，神辄鞭之，皆流血"②。秦始皇居然能让神人驱赶石头，居然还有速度快慢之分，居然还能被鞭子抽出血来，真是匪夷所思。书中内容基本都是如此，地志也如此奇异，可见魏晋博物著作好奇好异之一斑。

2. 实地考察

如前所述，魏晋时期南方物产丰富，大量博物著作内容都与南方相关。而许多博物作家都曾到过南方，或为官或出使，途径很多。吴国和南方国家的往来比较多。薛莹为薛综之子，薛综担任过吴交趾、合浦太守，薛莹自幼随父在外为官，且薛综本人也以博学著称，耳濡目染加上实地所见所闻，薛莹积累了大量的博物学知识。薛莹著有《荆扬以南异物志》，即是描写南方的异物，惜乎亡佚，现存佚文仅一条，描写了余甘、荔枝、槟榔、椰子、橄榄、石榴等。从文中来看，薛莹应该都尝过这些水果，"槟榔……味颇涩，得扶留藤与贲灰合食之，则柔滑而美……椰树……实大如瓟……味美如胡桃，肤里有汁升余，清如水，美如蜜，饮之可以愈渴"③。而对这些水果形状、颜色的描绘也很生动，尤其是对这些水果味道的描述，不是简单地说甘甜苦涩等套路式的形容词，而是用一些让人容易理解的形容词来比喻。槟榔的解涩之法薛莹也了然于心，娓娓道来；椰子汁味道清甜又可以解渴，这些都不是道听途

---

① 刘纬毅：《汉唐方志辑佚》，北京图书馆出版社1997年版，第96页。
② 刘纬毅：《汉唐方志辑佚》，北京图书馆出版社1997年版，第98页。
③ 刘纬毅：《汉唐方志辑佚》，北京图书馆出版社1997年版，第43-44页。

说能够得来的认识。因着自身的实践，书中的描述便显得真实感人。

葛洪《抱朴子》一书的写作有其炼丹的经验积累。法显的《佛国记》是对其取经之路上亲身之经历的描写，故可信度很高。

大部分地志作家或为当地人或在此地有过停留。吴顾启期为昆山人，著有《娄地记》。吴顾微为苏州人，著有《吴县记》。吴韦昭为丹阳人，撰《三吴郡县记》。吴徐整为南昌人，故撰《豫章旧志》与《豫章列士传》。吴陆胤曾任交州刺史，撰有《广州先贤传》。蜀谯周撰有《益州记》、《三巴记》，都是记载四川的风物。《益州记》仅存一条：“蜀都织锦既成，濯于江水，其文分明胜于初成，池水濯之，不如江水也。”[①]若非在成都有着较长的生活经验，织锦用江水和池水洗濯的区别是不会知道得如此详细的，而谯周的叙述也可见他对故乡特产的自豪之情，因之读来也亲切感人。顾夷为吴郡人，写有《吴郡记》。晋华禺为扬州人，即有《广陵烈士传》。贺循为绍兴人，写下《会稽记》。罗含为耒阳人，写有《湘中记》。陆机虽为吴人，但自青年时期便入洛，在洛阳为官，生活了很长了一段时间，故有《洛阳记》。杨诠期为弘农华阴人，曾任河南太守(汉代以来即有河南郡，治洛阳)，亦著有《洛阳记》。戴延之虽为江东人士，但他随军往长安征战时，将一路见闻写成《西京记》。张须无为南阳人，曾任九江别驾，著有《九江图》。其子张僧监作《浔阳记》，补其父之缺。

这些作家都以自身经历和见闻为基础，写下了这些著作。虽然魏晋时期清谈容易让人觉得魏晋人大部分都好虚不务实，但还是有一批人比较务实，这是值得称许的。

这些都构成了魏晋博物著作好奇好异的特点。这影响到小赋的写作，孙盛《镜赋序》提到他曾经在苏州的集市上看见清明镜，当下便大为惊奇；用这面镜子去照水波，光彩流曜，实不赀之异物。孙盛是孙楚

---

① 刘纬毅：《汉唐方志辑佚》，北京图书馆出版社1997年版，第40页。

之子，同时也是东晋著名史家，与孙楚一样，孙盛也非常博学，大有其祖遗风。而孙盛的好异更是在这篇赋序中彰之昭昭，这面清明镜的特点是十分明澈，照任何事物都非常清晰，故孙盛一见之下就觉得此镜特殊，推为异物，便为之作赋。则此镜之异刺激着孙盛此赋的写作。而魏晋有多篇小赋写异物，本章第二节论及，此不赘。

第二节 博物观念在魏晋小赋中的体现

一、题材的扩大

这一时期在博物观念的影响下，赋的表现题材扩大。大可写日月山川星辰，人事兴衰，小可写一草一木一花一果，刘大杰总结说："到了魏晋，随着诗歌的扩大范围，赋也跟着扩展了……飞禽走兽、奇花异草，天上的风云，地上的落叶，都是他们的题材。"①对赋题材的挖掘和扩展可谓细大不捐。博物本就是无所不包。虽然魏晋人"好奇"，时人所认为的博学似乎集中体现在一些怪力乱神的事情上，以寻常人所不知不闻之事夸耀，但这只是博物之一端。平常所见之物也在博物范畴之内。

1. 异物赋

诚然，言及博物最先令人想到的便是不寻常之物。司马迁津津乐道于孔子之博学还在于那些坟羊、防风氏之骨、肃慎之矢等事，魏晋人喜谈鬼神，更喜欢以稀罕之物夸耀。这一时期异物的大量出现，为他们提供了写作的题材。因而异物在赋中多有表现。《异物志》中所常见的郁金、葡萄、迷迭、石榴、果然兽、砗磲、玛瑙、琉璃等都各有不止一篇专题赋作，这些都是前人没有写过的或写得很少的。"被咏的对象都是

---

① 刘大杰：《中国文学发展史》，天津百花文艺出版社 2007 年版，第 85 页。

中原地区不常见，而来自于异地的异物，如植物有蜀葵、紫华、郁金、蒲萄、安石榴等，动物有龙马、玄猿、果然、鸡鹑、叩头虫等，其他器物则有迷迭、砗磲椀、楠榴枕、玛瑙勒等，光看名字就可想见它们的奇特。"①唐志远先生几乎把这一时期赋中的异物都列举到了。按曹丕《迷迭赋》序所说他在院中种植了一棵迷迭，则曹丕等人所赋的迷迭是植物意义上的迷迭，而唐志远归之器物之下，应是把迷迭当成了香料一类，迷迭、郁金等都有浓郁的香气，可以制成香料，二者是同源的。从曹丕的《迷迭赋》及其他作家的同题赋来看，魏晋时人已见到迷迭树，故而在下文中放在植物赋里进行讨论。

（1）植物赋

就植物而言，曹魏文学集团似乎对迷迭颇有兴趣。曹丕、曹植、王粲、陈琳、应玚都有同题赋作。迷迭非中土所产，王粲《迷迭赋》②和曹丕《迷迭赋》③及曹植《迷迭香赋》④中都提及这一点。迷迭是一种怎样的植物呢？赵幼文注："或说'迷迭香出西蜀，其生处土如渥丹；遇严冬，花始盛开，开即谢，入土结成珠；闻之者迷恋不能去，故曰迷迭香'疑迷迭即外来语之音译，其所述花开时与结实状，与此赋所述不同，似应以此赋为是。"⑤王粲赋下，吴云、唐绍忠注道："迷迭，又称迷迭香，植物名，长绿小灌木，有香气；原产欧洲南部，我国有栽培；用种子繁殖；《本草纲目》迷迭香，魏文帝时移植中庭，同曹植等并各有赋。"⑥迷迭香味浓郁，应玚赋说迷迭芳香酷烈，在清风的吹拂下沁人肺腑；王

---

① 唐志远：《六朝〈异物志〉与文学》，《湖南大学学报》（社会科学版），2012年9月。

② 俞绍初辑校：《建安七子集》，中华书局2012年版，第110页。

③ 见魏宏灿：《曹丕集校注》，安徽大学出版社2009年版，第132页。

④ 赵幼文：《曹植集校注》，人民文学出版社1984年版，第140页。

⑤ 赵幼文：《曹植集校注》，人民文学出版社1984年版，第140页。

⑥ 吴云、唐绍忠：《王粲集注》，中州书画社1984年版，第58页。

絮赋说迷迭清香飞扬；曹丕赋序："扬条吐香，馥有令芳。"①赋中又有"吐芳气之穆清"②之句。迷迭是一种有香味的植物，且其香气非常迷人，故名迷迭。其茎叶可以用来制作香料。五人所赋是作为植物的迷迭。事实上，在汉代，迷迭已在中国出现，文学作品中也有提及，汉《乐府》中提到各国商人带着各种货物来到中原，这些货物就包括迷迭，显然此处的迷迭是迷迭香。魏晋时期此迷迭香的输入仍不在少数，或与汉时无异。而迷迭最早何时移植中国不得而知，但至少曹丕的时代已经有了迷迭树，或许他们已司空见惯迷迭香，但迷迭树却不常见。曹丕在庭院中种了一株迷迭，觉得稀奇，便约大家一起来同题共赋。而从其他几人的赋来看，迷迭树对于他们来说至少不能说是常见的。

相较于迷迭，石榴这种植物在魏晋人笔下出现的频率更高。据笔者统计，石榴赋共有 12 篇之多。作者分别为应贞、庾儵、傅玄、夏侯湛、张载、张协、潘岳、潘尼、范坚、殷允、徐藻妻、王伦妻羊氏。以石榴为主题的诗、颂也很常见。赋家时称石榴，时称安石榴，他们对这种开大红色花朵、有晶莹剔透如红水晶的果实的树木非常喜欢。在他们笔下，石榴是奇果、是嘉树、是珍木。殷允《安石榴赋》序说他在闲暇的时候聊以读书解闷，看到潘岳和张载的石榴赋，觉得他们二人文采虽美，但还没有把石榴写到一种精致美的程度，所以他自己再写一篇。"睹潘、张若榴二赋，虽有其美，犹不尽善。客复措辞，故聊为之赋。"③觉得前人的称赞还不够尽善尽美，一定要为石榴作赋。殷允用了最华美的辞藻来描述石榴之美，可见对石榴的喜爱。他们喜爱石榴，故在赋中不吝赞美之笔，辞藻华美之外，说石榴奇树名果之外，潘岳赋中

---

① 魏宏灿：《曹丕集校注》，安徽大学出版社 2009 年版，第 132 页。
② 魏宏灿：《曹丕集校注》，安徽大学出版社 2009 年版，第 132 页。
③ 韩格平等：《全晋赋校注》，吉林文史出版社 2008 年版，第 508 页。

的"羞于王公，荐于鬼神"①与张载"上荐清庙之灵，下羞玉堂之宾"②更是进一步抬高了石榴的地位。既然可以像蘋繁蕴藻那样"可荐于鬼神，可羞于王公"③，那么石榴自然是无比圣洁庄重，潘张二人对石榴的推崇已到了无以复加的地步。

石榴是外来物种，赋中也多有提及。所谓"滋玄根于夷壤"④（夏侯湛），"肇结根于西海"⑤（张载）。但夷壤和西海所指为何处？李善注《闲居赋》引《博物志》"张骞出使大夏而得石榴"⑥，这段文字不见于通行本《博物志》中。不管这是否为张华《博物志》中的文字，但至少先唐时期存在一种认为石榴来自大夏的看法。但陆机却认为石榴来自涂林⑦。这些小赋中，题目或标石榴或标安石榴，而以安石榴为主。关于安石榴的得名，李时珍说："《博物志》云汉张骞出使西域，得涂林安石国榴种以归，故名安石榴；又按《齐民要术》云凡植榴者须安僵石枯骨于根下，即花实繁茂；则安石之名义或取此也。"⑧李时珍所引《博物志》记载石榴来自涂林，与李善注所引不同。李时珍认为安石榴或得名于涂林安石国，或是因为种植石榴时要在根下安石头枯骨，实际上李时珍并不太确定安石榴安字之义，故存两说，并未加以辨析，自己也没有提出新的看法。综合看来，古人对石榴来源的看法主要为两种：一种认为是来自涂林，以陆机和李时珍为代表；一种认为来自大夏，以李善注所引《博物志》为代表。现代学者沈福伟的说法是："安石分指安（今布

① 韩格平等：《全晋赋校注》，吉林文史出版社2008年版，第237页。
② 韩格平等：《全晋赋校注》，吉林文史出版社2008年版，第444页。
③ 杨伯峻：《春秋左传注》，中华书局2009年版，第28页。
④ 韩格平等：《全晋赋校注》，吉林文史出版社2008年版，第237页。
⑤ 韩格平等：《全晋赋校注》，吉林文史出版社2008年版，第44页。
⑥ （梁）萧统编，（唐）李善注：《文选》，上海古籍出版社2010年版，第705页。
⑦ 《与弟云书》云："张骞使外国十八年，得涂林安石榴也"，见（晋）陆机著，刘运好校注《陆士衡文集校注》，凤凰出版社2007年版，第1272页。
⑧ （明）李时珍著：《本草纲目》，人民卫生出版社1982年版，第1782页。

哈拉)、石(今塔什干)二国，石榴因此而得名。"①此说调和了李善与李时珍所引《博物志》的不同，但把安石当成两个国家则更令人疑惑。劳费尔引用坎多勒的说法，"最后植物学，历史和语言学各方面材料都一致证明现代这种安石榴是波斯几千万邻居国家所产，在有历史以前就开始种植，它早起散布很广，最先向西方，其后往中国传播"②，认为石榴原产于波斯。这些说法让人觉得莫衷一是，但至少可以确定石榴原产地不在中国，而是在西方的某个国家。

魏晋时石榴在中国的栽种比较普遍。从应贞、潘岳、张协等人的赋来看，清贵之中书省庐，鄙陋之驿馆，家中之庭院都有栽种，可见这时候石榴栽种的普遍。随着这种物种的普及，石榴已不再是稀奇的物种了，《佛国记》："草木果实皆异，唯竹及安石榴甘蔗三五与汉地同耳。"③石榴本是从西域传入中国的，但法显在葱岭看到石榴，只觉得和中原一般无二，并不大惊小怪，可见石榴在中原已经很普及了。

自张骞引进以来，葡萄在古代文献中有多种写法，如"蒲陶""蒲桃""蒲萄""葡桃""葡萄"。《史记》作"蒲陶"，《汉书》作"蒲桃"，《后汉书》作"蒲萄"，《晋书》作"蒲陶"。音同而字不同，葡萄应是音译词。古贺守认为是波斯文"budawa"的音译。④总之，这种水果自进入中国起就引起了人们极大的兴趣，在史籍及各种博物著作中都可见到这种水果的身影。《史记·大宛列传》："离宫别观旁尽种葡萄、苜蓿极望。"⑤汉代宫廷中即大量种植葡萄。汉人不仅把葡萄当成水果食用，并用葡萄酿

----

① 沈福伟：《中西文化交流史》，上海人民出版社 2006 年版，第 59 页。

② ［美］劳费尔著，林筠因译：《中国伊朗篇》，商务印书馆 2001 年版，第 101 页。

③ ［日］足立喜六著，何建民、张小柳译：《法显传》，贵州大学出版社 2014 年版，第 47 页。

④ ［日］古贺守著，汪平译：《葡萄酒的世界史》，百花文艺出版社 2007 年版。

⑤ (汉)司马迁撰，(宋)裴骃集解，(唐)司马贞索隐，(唐)张守节正义：《史记·太史公自序》，中华书局 2009 年版，第 2407 页。

酒，还在衣饰上使用葡萄纹，如霍显赠送帮她下毒害死许皇后的医女淳于衍各种财物，其中包括葡萄锦数百匹。葡萄锦是当时比较贵重的织料，一般是上层才能使用，霍显为权倾朝野的霍光之妻，自然有大量葡萄锦库存。到魏晋，葡萄的流行程度比汉代要高，《广志》："蒲萄有黄白黑三种。"①在郭义恭时葡萄有黑色、白色与黄色三种，晋人对葡萄的认识已经很深了。东晋的皇家园林华林园栽种了一百多株葡萄。魏晋之际，中国人对葡萄已经有了一定的了解，可以大面积地种植，对它的品种也有一定了解。此时在赋中出现葡萄是自然而然的事。此时的葡萄赋共有四篇，作者分别为钟会、荀勖、应贞、傅玄。傅玄《蒲桃赋》："蹦龙堆之险，越悬度之阻；涉三光之阪，历身热之野。"②傅玄此赋已佚，仅存此四句，所谓龙堆、悬度、身热之野皆为西域地名，这些地方都非常偏僻，据《汉书·西域传》的记载，身热与头痛得名的由来是因为这两个地方使行人身上发热并且头疼不已。悬度即悬度山，《后汉书·班超传》李贤注云："谓以绳索县缒而过也。其处在皮山国以西，罽宾国之东也。"③虽然不至于飞鸟愁过，但需要用绳子攀援而上，这已不是一般人能够胜任的了。这几个地方从名字上来看就非常偏僻荒凉让人觉得可怕，而葡萄就是从遥远的西域过来的。钟会《葡萄赋》序："灵根玄圃，昆山高垠。"④玄圃、昆山都直接指向神秘的昆仑山，钟会借以说明葡萄来自西域并且赋予了葡萄仙家水果的美誉。葡萄的来源争议较少。但从赋作与博物著作来看，魏晋时期能享用葡萄的依旧是贵族阶层，与汉时无异。

迷迭、葡萄等来自"国外"，蜀葵、紫华、橘子则是本土产品，可

① （唐）欧阳询撰，汪绍楹校：《艺文类聚》，上海古籍出版社2007年版，第1494页。

② 赵光勇、王建域：《〈傅子〉〈傅玄集〉辑注》，陕西师范大学出版社2014年版，第282页。

③ （宋）范晔撰，（唐）李贤等注：《后汉书》，中华书局2009年版，第1067页。

④ 韩格平等：《全晋赋校注》，吉林文史出版社2008年版，第68页。

以看到这几种本地作物都是来自南方。蜀葵和紫华产于天府之国，傅玄有《蜀葵赋》和《紫华赋》，其中前者已散佚，惟存赋序。傅玄是一位注重实践的作家，他亲自栽种过蜀葵，《蜀葵赋》序中称"尝种之"①，紫华对中原人的态度是"中国奇而种之"，显然是把紫华当成异物来看待。傅玄序中说他和朋友各作有紫华赋，其朋友赋今不存。傅玄称紫华为遐方奇草，态度很明显。但描写蜀葵和紫华的惟存傅玄一赋一序。橘子更是有幸得蒙屈子垂青，先秦时期人们即已食用橘子。但到魏晋橘子依然是奇果，这或许和它产于南方有关。从魏晋博物著作来看，当时橘子的主要产地为湖北、四川和海南。屈子为楚人，先秦时期湖北即盛产橘子，故《吕氏春秋·本味》有"江浦之橘，云梦之柚"②的说法。魏晋的大量博物著作都提到这种水果，朝廷定柑橘为贡品，因而在盛产柑橘的交趾设立橘官。华林园中也种有两棵橘子树，橘子熟时皇帝分赐水果，大宴群臣，一时盛会，无与伦比。从这些博物著作来看，时人视橘子为一种产于南方的比较珍贵的水果。魏晋有5篇橘赋，曹植《植橘赋》："鹑火遐乡。"③胡济《黄甘赋》："朱鸟遐乡。"④潘岳《橘赋》："成都美其家园，江陵重其千树。"⑤这些都是说明橘子来自湖北、四川等地，而珍树、奇果等词语也体现了博物著作中的橘子为珍贵水果的观念。胡、潘二赋纯为体物，孙楚《橘赋》惟存一句，故不知孙赋是否有所寄托。曹植赋不难看出《橘颂》的影子，除赞美橘子的坚贞外，又表达出故土难离的身世之感。傅玄赋亡佚，从惟存的赋序来看，傅玄赋应是对橘的赞美，内容似和儒家的修身齐家相关。

①　韩格平等：《全晋赋校注》，吉林文史出版社2008年版，第164页。
②　陈奇猷：《吕氏春秋校释》，学林出版社1984年版，第741页。
③　赵幼文：《曹植集校注》，人民文学出版社1984年版，第59页。
④　韩格平：《全晋赋校注》，吉林文史出版社2008年版，第480页。
⑤　董志广：《潘岳集校注》，天津古籍出版社2005年版，第128页。

（2）动物赋

果然兽是一种南方特有的动物，在各种地志中都可见到关于此兽的记载。《南州异物志》和《南中八郡志》及徐衷《南方草物状》都写到了果然。果然似猿，皮毛绚烂多彩，颜色斑斓，毛皮为最有价值的地方。钟毓《菓赋》描述果然长得像猴子又像猿，黑色的脸颊青色的身子。肉不是什么美味，唯皮为珍。突出了果然毛皮珍贵的特点，这和上述地志的记载一致。钟毓写作果然兽是因为他亲眼见过这种动物，还是道听途说或是在各种博物著作中读到过，不得而知，但魏晋果然赋只存钟毓四句，这四句也只是大致说明果然兽长得像猿猴，脸颊是黑色的，身体是青色的，肉质并不鲜美，最有用处的是它的皮毛。但其他如果然的产地、习性、是否可以豢养等都不得而知，这是文献阙如的遗憾。但我们可以确定果然是魏晋时期的异物，已有赋家把它们写进了赋里。

祢衡使得鹦鹉有了特定的象征意义。魏晋时期共 13 篇鹦鹉赋，作者为祢衡、应玚、王粲、陈琳、阮瑀、曹植、卢谌、傅玄、傅咸、成公绥、左棻、曹毗、桓玄。鹦鹉是一种外来的鸟，祢衡赋说鹦鹉来自西域，"惟西域之灵鸟"①。曹毗赋序："交州献鹦鹉。"②则是说从交州进贡了鹦鹉。其他赋则有遐方殊域的字眼，都笼统言之。魏晋时期交广为鹦鹉的主要进献地，《广州记》："根杜出五色鹦鹉，曾见其白者，大如母鸡。"③鹦鹉有五色鹦鹉和白鹦鹉，魏晋赋家都把鹦鹉视作美丽与人格的象征，此书虽把鹦鹉比作母鸡未免有些"降格"，但却贴近生活，容易理解。综上，鹦鹉或被认为来自西方或被认为来自南方，爱德华论述道："古代这些鹦鹉栖息在古代商道附近，即位于陕西、甘肃交界处的陇山之中。这些古代的鸟因为具有说话的能力，所以有时又被称做'西域神鸟'，陇山里的鹦鹉大多数是一种紫胸的绿色长尾小鹦鹉，现在它

---

①　费振刚等：《全汉赋》，北京大学出版社 1993 年版，第 611 页。
②　费振刚等：《全汉赋》，北京大学出版社 1993 年版，第 478 页。
③　费振刚等：《全汉赋》，北京大学出版社 1993 年版，第 146 页。

是四川、云南以及西藏东部的土生鹦鹉，但是在北纬 30 度已经看不到这种鸟的踪迹了。"①爱德华认为在唐代北纬 30 度即四川、西藏、云南等地为鹦鹉的主要产地，这与魏晋时期鹦鹉主要产于交广二地稍有不同。但从魏晋时期的鹦鹉赋来看，魏晋时期的鹦鹉除了少量来自西域外，其余大部分来自南方炎热之地。鹦鹉能言加之外形美丽，因之人们把它养在笼中。赋中或赞美它的美丽，如左棻《鹦鹉赋》；或因它身在樊笼而感叹自身，曹毗赋序表明作赋的缘由是"嘉其有智，叹其笼樊"②，傅咸"然以慧而入笼"③也是表达对鹦鹉的惋惜。曹植则是借鹦鹉表达了自己常思报答君恩的决心，赋中还隐含着自身不为所用的无奈。

魏晋时期动物中的异物还有鸂鶒、龙马、叩头虫、长鸣鸡等。按《尔雅》郭璞注，鸂鶒是一种对人们生产生活有帮助的鸟儿，它可以预报火警，因此江东家家户户几乎都有饲养。挚虞赋中的"看到水就高兴，看到火就忧愁"④可以视作是郭注的注脚。虽然寻常人家都有饲养，它也不能飞，但鸂鶒的这一特点并不妨碍它成为异物。挚虞《鸂鶒赋》像是一幅鸂鶒的画像，不仅描绘了静态的鸂鶒画像，也捕捉了它在水中嬉戏玩耍的动态图。现代人对鸂鶒的解释为："鸟名，活动于湖沼、稻田一带，迁徙和生殖期常组成大群，营巢高树，食鱼类、蛙类及水生软体动物和水生昆虫。背上襄羽，可供装饰用。"⑤这帮助我们了解鸂鶒的生理特点。描写龙马的赋作有黄章《龙马赋》，古人对好马的追求与喜爱超乎今人想象，从伯乐相马到汉武帝为得汗血宝马不惜与大宛开战，都可见这一点。魏晋时期的人们也不例外。龙马是对马的美称，黄章是

① ［美］爱德华·谢弗著，吴玉贵译：《唐代的外来文明》，陕西师范大学出版社 2005 年版，第 140 页。
② 韩格平等：《全晋赋校注》，吉林文史出版社 2008 年版，第 478 页。
③ 韩格平等：《全晋赋校注》，吉林文史出版社 2008 年版，第 198 页。
④ 韩格平等：《全晋赋校注》，吉林文史出版社 2008 年版，第 89 页。
⑤ 韩格平等：《全晋赋校注》，吉林文史出版社 2008 年版，第 428 页。

亲眼见到一匹好马因而为之作赋，还是在纸上追想名马风姿，已不可考，但其对异物的喜爱之心是昭昭可见的。长鸣鸡产于交广之地，在多种交广地志中都可见，陆善《长鸣鸡》"南鸡"之词即点明它的产地。习凿齿也有长鸣鸡赋，散佚，从所存的几句来看是对它尽心司晨的赞美。

（3）器物赋

曹魏文学集团的同题赋作除了《迷迭赋》外，还有《马瑙勒赋》《砗磲榼赋》。《广雅》："砗磲玛瑙，石之次玉也。"①古人以玉为尊，其他宝石都可统称为石次玉。玛瑙与砗磲为两种贵重的宝石，只有贵族才用得起。而玛瑙、砗磲两种宝石来自殊方异域，这更增加了它们的贵重。

玛瑙赋共 4 篇，作者为曹丕、王粲、陈琳、王沈。陈琳《马瑙勒赋》序："五官将得马脑，以为宝勒，美其英采之光艳也，使琳赋之。"②而曹、王、陈三赋当为同时之同题共赋。曹丕《马瑙勒赋》序说明玛瑙是西域而来的宝石，用玛瑙做的马勒精美华丽，曹丕因而作赋。王沈《马瑙勒赋》也说明玛瑙来自异域。《广志》："玛瑙来源于西南各国。"③《玄中记》："玛瑙源出于月氏国。"④《广志》认为来自西南诸国，但也并没有说得很清楚，这些西南诸国或许包括大秦、天竺，这与《拾遗记》中说玛瑙来自南方有相似之处。这或许是因为大秦等国的商人经由海上丝绸之路将东西贩卖至印度、扶南等东南亚国家，故有些博物著作认为玛瑙来自南边。曹丕赋文有"奇章之珍物……焕若罗星之耀"⑤之句，因是"美而赋之"，因为爱玛瑙勒的光泽之美，故赋中尚有抒情色彩。魏宏灿概括篇意为："前半部写内质美，突出其物华天宝之特点；后半写玛瑙的巧制顺应于德。作者明赞物宝，暗誉人的高尚情操，二者

---

① 王念孙：《广雅疏证》，江苏古籍出版社 2000 年版，第 296 页。

② 俞绍初辑校：《建安七子集》，中华书局 2006 年版，第 48 页。

③ （唐）欧阳询撰，汪绍楹校：《艺文类聚》，上海古籍出版社 2007 年版，第 1441 页。

④ 《古小说钩沉》，《鲁迅全集》卷八，人民文学出版社 1973 年版，第 494 页。

⑤ 魏宏灿：《曹丕集校注》，安徽大学出版社 2009 年版，第 119 页。

巧妙融合。"①王粲《马瑙勒赋》以玛瑙勒为稀世之宝，"厥容应规，厥性顺德"与曹丕的议论相似，因为是"奉命之作"，而曹丕赋先成，故王粲的议论也相似。陈琳《马瑙勒赋》通篇以四言为主，描述性词汇不多，而以议论性为主，不外乎美帝道，颂清明，最后表明要安分守时，颇中规中矩，道学气浓厚。王沈《马瑙勒赋》写骑马时执马勒逍遥自在的情景，赋中有个抒情主人公的形象，比王、陈二赋多了几许抒情意味。

　　王粲、徐幹、陈琳、应玚、曹丕、曹植都有《砗磲椀赋》，当与《玛瑙勒赋》作于同时，同为这几位作家的同题赋作。王沈有《砗磲瓠赋》。曹丕《砗磲椀赋》序说明砗磲是一种来自西方的宝石，在简短的序文中还介绍了西国砗磲用来制作项链和其他用具的功能。这和他的《玛瑙勒赋》序的结构和文辞差不多，则两篇赋的不同时至少也不会隔太远。所谓多纤理缛文，陆机《浮云赋》说"若砗磲绕理，马瑙缛文。"②，用互文的手法说明砗磲纹理细腻繁复的特点。曹植《砗磲椀赋》："凉风之浚湄。"③所谓"凉风"即"阆风，山名，在昆仑山之巅"④。曹植认为砗磲产于昆仑之山，按昆仑在古书中是各种珍宝尤其是玉石类宝物的出产之地，也是神话传说中众仙栖息之所，曹植赋或只是泛言砗磲来自西域并且说明砗磲不同流俗的特点。应玚赋中所谓"扇不周之芳烈"⑤也是说砗磲来自西边。《广志》则明确说："砗磲出大秦国及西域诸国。"⑥这比所谓阆风、不周的文学性说法要科学实际得多。曹丕赋很简短，赋中描写

---

① 魏宏灿：《曹丕集校注》，安徽大学出版社2009年版，第119页。
② （晋）陆机著，刘运好校注：《陆士衡文集校注》，凤凰出版社2007年版，第214页。
③ 王巍：《曹植集校注》，河北教育出版社2013年版，第188页。
④ 王巍：《曹植集校注》，河北教育出版社2013年版，第188页。
⑤ 俞绍初辑校：《建安七子集》，中华书局2006年版，第181页。
⑥ （唐）欧阳询撰，汪绍楹校：《艺文类聚》，上海古籍出版社2007年版，第1442页。

这只碗的光华耀眼、色泽瑰丽、无与伦比。"赋以简练的笔法，生动而形象地写出了玉质的外表、色泽、纹理、特质，内美与外美互为表里。"①陈琳与徐幹二赋皆为四言诗体赋，质木无文，内容也颇为道学。曹丕、徐、陈三赋文采不足。王粲赋首句即点明是宴席上看到了碎碌椀，此赋应是"命题作文"，几句议论也是泛泛而谈。应瑒赋言辞华美，却看不出感情。曹植赋先写碎碌椀的光泽、花纹、色彩与珍稀，再说明西夷慕碎碌，经能工巧匠雕琢，这只碎碌椀可以超过所有的珍奇之物，在燕居的时候用来喝酒娱情再好不过，故曹植表示要常常使用。这篇赋可谓"体被文质"，六篇碎碌椀赋当以曹植赋最佳。

王沈《碎碌觚赋》惟存一句，觚为一种酒器。其中"温若"句似写觚中酒气升腾之状，此赋有无寓意不得而知。

琉璃为一种半透明种宝石，汉代已使用琉璃，琉璃并非产自中土，需通过海上丝绸之路与外国贸易才能得到。汉代琉璃需求量比较大，《西京杂记》有大量关于皇室用琉璃的记载，如汉武帝用琉璃饰剑和做马勒，赵合德所居之昭阳殿的窗户用绿琉璃制成，赵合德送给飞燕的生日礼物中即有琉璃屏风一副。小说或有夸张之处，但汉代皇室使用琉璃是确凿无疑的，同时可见琉璃之贵重。魏晋时使用琉璃的记载比较多，虽较汉代普遍，但还是限于大贵族阶层。《世说新语·汰侈》记载司马炎临幸女婿王武子家，器皿"并用琉璃器"②。《纰漏》记载当时豪富奢侈的石崇厕所里有婢女用琉璃碗装净手用的澡豆。从这些记载来看，当时琉璃使用者基本以皇室为主，石崇斗富可打败武帝，能用琉璃器物也不足为奇。魏晋描写琉璃的惟存潘尼《琉璃椀赋》一篇。赋中先是说琉璃来自殊方异域，这与博物著作的说法一致。《广志》："琉璃出大秦日

---

① （唐）欧阳询撰，汪绍楹校：《艺文类聚》，上海古籍出版社 2007 年版，第 1442 页。

② 徐震堮：《世说新语校笺》，中华书局 2012 年版，第 469 页。

南诸国。"①在《魏略》与《晋书》等史籍中，大秦为盛产琉璃之地。而潘赋中的"历锺山，窥烛龙。觐王母，访仙童"②则赋予琉璃只应天上有的仙气。而《搜神记·弦超》则写神女知琼下嫁弦超时，仙车上载有青白二色琉璃器皿五具。这显然也是认为琉璃作为神仙的器具是合理的，说明了琉璃不同凡尘不同流俗的特点。魏晋的琉璃透明度不高，但依旧以其洁净澄澈的特点获得上层社会追捧。总之，琉璃为魏晋人所钟爱，魏晋时期琉璃多见载于典籍，然赋只潘尼一篇，不可谓是一种遗憾。

除了砗磲、玛瑙、琉璃等珍宝外，魏晋的异器尚有火浣布，但就目前所存赋来看，描写火浣布只有殷巨一篇《奇布赋》。火浣布先秦典籍中就有记载，《周书》中就记载西域曾向周穆王进献火浣布，在汉代典籍中火浣布也随处可见。但东汉末年中原历经战乱，与西域也交通阻隔，中原人多年不曾见过火浣布，因而曹丕以为所谓火浣布不可能真实存在，但他死后不久西域就进献火浣布。从魏晋人的著作来看，火浣布引起了他们的惊奇。在古代典籍的记载中，火浣布一般自西域而来，先秦与两汉是如此，到魏晋西域还是主要的火浣布产地，但南方也出火浣布，不使西域独美。据《晋书·苻坚传》的记载，天竺国曾向中原进献了火浣布。再有《异物志》也记载了斯调国出火浣布，郭璞《玄中记》认为火浣布出于南方炎火山。这几种史籍与笔记小说都认为火浣布来自南方，由一种长于火中的树木纺织而成，火浣布的特点是不用水洗，在火上烧一烧便洁白如新。但《拾遗记》的说法比较特殊，不仅产地是北方的羽山，且其山上有一块可以吐火的石头，脏衣服在这块石头上烧一烧便干净如新。"有不洁之衣，投于火石之上，瞬间如新浣。"③认为只要有那么一块石头，所有的衣服都可以烧干净，小说家言不可尽信。综合

---

① （唐）欧阳询撰、汪绍楹校：《艺文类聚》，上海古籍出版社 2007 年版，第 1441 页。

② 韩格平等：《全晋赋校注》，吉林文史出版社 2008 年版，第 292 页。

③ 《汉魏六朝笔记小说大观》，上海古籍出版社 2013 年版，第 553 页。

看来，火浣布确有其物，产地以西域为主。火浣布的特点是投于火不灭，污渍经火濯而净。火浣布是贡品，非一般人能用，除人间帝王将相等特权阶级。因而博物著作中只好将火浣布的使用者安排在幽冥鬼神身上了。如《搜神记》中的刘卓病重时梦见有神人赐给他一件白衫，并告诉他说衣服脏了拿火烧一烧即可。再如《搜神后记》中的南昌少年刘广，一次去田间时遇见一位自称是何参军女儿的人，十四岁便往生了，被西王母收留，西王母派遣她来与下届士人相交，这位女子用来包裹清新口气的丁香颗的手巾即是火浣布制成。《奇布赋》序："惟太康二年安南将军广州牧滕侯作镇南方，余时承之，忝备下僚。俄而大秦国奉献琛，来经于州，众宝既丽，火步尤奇。"①殷巨曾任苍梧、交趾二郡太守，这两个地方都地处南疆边陲，本就是异俗异产之地，也是海上丝绸之路的来经港口，殷巨自然见多识广。而此时殷巨为广州牧滕侯的下属，他亲眼见到了大秦宝珠与火浣布。虽然他用了"奉献"二字，但或许是大秦国来广州贸易卖给了广州牧也未可知。从赋中内容看，和一般史籍和博物志无甚不同，结尾说明火浣布不用水洗，在火上烧一烧便洁白如新，"既垢既汗，以焚为濯"②。这和其他书中的说法是相似的，殷巨很有可能亲自见到火浣布经火烧而变得洁白干净的奇异。虽然火浣布在史籍中不绝于载，但魏晋时火浣布依旧是异物，人们干脆称为奇布。亲眼见过火浣布的文士恐不多，殷巨也是机缘巧合之下才见到的。魏晋火浣布只有一篇，应不属偶然。

2. 常物赋

韩高年论述说："西汉咏物小赋的题材很广，如文木、萝虫、杨柳、屏风、几、杖、灯、黎、鱼范、薰笼等，凡是日常生活中看得见的器物家什都是赋写的对象。"③和汉人一样，魏晋人也关注身边的一草一

---

① 韩格平等：《全晋赋校注》，吉林文史出版社 2008 年版，第 435 页。
② 韩格平等：《全晋赋校注》，吉林文史出版社 2008 年版，第 435 页。
③ 韩高年：《西汉咏物小赋源流概论》，《中国韵文学刊》，2004 年第 2 期。

木，这些前人所咏之物也是他们笔下的题材。但在数量上相较汉代赋大为增加，并且魏晋人有意在题材上扩张创新，这和当时整体的通博的氛围有关。

其中以成公绥《天地赋》和庾敳《意赋》最为突出。天地和意是汉代人从未写过的题材。成公绥写天地，是题材上的开拓，也是博物风尚下的结果。赋序述创造缘由："历观古人，未之有赋……何其阙哉？遂为天地赋。"①可见成公绥不仅有意补古人之阙，这固然是他自信的体现，但未尝不是对博物的自觉追求。从赋中的描写看，此赋的写作受到博物著作的影响是无疑的。辞赋既写天地，自然要求作者有丰厚的天文地理方面知识。首段言天，提到青龙白虎等四宿。次段言地，提到悬圃、昆吾、烛龙、扶桑、寻木、昆仑，这些都是《山海经》中常出现的词语，成公精熟《山海经》是无疑的。也许是因为天地赋写得实在太好，并且也是破天荒头一篇，故《晋书·成公绥传》全文载录。天地还可见到触到，而意则无形无体，十分抽象，如何赋之？故庾敳写《意赋》引起质疑，《世说新语·文学》提到庾敳写成《意赋》后，他的侄子文康问他说："若有意邪？非赋之所尽，若无意邪？复何所赋？"②文康从两个方面质疑了写作《意赋》的必要性，这个问题把正反两条道路都堵死了，这与孟子弟子质疑孟子接受诸侯的赠金与否都有不当之处一样，夫子必居一。但庾敳毕竟也是一位谈玄的高手，他并没有被文康的问题限制思路，没有被牵着走，而是在有意和无意之间来回答。虽然庾敳写作此赋的目的是哀王室多艰，但意毕竟是前所未有的题材，而在当时清谈的氛围下，有人提出写作意赋的必要性，庾敳机智地回答了这个问题，表明了写《意赋》的合理性。虽然史书记载此赋是作者为感叹王室多艰而作，但意这一题材的出现却可证明，博物风尚下魏晋人题材的开拓已向抽象

①　韩格平等：《全晋赋校注》，吉林文史出版社2008年版，第204页。
②　徐震堮：《世说新语校笺》，中华书局2012年版，第140页。

的精神意志方面发展。

其他常物赋在写作上也受到过博物观念的影响是无疑的。毋丘俭《承露盘赋》"诏烛龙使吐火，运混元以陶甄"①，烛龙是《山海经》中记载的一种神兽，见载于《大荒北经》。而此赋中的"越古今而无匹，信奇异之可观"②也表明了作者对奇异之事的兴趣与一种信其有的态度，这与魏晋博物观念好奇好异的特点是一致的。

在博物观念的影响下，有些小赋的写作看上去就像是一篇有韵之说明文。傅玄《笔赋》展现了笔的制作过程与使用，写到了选料、浸水、成形、上漆等工序，后半段则写此笔性能良好，使用称手，像是制笔说明书又像是广告。他的《砚赋》则完全是一篇制砚说明书，赋中描绘了制砚工序选料、设计、造坯、磨光、上漆。杜育《荈赋》惟存一句："脯则分膂通干，粗鹿肥麖；鲝则前盐白糁，鳣鲤之骸。"③这是讲肉类与鱼的保存办法，认为鹿肉可以风干成肉脯，鳣鱼鲤鱼则采用盐腌制的办法做成咸鱼干，很像是某种食书菜谱或家庭使用手册上的句子。徐广《钓赋》："投芳饵于纤丝，洒长纶于平流。"④此赋写了装鱼饵和投竿动作，写得十分像是钓鱼指南。

有的赋与小说关系密切。刘谧之《下野赋》幽默风趣，"头戴鹿心帽，足着狗皮靴，面傅黄灰滓，鬂插芜菁花"⑤。从体式来看，像五言诗而不像赋，严可均注："疑即《宠郎赋》《庞郎赋》《迷赋》之误。"⑥伏俊琏认为庞郎即"邋遢汉"⑦，则此赋是用诙谐的笔调从庞郎的穿着打扮

---

① 韩格平等：《全晋赋校注》，吉林文史出版社 2008 年版，第 98 页。
② 韩格平等：《全晋赋校注》，吉林文史出版社 2008 年版，第 98 页。
③ 韩格平等：《全晋赋校注》，吉林文史出版社 2008 年版，第 461 页。
④ 韩格平等：《全晋赋校注》，吉林文史出版社 2008 年版，第 518 页。
⑤ 韩格平等：《全晋赋校注》，吉林文史出版社 2008 年版，第 533 页。
⑥ 严可均：《全上古三代秦汉三国六朝文》，河北教育出版社 1998 年版，第 1484 页。
⑦ 伏俊琏：《汉魏六朝诙谐的诙谐咏物俗赋》，《西北师大学报》（社会科学版），2003 年 9 月。

和神态去突出他们的邂逅，这种从衣饰的角度很像小说中人物出场时的描写，如《搜神记》写神女知琼的出场是"服绫罗绮绣之衣，姿颜容体，状若飞仙"①。

二、小赋的志怪色彩

博物著作好言鬼神等奇异之事，前已述奇异除了异产异俗外，主要体现在鬼神上。"汉魏六朝辞赋描绘神祇鬼怪、虚构人神同游、彰明神仙意趣、伪托人鬼交通，以及以神女为典型意象的传统主题及其表达模式的时代嬗变，客观上证明了志怪对辞赋创作的重要影响。"②多篇小赋与鬼神有关，与鬼相关的词汇包括夭折、死亡、北邙、骷髅等。

夭指未成年人死亡，王粲《伤夭赋》是应曹丕之命，作赋哀悼曹氏宗族年近十一岁便往生的曹文仲。俞绍初题解说："曹丕《悼夭赋》序曰：'族弟文仲亡时年十一。余以宗族之爱，乃作斯赋。'盖粲亦受命和之。同作者有应瑒、杨修等。"③不仅玛瑙勒、砗磲椀曹丕要命大家一块同题工作，连哀悼之文都要大家一起来写。同题共作者有曹丕、王粲、应瑒、杨修。王粲在赋中先是感叹上天不公，或终其天年，或年幼夭折。年幼夭折总让人有一种悲痛惋惜之情，在王粲的赋中，他表达了想与这位不幸夭折的孩子的魂灵相见的愿望，但是不能达成。欲人鬼交通而不可得，于是"心弥结纡萦"④。曹丕《悼夭赋》十分简短，其中传达出的情感却十分真挚。他为这个小弟弟的不幸夭折而纡结于心，也为他涕泪交加，时常徘徊在文仲生前活动的场所，乍然见其平日穿的衣服赫然在床。曹丕一向感情丰富，故物勾起了曹丕的无限思念之情，悲痛地

---

① 《汉魏六朝小说笔记大观》，上海古籍出版社 2013 年版，第 287 页。
② 阳清：《先唐志怪叙事研究》，人民文学出版社 2015 年版，第 74 页。
③ 俞绍初辑校：《建安七子集》，中华书局 2012 年版，第 101 页。
④ 俞绍初辑校：《建安七子集》，中华书局 2012 年版，第 101 页。

发出"痛尔身独亡"①的感叹。接着是景物的衬托，悲风萧瑟，庭院萱草摇摇，秋气侵袭，鸟亦哀鸣，这些萧瑟的景物愈发使得作者觉得悲怆，从而表达对亡者的无限追思。杨修赋惟存一句，"悲体貌潜翳兮，目常存兮遗形"②，悲叹逝者体貌已无复可寻，而眼前却仿佛时常出现逝者的身影，这当然是夸张的说法，但却透露出逝者有灵的观念。应瑒赋今不存。曹髦《伤魂赋》悼念随王师东征，路经项城不幸染疾去世的宗正曹并，赋序说："数日亡，意甚伤之。"③曹并为成年人，但不管是成年人的死亡还是少年的夭折，都会让人悲痛难过，故而曹并的离去让曹髦甚为伤感。曹髦序中一句"精魂忽消散，神眇眇长违"④感叹精魂一散，不复为世上一人而为地下一鬼，可不悲与？

北邙山是洛阳著名的墓地，多葬王公贵族。傅咸《遂登芒赋》序："左光禄大夫济北侯荀公，前丧元妃，及失令子，葬于西芒。"⑤西芒为北邙山西部，荀公为荀勖。赋中赵文子在九原时叹息"死者如可作也，吾谁与归"⑥的典故表达时间流逝之快、死去不可复生的哀叹之情。张协《登北芒赋》则放眼于天地与历史，登高看见北邙山"坟陇巍叠，棋布星罗"⑦，这坟冢累累的景象触目惊心。结句"丧乱起而启壤，僮竖登而作歌"⑧说明人死归黄壤，在幽闭的墓室之中，死人已无知觉，而活着的人却爬在坟头上唱歌。这生与死的对比，死亡的忧伤与生者无知无识的快乐对比，若死而有之，定然十分感叹。人死之后，富贵功名都烟消云散。人死一去不复归，真是令人悲怆。

---

① 魏宏灿：《曹丕集校注》，安徽大学出版社 2009 年版，第 109 页。
② 费振刚等：《全汉赋》，北京大学出版社 1993 年版，第 653 页。
③ 韩格平等：《全晋赋校注》，吉林文史出版社 2008 年版，第 20 页。
④ 韩格平等：《全晋赋校注》，吉林文史出版社 2008 年版，第 20 页。
⑤ 韩格平等：《全晋赋校注》，吉林文史出版社 2008 年版，第 185 页。
⑥ 杨天宇：《礼记译注·檀弓下》，上海古籍出版社 2005 年版，第 137 页。
⑦ 韩格平等：《全晋赋校注》，吉林文史出版社 2008 年版，第 447 页。
⑧ 韩格平等：《全晋赋校注》，吉林文史出版社 2008 年版，第 447 页。

悼亡指丈夫悼念逝去的妻子，潘岳《悼亡赋》开头即说："伊良嫔之初降，几二纪以迄兹。"①夫妻共同生活了二十多年，一旦离去，自然令对方悲痛不已。形体已不复存在，神魂也飘忽不反，"逝逍遥兮浸远，嗟茕茕兮孤魂"②。潘岳相信人有魂灵，但妻子的孤魂远去，或许再无相见之机，只留下他一人在世上孤独茫然，这的确令人痛彻心扉，悲痛欲绝。徐广《悼亡赋》有"临穴洞而兴哀"③之句，他则是站在妻子的坟前，黯然神伤。此赋已散佚，是否描写了与妻子魂灵相见不得而知。丁廙妻《寡妇赋》与潘岳《寡妇赋》则是表达失偶妇女的悲伤凄婉之情，李炳海说："由于丈夫的去世，作者产生了人生幻灭感，认为人生如白驹过隙，转瞬即逝，自己很快就会从世上消失，到幽冥世界去和丈夫团聚，是以死亡的方式超越生死悬隔，结束和丈夫的分离状态。她是用原始宗教观念看待人的死亡，虚拟出一个鬼神聚居的幽冥世界。潘岳《寡妇赋》坦露的是相同的想法。"④这两位寡妇，一位说"亦同归乎幽冥"⑤，一位说"要吾君兮同穴"⑥，都表达出死后相见的愿望。

陆机《大暮赋》与吕安《骷髅赋》的思想都源于庄子。《至乐》篇中，庄子用一个关于骷髅的寓言表达他的思想。那只骷髅露于草丛之中，风吹雨打日晒，无人收拾，看起来十分可怜，庄子感叹了一番，不料夜间骷髅入梦，拒绝了庄子能够使他复活的好意。骷髅说死了不用再朝拜君上，不用管理下属，四时变化也与本人毫无相关，不用再劳心劳力，总之，死了的好处很多，即使是做人间的君王也无法超过这种快乐，骷髅

---

① 董志广：《潘岳集校注》，天津古籍出版社2005年版，第93页。
② 董志广：《潘岳集校注》，天津古籍出版社2005年版，第94页。
③ 韩格平等：《全晋赋校注》，吉林文史出版社2008年版，第518页。
④ 李炳海：《生死悬隔的悲哀和超越幽明的幻想：悼亡赋的抒情模式及心理期待》，《北方论丛》，2000年第4期。
⑤ 费振刚等：《全汉赋》，北京大学出版社1993年版，第746页。
⑥ 董志广：《潘岳集校注》，天津古籍出版社2005年版，第93页。

总结说"安能弃南面为王的快乐而再去人间劳苦形役乎"①。陆机赋序："夫死生是失得之大者，故乐莫甚焉，哀莫深焉，使死而有知乎，安知其不如生？如遂无知邪，又何生之足恋！"②这与庄子所表达的乐死恶生思想有一致之处。而吕安亦用骷髅的意象来表达自己的观点，这个意象显然是来自庄子。但吕安笔下的骷髅与庄子中那个达生的骷髅不一样，这个骷髅诉说着自己"四支摧藏于草莽，孤魂悲悼乎黄泉"③的悲苦，而作者的态度是"余乃感其哭酸，哂其所说"④，作者和庄子的达生态度是一致的。

魏晋许多作家写有神女赋，除曹植、成公绥以《洛神赋》为名外，陈琳、王粲、应玚、杨修、张华、张敏都以《神女赋》为名。这些作家在赋中都写遇到了神女，故在赋中铺陈神女的妆容衣饰、神态动作。曹植赋为千古名篇，写自己在洛水与神女洛神相遇的故事，其中的恍惚迷离、神女的端庄美丽难以言说。陈琳赋下的神女"申握椒以贻予，请同宴乎奥房"⑤则像是充满人间情味的女子，她握着温暖而有香气的花椒作为礼物赠送给自己，还陪自己在幽深安静的房中一同宴饮。这样的生活非常的富足、舒适、畅快，故而作者追求的不是朝朝暮暮，而是想长久地在一起，于是赋中写道"既叹尔以艳采，又说我之长期"⑥。王粲赋在铺陈之后，神女还赠诗表志，"彼佳人之难遇，真一遇而长别"⑦。神女赠诗，表达不愿分别之情，而作者亦是不愿别离，二人的依依惜别之情溢于言表。应玚赋中的"玄眸""朱唇""红颜""笑语"，使得神女真实

① （清）郭庆藩撰，王孝鱼点校：《庄子集释》，中华书局 2010 年版，第 619 页。
② （晋）陆机著，刘运好校注：《陆士衡文集校注》，凤凰出版社 2007 年版，第 197 页。
③ 韩格平等：《全晋赋校注》，吉林文史出版社 2008 年版，第 122 页。
④ 韩格平等：《全晋赋校注》，吉林文史出版社 2008 年版，第 122 页。
⑤ 俞绍初辑校：《建安七子集》，中华书局 2012 年版，第 45 页。
⑥ 俞绍初辑校：《建安七子集》，中华书局 2012 年版，第 45 页。
⑦ 俞绍初辑校：《建安七子集》，中华书局 2012 年版，第 107 页。

如在尘世，而夏姬、秦娥、吴娃的比拟又使得神女多了几分世俗之气。杨修在梦中见到神女后，描绘她的妆容衣饰、神情动作，而后说："嘉今夜之艳遇，获帷裳乎期同。"①杨修更多的是从感官欲望的角度表达对遇到神女的心满意足之情。成公绥赋惟存四句，写神女宴饮之欢畅，有高烧的红烛、巨大的帷幔、大量的美酒和佳肴，这些都和人间享乐的女子无太大区别。这些神女都喜欢与人间男子相恋，在大多数赋中，神女们一上来就自荐枕席，这或许是赋家们的想象，为满足心理上的需求而编造出来，也或许是作家自己形象的代入，把自己想象成神女，愿意为君王效力，这符合文学作品中香草美人的传统。这么多神女赋的存在使得神女已成为赋中的一个意象，而从赋中一些描写来看，魏晋人对神仙存在之事并非完全视为虚无荒诞，张敏更是在赋序中言之凿凿地说他亲眼看到神女在人间与人生活，而且信而有征，与一般赋家虚构有神女不同，他笔下的神女是弦氏之妇。所谓弦氏之妇即弦超之妻神女知琼，《搜神记·弦超》记载张华《神女赋》写作之缘起，神女知琼下嫁魏济北郡从事掾弦超，但神人殊途，故神女并不妨碍弦超在人间婚娶，七八年中，恩爱异常，因被人察觉，神女与弦超不得不洒泪而别，五年之后弦超出差时经过洛阳，在鱼山下忽与知琼相遇，不胜歔欷。"遂为室家，克复旧好。但不日日往来，每于三月三日，五月五日，七月七日，九月九日旦，十五日辄下，往来经宿而去。张茂先为之作神女赋。"②这些神女并不一心求仙问道，在赋家们的笔下，个个温柔多情，追求人间情爱。张华《神女赋》今不存，但应是以神女知琼之经历为本事，赋中内容应与其他神女赋无异。张敏所谓的神女或许是人间修炼得道的女子，因为得道，自是与人间女子不同，其风姿神韵与一般女子比起来自然是飘飘若仙。但这些神女赋的存在表明，魏晋人对神仙之事毋宁说是持宁

---

① 费振刚等：《全汉赋》，北京大学出版社1993年版，第742页。
② 《汉魏六朝小说笔记大观》，上海古籍出版社2013年版，第288页。

可信其有的态度。这体现出他们的好异，神女赋本身就含有志怪色彩。

陆机《列仙赋》描写对象不限于神女，而是扩展到神仙群。神仙们养生有道，"引新吐故，云饮露湌"①。神仙们吐故纳新，餐风饮露，吸收天地精华。作者与神仙们交游，名为《列仙赋》，自然不只一个神仙，赋中描写见到的神仙有"昌容弄玉，洛宓江妃。观百化于神区，觐天皇于紫微"②。作者设想自己遨游天宫之中，觐见了最高地位的神仙天皇，但见到的神仙虽多，却还是以神女为主，这或许是因为神女已成为诗人笔下的一个象征。《织女赋》写织女"足蹑刺绣之履"③，织女穿着绣花鞋，而绣花鞋是人间女子寻常穿戴之物，故而陆机笔下的织女仿若人间女子。

遇鬼接神，对死亡的描绘，都使得这一类小赋充满了奇异志怪色彩，而这和当时通博好异的气氛是分不开的。

第三节　小赋对博物著作的影响

魏晋时期的诸多博物家兼文学家身份，如张华、郭璞，他们的博学在赋的创作中自觉不自觉地流露出来，前已论及。而小赋反过来对博物著作的写作也有着影响。魏晋赋的特点是骈俪，并且已有诗化的倾向。虽然博物著作不像小赋的写作那样属对贴切，清词丽句，但书中大量的韵文以及叙事的铺陈和辞藻的华丽不能说是一种偶然现象，这种现象的出现和当时流行的小赋这一文体有很大关系。而一些博物著作有些篇幅是对小赋的注释，李善注小赋时大量引用如《广志》之类的博物著作，

---

① （晋）陆机著，刘运好校注：《陆士衡文集校注》，凤凰出版社2007年版，第166页。

② （晋）陆机著，刘运好校注：《陆士衡文集校注》，凤凰出版社2007年版，第166页。

③ （晋）陆机著，刘运好校注：《陆士衡文集校注》，凤凰出版社2007年版，第1122页。

从这些注释来看，博物著作或是对小赋进行注释或是援引小赋为例，说明博物家们或多或少受到了小赋的影响。

一、博物著作中的韵文

句式整齐与押韵是小赋的特点之一，魏晋赋被称为骈赋，小赋更是能体现这一特点，这影响到了博物著作的写作。博物著作中的韵文可分为两种，一是行文使用韵文，一是引用韵文。

博物著作行文使用韵文的情况很常见。《山海经》中的韵文不少，如《西山经》中"其味如饴，食之不饥"①；"五色乃清，五味乃馨"②；"五色发作，以和柔刚。天地鬼神，是食是飨；君子服之，以御为祥"③。光是《西山经》便有如此之多的韵文，可以想见《山海经》中的韵文之多。因韵文甚多，故有研究者认为《山海经》为祭词文本，见吴晓东《山海经·山经：源自社稷韵文祭词的一个文本》（《百色学院学报》，2008 年 10 月），此文列举《山海经》韵文甚详，可参看。郭璞《山海经图赞》以韵文写成，郭璞的《尔雅图赞》12 篇，分释天地山水，草木虫鱼鸟兽及器物，这 12 篇皆为押韵四言体，句式整齐，文字优美。《山海经图赞》亦为整齐押韵、辞藻华美的四言体。这是两个典型的博物著作写作使用韵文的例子。

除此之外，从现存情况来看，《凉州异物志》中的韵文最多。其"江赖之墟，今称龙城。恒溪无道，乃撼天庭。赫赫上帝，溢海荡倾"④中，城、庭、倾三字为韵脚。此段韵文中现在称为龙城的地方古时称为姜赖，因为恒溪得罪上天，故上帝倾泻海水淹没其地。"偃卧于野，其高

---

①　郭郛：《山海经注证》，中国社会科学出版社 2004 年版，第 140 页。

②　郭郛：《山海经注证》，中国社会科学出版社 2004 年版，第 140 页。

③　郭郛：《山海经注证》，中国社会科学出版社 2004 年版，第 140 页。

④　刘纬毅：《汉唐方志辑佚》，北京图书馆出版社 1997 年版，第 55 页。

如山。顿脚成谷，横身塞川。"①山、川二字为韵脚。这段文字比较活泼有趣，写一巨人躺在大地上有山那么高，他一踩脚，脚下的土地就变成河谷，他的身体可以塞住河流，这样的夸张显得十分生动有趣。"高昌僻土，有异于华，寒服冷水，暑啜罗阇。"②华、阇二字为韵脚，这是写高昌偏僻之地和华夏之地不同，冬天喝凉水夏天喝粥。"石蜜之滋，甜于浮萍。非石之类，假石以名。实出甘柘，变而轻凝。"③萍、名、凝四字为韵脚。写甘蔗榨汁后，经过暴晒变得洁白如雪，并且从外观上看十分像石头，故名之为石蜜。《凉州异物志》的这几段韵文内容或用散文来说明也未不可。尤其是高昌和华夏习俗不一样完全可以用散文来叙述，可以表述为如"高昌与华不同，寒食冷水夏食糜"，这样似乎更简洁。而文中大量使用韵语则说明博物著作在小赋的影响下有骈偶的倾向。

《南州异物志》韵文如有"兽曰玄犀，处自林麓。食唯棘刺，体兼五肉。或有神异，表灵以角。含精吐烈，望如华烛。置之荒野，禽兽莫触"④，麓、肉、角、烛、触五字为韵脚。玄犀兽生活在树林中，以荆棘为食，它是一种有灵性的动物，口中可以吐火，在荒野之中其他动物也不敢加害于它，这和一般异物志对动植物形状和功能的普遍性描写不同，而与郭璞的《山海经赞》和《尔雅赞》有相似之处。这段韵文从形式和内容上看都与郭璞的赞相似，而这段的内容如用散文来表述似乎冗长拖沓，不如韵文简约。

无名氏《异物志》韵文如："栖栖榕树，少长相殊。林表特出，大蔽原邱。谁道生初，葛藟之俦。"⑤此段写榕树高广、与众不同的特点，而

---

① 刘纬毅：《汉唐方志辑佚》，北京图书馆出版社 1997 年版，第 55 页。
② 刘纬毅：《汉唐方志辑佚》，北京图书馆出版社 1997 年版，第 55 页。
③ 刘纬毅：《汉唐方志辑佚》，北京图书馆出版社 1997 年版，第 167 页。
④ 刘纬毅：《汉唐方志辑佚》，北京图书馆出版社 1997 年版，第 44 页。
⑤ 刘纬毅：《汉唐方志辑佚》，北京图书馆出版社 1997 年版，第 155 页。

其最初与葛藟这样的藤蔓植物无甚区别，最终却可一木为林，真是令人惊讶，就内容上说并无特殊之处，不过描写了榕树越长越大可以荫蔽广大面积的特点，作者完全可以用散文的形式描写。

再有如袁休明《巴蜀志》："高山嵯峨，岩石磊落。倾侧萦回，下临峭壑。行者扳缘，牵援绳索。"①写巴蜀崇山峻岭，多悬崖峭壁无路可走，只有拿绳子像猿猴那样攀援而上，蜀道古来难。卢毓《冀州论》："常山之林，大陆为泽。兼葭蒲苇，云母御席。"②常山即今河北真定，其地湖泊里生长的芦苇可以用来织席。段龟龙《西河记》："贷我东蔷，偿我白粱。"③《史记》中记载东蔷生于卑湿之地，徐广认为东蔷似蓬草，生于乌桓国。白粱是一种优质的谷类作物。

从以上所引韵文来看，以四言为主，这些韵文可以两句为一个单位，韵脚落在每个单位第二句的末字上，而且四声韵都有。东汉以来的小赋句式以四六言为主，如张衡《鸿赋》，赵壹《穷鸟赋》，蔡邕《青衣赋》《团扇赋》《弹棋赋》（杂六言）。魏晋以来的四言体小赋也很常见，如徐幹《冠赋》《砗磲碗赋》，曹丕《登城赋》（杂六言），曹叡《游魂赋》（惟存四句，皆为四言），曹植《蝙蝠赋》《大暑赋》（杂六言）、《游观赋》（杂六言）、《射雉赋》（存三句，皆为四言），韦昭《云阳赋》，王肃《格虎赋》（存两句，皆为四言），钟会《遗荣赋》（存两句，皆为四言），傅巽《槐赋》（存六句，皆为四言），嵇康《酒赋》（存四句，皆为四言），杨元凤《赋》（篇名不详，存二句皆为四言），傅玄《相风赋》《桑葚赋》（存六句，皆为四言）、《鹰兔赋》（存七句，皆为四言）、《良马赋》（存十八句，皆为四言）、《阴霖赋》（存四句，皆为四言）、《时雨赋》（存四句，皆为四言），《延宾赋》（存六句，皆为四言）《鹦鹉赋》（杂六言），孙楚《橘赋》（存两句，皆为四言）、《鹤赋》（存五句，皆为四言），潘岳《朱

---

① 刘纬毅：《汉唐方志辑佚》，北京图书馆出版社1997年版，第147页。
② 刘纬毅：《汉唐方志辑佚》，北京图书馆出版社1997年版，第21页。
③ 刘纬毅：《汉唐方志辑佚》，北京图书馆出版社1997年版，第168页。

实赋》(存两句,皆为四言),孙惠《百枝灯赋》(存两句,皆为四言),嵇含《酒赋》(存两句,皆为四言)、《槐香赋》(存两句,皆为四言)、《八磨赋》(存六句,皆为四言),袁山松《扇赋》(存四句,皆为四言),温峤《蝉赋》(存两句,皆为四言),繁钦《署赋》……其他小赋中的四字句也很多,如曹丕《校猎赋》《玛瑙勒赋》,钟会《菊花赋》《孔雀福》,何晏《琵琶赋》,杜挚《笳赋》,胡综《黄龙大牙赋》,应贞《安石榴赋》,傅玄《笳赋》《郁金赋》《菊赋》《枣赋》《纸赋》《琵琶赋》,枣据《雪赋》,潘岳《莲花赋》,潘尼《钓赋》,孙惠《楠榴枕赋》……而魏晋赋中的歌曰、乱曰所系之辞也以四言为主。自汉赋以来,赋中都有以"歌曰"或"诗曰""乱曰"二字承上启下的韵文,如司马长卿《美人赋》中间,王褒《洞箫赋》结尾,班固《幽通赋》结尾,赵壹《刺世疾邪赋》结尾秦客与鲁生相和之歌曲。这些例子都表明汉赋中系诗是非常常见的。到魏晋,赋中这种情况依然存在,如应玚《撰征赋》结尾,卞兰《赞述太子赋》结尾,孙该《三公山下神祠赋》结尾,潘岳《寡妇赋》结尾重曰及其《笙赋》中间的枣下之歌。应该说,这种在赋中系诗的情况无论是在汉代还是在魏晋都比较常见。与汉赋不同的是,魏晋小赋中的乱曰等基本以四言为主。

这种"乱曰"、"歌曰"历来被认为是赋的诗化的一个表现,而在博物著作中,常引用谚语、俗语、民谣、歌谣来增加描写对象的文学性。虽然赋中的"歌曰"与其他文辞为统一整体,而博物著作则是引"外来"之辞,但这些歌辞都是它们文学性加强的证明,是对对象的另一重描写与叙述。这样的例子很多,如《异物志》"俗曰:'槟榔扶留,可以忘忧'"[1],沈莹《临海水土异物志》引谚"杨桃无鳺,一岁三熟"[2],陆机《洛阳记》"汉铸铜驼二枚,在宫南四会道相对。俗语曰:'金马门外集

---

[1] 刘纬毅:《汉唐方志辑佚》,北京图书馆出版社1997年版,第40页。
[2] 刘纬毅:《汉唐方志辑佚》,北京图书馆出版社1997年版,第58页。

众贤，铜驼陌上集少年'，言人物之盛也"①。其他著作中引用的韵文更是不胜枚举，大量博物著作中引用韵语，这并非偶然。

博物志怪小说中的韵文以《搜神记》和《拾遗记》为多。《搜神记》写淮南公变成八个美丽的童子，个个艳若桃花，人间的王设礼作乐，盛情款待，淮南公一边拨弄琴弦，一边唱歌，"明明上天，照四海兮。知我好道，公来下兮。公将与余，生羽毛兮。升腾青云，蹈梁甫兮。观见三光，遇北斗兮"②。歌辞还带有楚辞的特点，与上引司马相如、王褒、潘岳等人赋中的"乱曰"、"重曰"相同。再如其中记载的紫玉之歌，紫玉与韩重相爱，但二人分别，紫玉相思而死，后来韩重在紫玉塚前与紫玉相见，紫玉邀韩重与她一起长居墓中，韩重拒绝了，在离别的时候，紫玉唱了这首紫玉之歌，也是四言体。淮南操与紫玉之歌都为四言体，四言是先秦诗歌常见的体式，赋在诗化后也多有四言体，东汉以来五言诗腾涌，魏晋诗也是五言大行，反而是四言小赋更为常见。《搜神记》中以四言为主的现象正可说明博物著作写作受到了小赋的影响。《拾遗记》韵文则以七言为主。"轩辕黄帝"条末尾："故宁先生游沙海七言颂曰：青蕖灼烁千载舒，百龄暂死饵飞鱼。"③此两句是说宁封食用飞鱼，因之身死，但两百年后又重生了。按刘向《列仙传》的记载，宁封是在火中坐化成仙的，但王嘉在小说中给宁封安排了一个食飞鱼而死的形象，比起刘向的记载显得有些滑稽，但宁封如何坐化的并不重要，或许正是因为宁封在火中得道之后才有了重生能力。总之，重生之后的宁封游海时看到飞鱼，看到之前见到过的青色莲花，因而作歌。从这两句歌辞来看，宁封子心境非常洒脱，认为自己不过是暂死，连死也可以是暂时的，真为仙人之语！再如皇娥之歌，写帝子与皇娥在山峰上并坐抚

---

① 刘纬毅：《汉唐方志辑佚》，北京图书馆出版社1997年版，第70页。
② 《汉魏六朝小说笔记大观》，上海古籍出版社2013年版，第281页。
③ 《汉魏六朝小说笔记大观》，上海古籍出版社2013年版，第495页。

瑟，皇娥清唱了一首七言歌。这些都是七言歌辞，《拾遗记》中还有好几首七言歌辞，这些七言歌辞的共同特点是句句押韵，从体式上看是汉代以来流行的柏梁体。这种七言歌辞在赋中的乱曰与重曰中并不难见。而班固的《竹扇赋》则为七言诗体赋。

无名氏《广州记》："白荆堪为履，紫荆堪为床。"①这简直是诗的句式，这样的句子若出现在赋中也不会太奇怪。《南州异物志》："天竺有水，其名恒源，一号新陶，水特甘香。"②《河南十二县境簿》："城南三里，洛水浮桥。"③刘欣期《交州记》："儋耳之东，人臂一骨。"④这几句不押韵，但句式非常整齐，且与韵文一样，也以四言为主。从以上可以看出这些地志的散文叙事依旧以四言为主。此类例子甚多，不胜枚举，可见小赋对博物著作的影响。

二、博物著作辞藻之丽

魏晋辞赋观念较前代不同，发生了变化，这种不同一言蔽之曰"丽"。曹丕说："诗赋欲丽。"⑤皇甫谧《三都赋序》："然则美丽之文，赋之作也。"⑥杜甫概括六朝文章也说是清词丽句。丽是魏晋辞赋的特点之一，多位作家之赋被认为有"丽"的特点。张华"辞藻温丽"⑦，成公绥"词赋甚丽"⑧，左思"辞藻壮丽"⑨，这些都说明魏晋小赋尚丽的特点。魏晋时期赋这一文体依旧在日常生活中发挥着重要作用，地位依旧

---

① 《汉魏六朝小说笔记大观》，上海古籍出版社 2013 年版，第 495 页。
② 《汉魏六朝小说笔记大观》，上海古籍出版社 2013 年版，第 50 页。
③ 《汉魏六朝小说笔记大观》，上海古籍出版社 2013 年版，第 58 页。
④ 《汉魏六朝小说笔记大观》，上海古籍出版社 2013 年版，第 131 页。
⑤ 魏宏灿：《曹丕集校注》，安徽大学出版社 2009 年版，第 313 页。
⑥ 李善注：《昭明文选》，上海古籍出版社 2010 年版，第 2038 页。
⑦ 房玄龄等撰：《晋书》，中华书局 2009 年版，第 700 页。
⑧ 房玄龄等撰：《晋书》，中华书局 2009 年版，第 1582 页。
⑨ 房玄龄等撰：《晋书》，中华书局 2009 年版，第 1585 页。

很高。据《晋书·袁宏传》记载，王珣认为袁宏的《北征赋》可以"方传千载"①。认为辞赋可以流传千古，那么在对辞赋的重视上，可与曹丕著名的"不朽之盛事"相媲美。只不过王珣认为唯赋有这个功能，这表明魏晋时期人们对赋的高度重视。赋的地位高加上其尚丽的特点，使得博物志的写作势必受到影响。

博物著作中的韵文多有清丽之辞，郭璞《山海经图赞》是对书中动植物的赞美，如桂赞的文辞美丽得令人想见桂树。《尔雅图赞》中的芙蓉赞文辞亦美，似乎让人看到了芙蓉花照耀水波的光华。除韵文外，散文中文辞华丽，且多有偶句。郭璞赋为中兴之冠，博物著作中多偶句与丽辞也不足为奇。

文辞最"丽"者当推王嘉《拾遗记》，此书不仅文辞靡丽，还有浓厚的骈俪色彩，如卷一《炎帝神农》："神芝发其异色，灵苗擢其嘉颖，陆地丹蕖，骈生如盖，香露滴沥，下流成池。"②这完全是赋的写法，不仅文辞华丽，并且多有骈偶之句。再如卷三《周穆王》："曳丹玉之履，敷碧蒲之席……昆流素莲，阴岐黑枣，万岁冰桃，千常碧藕。"③色彩绚烂，各种精美之物一气而来，让人看得眼迷心乱。《拾遗记》文辞华丽，且其中这样的偶句也比比皆是。《拾遗记》不仅偶句多，文辞也华丽，通篇读下来仿佛是赋化之小说，王嘉在写作时可谓苦心经营。

除韵文有丽的特点外，其他散文中丽辞也比较多见。《搜神记》："兰岩山，悬崖峭壁，时有双鹤，白羽皑然，夕下偶影翔集。"④叙述简约而文辞清丽，勾勒出夕阳下双鹤在山上自由飞翔，羽毛在夕阳下愈发显得洁白干净的特点。不仅文辞清丽，所描绘的场面也给人审美的享受。

① 房玄龄等撰：《晋书》，中华书局2009年版，第1600页。
② 《汉魏六朝小说笔记大观》，上海古籍出版社2013年版，第493-494页。
③ 《汉魏六朝小说笔记大观》，上海古籍出版社2013年版，第510页。
④ 《汉魏六朝小说笔记大观》，上海古籍出版社2013年版，第385页。

旧题陶渊明《搜神后记》中的《桃花源》与陶《桃花源记》文字稍有差别，文辞优美，虽有一定的奇异色彩，但可视作是文学的虚构与想象，与一般志怪的荒诞大相径庭。《桃花源》一文为《搜神后记》增添了不少文学色彩。

陆机为著名文学家，陆机的文章包括诗赋等文体都有绮靡华丽的特点，他的文辞错彩镂金，给人以一种满目琳琅之感，这是他的文章的长处也是短处，但无论如何陆机文辞之丽是公认的。陆机的地志也比较讲究辞藻。其《洛阳记》："用云母做窗户，太阳照耀，闪烁光辉。"①无名氏《洛阳宫殿簿》："宫中有林商等观，皆云母置窗里。日照之炜炜有光。"②两段文字差不多，《洛阳宫殿簿》后出，应是受到了陆机的影响。这和《搜神记》中双鹤一样都在审美上给人以愉悦之情。

其他地志中，词语之丽比陆机有过之而无不及。

裴秀《雍州记》："鳞甲动有气，气如钟鸣。"③杜甫《秋兴八首》"石鲸鳞甲动秋风"④中有三字与此相合，杜诗字字皆有出处，以老杜之博学与熟精文选理，应读过裴秀的著作。原著中的想象比较奇特，鳞甲动起来时有气生成，且这种无形无色的气还有钟鸣一样的声音。如果说裴秀是从正面的角度来写鳞甲的奇异，还只是停留在物的层面上，老杜笔下的鳞甲则有了生命的特点，不再是冷冰冰的没有生命的物体。

《吴兴山墟名》一书记录吴兴境内的山水，作者为张玄之。也许是因为山水的美丽触发了作者的情思，此书词语清丽，如同美文。如"三山，太湖中白波天合三点黛色"⑤，"金山，土石悉作丹绛之色，夜照数里，不假烛，以其光彩类金而名焉"⑥。前一句包含了数种色彩，其色

---

① 刘纬毅：《汉唐方志辑佚》，北京图书馆出版社1997年版，第70页。
② 刘纬毅：《汉唐方志辑佚》，北京图书馆出版社1997年版，第75页。
③ 刘纬毅：《汉唐方志辑佚》，北京图书馆出版社1997年版，第80页。
④ 仇兆鳌：《杜诗详注》，中华书局2009年版，第1494页。
⑤ 刘纬毅：《汉唐方志辑佚》，北京图书馆出版社1997年版，第103页。
⑥ 刘纬毅：《汉唐方志辑佚》，北京图书馆出版社1997年版，第75页。

彩为白色与黑色，文意不过是说水面上伫立着三座山，但作者用白波与黛色的形容与比喻，使得画面变得非常具有审美的特点，白色的湖水和青黑色的山，组成了一幅水墨画，置身于这样的场景之下，真可谓是人在画中了。这句显然也给后世诗人以启发，刘禹锡的白银盘，黄庭坚的银山堆，刘禹锡的青螺，黄庭坚的青山，这些从颜色上来说与张玄之是一样的。虽不知刘禹锡是否读过此书，但显然他们的审美情趣是一致的。若是这句是着色简约的水墨画，后一句的颜色则显得绚丽不少，句中的烛与光彩等词汇很容易让人想起李贺的"冷翠烛，劳光彩"之句，这或许是因为李贺读过张玄之的著作，也有可能并未读过却暗合之，其可以表明这一句文辞华丽的特点。"响应山，清虚洞澈，每有声响必随应，故以为名。清泉怪石，茂林修竹，为邑中佳景。"①响应山的环境干净澄澈，意境非常清幽。清秋爽气、清泉怪石、茂林修竹等词语简约清丽，像是山水游记中的文字。"紫花涧，两岸荒芜之中出紫华，长薄之下生朱藤。至三月，紫华满涧，一名花涧。"②"赭石涧崖岸砺砾，望之艳然。游者皆若升绛霄。"③颜色依旧比较纷繁，和书中开头的句子相得益彰。文字的清丽，描绘场景的美丽与澄澈鲜明都让人觉得非常愉悦。

范汪《荆州记》与袁山松《宜都山川记》尤其是袁对郦道元《水经注》影响很大，郦道元或全文引用或大部分引用，字词上非常相似。范汪书中的"非日月半不见日月，多猿鸣，至清远"④这句话也给人以熟悉之感，郦道元的名篇《三峡》中即有相似之句。袁书与郦注有诸多相似之处。郦道元或是在对《宜都记》寻章摘句，或是全文不动地引用，除此之外，《水经注》大量出现诸如"山松曰""《宜都》"曰之类的字眼，可见郦道元对《宜都山川记》的推崇。袁山松文采特佳，文字皆清丽，袁山

---

① 刘纬毅：《汉唐方志辑佚》，北京图书馆出版社 1997 年版，第 105 页。
② 刘纬毅：《汉唐方志辑佚》，北京图书馆出版社 1997 年版，第 105 页。
③ 刘纬毅：《汉唐方志辑佚》，北京图书馆出版社 1997 年版，第 106 页。
④ 刘纬毅：《汉唐方志辑佚》，北京图书馆出版社 1997 年版，第 105 页。

松此书文学色彩特浓，虽为地志，而辞藻清丽可喜，实可看作是山水游记。从行文的相似度来看，郦道元在写作上应是参考了范、袁尤其是袁的著作，而《水经注》的文采向来为人所称道。袁书的山水描写比起最优秀的山水诗和散文也不减其光芒。

稍后的罗含曾担任过宜都太守，虽然其《湘中记》所记乃湖南风景，但从行文中依旧可以看到《宜都记》的影子，如："湘川清照五六丈，下见底石如樗蒲矢，五色鲜明，白沙如霜雪，赤崖若朝霞……衡山有悬泉，泉声泠泠，鹤翔若舞。"①这与《宜都记》中的五色石、泠泠作响之类的词句很相似，这或许是因为美丽的风景会让人在心灵上产生形似的审美享受。

唐志远认为："《异物志》的出现为六朝文学特别是咏物赋的写作提供了素材，拓宽了畛域；而六朝文学之影响于《异物志》的写作，则主要表现在使《异物志》的文学性得到加强。"②而以上诸多例子表明并非只有《异物志》受到了小赋的影响，魏晋博物志怪小说、地志等都受到小赋的影响，从而使自身文学性得到加强。文学性色彩的加强在于博物著作的多韵文与多丽辞，也在于许多博物著作的一些故事成为后世文学作品中意象的源头，如曹丕《列异记》中有望夫石的记载，望夫石遂成为诗赋作品中痴心思妇的象征，唐代李白、王建、武元衡、唐彦谦、孟郊、刘方平等都有《望夫石》诗作流传。宋代著名望夫石诗则为王安石与陆游之作。葛洪《西京杂记》文词秀美，著名的王昭君拒绝行贿画师的故事在《西京杂记》中有完整的故事情节，后世描写昭君的文学作品不胜枚举，戏曲中基本都会上演昭君拒绝行贿这段故事，大致情节上来说和《西京杂记》差不多而更加细致，戏曲中点明毛延寿贪财而故意将昭君画丑，王安石的"枉杀毛延寿"的评语也更加固化了是毛氏为昭君

---

① 刘纬毅：《汉唐方志辑佚》，北京图书馆出版社 1997 年版，第 125 页。

② 唐志远：《六朝〈异物志〉与文学》，《湖南大学学报》(社会科学版)，2012 年 9 月。

画像的结论，而《西京杂记》中没有单独提到是毛延寿因为贿赂的原因而不为美人作画，但单拎出毛氏也许是因为《西京杂记》中提到毛延寿的人物画在当时独步画坛。《西京杂记》中还有著名的司马相如与卓文君相恋私奔前后发生的一系列故事，包括典当鹔鹴裘、文君当垆卖酒、相如涤器，也描绘了文君的容貌，"眉如远山脸似芙蓉"①本是形容文君之语，但后世基本成为小说中对出场女性人物外貌套路化的描写之词。秋胡戏妻最早见载于《列女传》，但《西京杂记》的记载更为详细，唐代的《秋胡变文》，元代石君宝杂剧的《秋胡戏妻》，都能看到《西京杂记》的影响。《西京杂记》里五侯鲭的故事在词源上更是直接启发了宋代赵令畤《侯鲭录》与明代彭若思《五侯鲭》的命名。诗词歌赋中也经常出现五侯的字眼，五侯与五侯鲭都成为权势巨豪之家的象征，五侯鲭也可指称美味佳肴。《西京杂记》是文学性非常强的一本小说，其中大部分故事为后世诗赋、小说、戏曲提供了素材。除了为后世文学作品提供素材外，《西京杂记》也多记文学家佚事，如扬雄在写《太玄经》的时候梦见凤凰集于书上，扬雄认为写赋的基础是先读几千篇赋；司马相如开始构思《上林》与《子虚》赋时思虑良苦，突然昏昏如睡而后忽然精神振奋，在这样的状态下费时百日写成；匡衡穿壁借光读书；匡衡解说诗经生动有趣大家都爱听。这些佚事都使得《西京杂记》弥漫着文学色彩。《西京杂记》篇幅不长，也多有一些荒诞迷信内容，但这些都不妨碍它的文学性。《华阳国志》讲述古巴蜀国的历史传说与地理人情。五丁开山的故事也极有名，李白《行路难》诗中即有引用这个故事。《语林》中即有雪夜访戴的故事，这个故事本身就是一个文学性很强很诗意化的故事。《郭子》中韩寿偷香的故事在诗歌中尤其是经过李商隐的运用，便成为风流的典故了。《搜神记》中的杜兰香与知琼都是神女，其中李商隐在《重过圣女祠》中便运用了杜兰香这一典故。东海孝妇的故事为《窦娥

---

① 《汉魏六朝小说笔记大观》，上海古籍出版社 2013 年版，第 88 页。

冤》所援引，借以表达窦娥对婆婆的孝心与被诬陷的冤屈。韩凭与其妻何氏生死爱恋的故事也为李白、李商隐等诗人笔下的常见意象。至于陶渊明的《搜神后记》虽因其中多言鬼神而被认为是后人假托陶渊明之名的伪作，但此书的文学色彩也非他书可比，一些故事也沾溉后世文学家良多。其中的《桃花源记》与陶渊明现今流传下来的文本一致，《桃花源记》文辞清丽、文风清新是毋庸赘述。《搜神后记》中著名的丁令威得道成仙故事成为诗词中常用的典故，李白、杜甫、杜牧、欧阳修、王安石、吴文英、文天祥等诗人都曾在诗中运用过。

魏晋博物著作中文学性特别突出并非偶然，赋这一文体比诗在文辞上更要讲究所谓的"丽"，博物作家们有的本身就是文学家，通览他们的诗赋，可见其赋在文采的雕琢与华丽上比诗要浓厚得多。这一时期赋的重要性明显超过诗歌，而小赋又是赋的主要部分，正是在小赋的影响下，魏晋的博物著作才呈现出文学性色彩浓重的特点。

综上，小赋对博物著作的影响在于使得博物著作的文学性得到提高，而博物著作的文学性体现在其多韵文、多丽辞以及其故事对后世文学作品的影响上。

魏晋之际，人们崇尚通博，整个社会呈现出博学好异的风气。在多识多闻上，与先秦两汉之际的博物观念并无殊异，但相比前代而言，魏晋的博物多了几分志怪好奇色彩，博物著作中言鬼神异物比前代在广度和深度上都大为扩展，而造成这种情况的原因很多。儒学的衰落使得人们不再受经书的束缚，人们不以通一经固守家法自守，即使与儒学有一定关联的张华、陆机、左思、葛洪等人也是博涉经传。思想的解放是博物观念发展的主要原因，而外部条件如南方的开发和对外交流的扩大则使得大量异物涌现，引起时人的心灵的震动。内外条件的综合作用使得这一时期博物的观念深入人心，人们推崇博学之士。而博学著作数量上也是前代无法比拟的，经史子集四部都有博物著作，这些包括对前代经书的注释，也有自己的创作。其中以史子二部数量最多，史部主要为地志，子部主要为博物小说。在博物君子和博物著作大量出现的情况下，赋的创作必然受到影响，而许多博物学家本就身兼文学家身份。在博物风气下，有许多表现异物的小赋，而常物在赋中的出现则更多，有些题材如天地是前代人不曾写过的。这固然体现出魏晋人的创新意识，却也受到了博物观念的影响。而反过来，魏晋小赋的词语、体物抒情的写作方式对博物著作的写作也有影响，这主要体现在博物著作多韵文、多整齐句式和辞藻的富赡清丽上。博物观念与小赋彼此影响，这促成了小赋题材的扩大与博物著作文学色彩的增加。

第二章　宋元时期赴日禅僧与宗教文体

长久以来，赴日僧群体的宗教文学创作在整个文学史研究过程中被边缘化处理，与他们相关的文献资料大多被用来研究文化交流史、宗教史等，真正从文学本位出发观照赴日僧群体的研究只有少数几位学者，而且主要是日本学者。赴日僧的文学创作研究是一个跨学科领域的研究，它涉及文学、宗教学、历史学、语言学、文艺学、禅宗美学等多个学科，所以进行相关的研究颇具难度。从东亚范围来看，自 20 世纪初开始，已经有一批学者着力研究赴日僧，解决了许多文化交流史、宗教史、学术史等方面的问题，产生了一批优秀的研究成果。笔者在广泛阅读赴日禅僧文学作品的基础上，深感其创作特色鲜明：具有与传统文学别无二致的外在形式，包蕴着禅意深厚的精神内涵，既能灵活征用释、儒、道典籍，又能巧妙化用经、史、子、集中的掌故，有些作品甚至可以比肩唐宋诗文。这些丰富的思想内质和文学韵味值得进行深入研究。以诗歌为例，禅僧创作的符合诗歌形式的五七言偈颂有：兰溪道隆三十六首，兀庵普宁二十五首，大休正念六百三十三首，无学祖元六百零四首，一山一宁一百二十四首等。再以文为例，涵盖了疏、铭、跋、记、说、祭文等体裁：清拙正澄六十六篇，明极楚俊四十篇，竺仙梵仙十二篇等。而如此大数量、大比重的文学作品在学界却未能得到全面清理，这一问题亟待解决。

本章以宋元时期赴日禅僧的宗教文学作品为研究重点，研究跨度为南宋末年至元末的一百余年时间，研究对象包括：临济禅僧十一人兰溪道隆、兀庵普宁、大休正念、无学祖元、镜堂觉圆、西涧子昙、一山一宁、灵山道隐、清拙正澄、明极楚俊、竺仙梵仙和曹洞禅僧二人东明慧日、东陵永玙，他们开创了"二十四流日本禅"中的十三流。另外，就笔者已搜集的素材可以看出，宋元赴日禅僧拥有深厚的佛学素养、丰富的儒学学识和超群的诗、书、画等艺术才能。而且，以诗文教化众人是禅宗传禅说法的悠久传统，六祖慧能以偈印心是禅宗史上的一段佳话，也是禅宗祖师付法弟子的一种典型的宗教形式。从学界的既有研究成果可以看出，绝大多数学者从历史和文化交流史的角度就某一位或几位赴日僧人进行研究，而从东亚汉文学史和宗教文学史角度观照赴日禅僧文学创作的研究寥寥无几。因此，考察赴日僧侣群体的文学创作，发掘其文学艺术特色和精神内质是必要而且有意义的。

对宋元时期赴日禅僧的宗教文学作品进行研究，目的在于以对日本禅林产生重要影响的宗派始祖为对象，通过品读其宗教文学作品，了解禅宗创作的外在文学表现，领悟赴日禅僧的思想动态，提炼禅宗文学的精神实质，把握赴日弘禅的在地化策略，揭示文本所隐蕴的日本五山文学初期影像，勾勒出中国宗教文学影响日本五山文学的演变轨迹。

第一节　宋元时期赴日禅僧宗教文体研究现状

宋元赴日僧人以禅僧为主，他们拥有深厚的佛学素养、丰富的儒学学识和超群的诗、书、画等艺术才能，对日本禅宗的兴盛、五山文学的发展与繁荣、朱子学的传播及宋元文化向日本的移植等发挥了核心作用，在宗教、文学、思想、文化等多方面对日本社会产生了广泛而深远的影响。国内外学术界关于赴日僧的研究，已经取得了丰硕的成果。总的来看，着眼点主要在文化交流史、宗教、艺术、文学等几个方面，这里拟从以上几个角度，对中国大陆、台湾和日本学界的相关研究成果加以梳理，以资借鉴。

一、中日文化交流史角度的研究

中日文化交流的历史，自东汉光武帝始，迄今已近两千年。在这一文化传输的过程中，宋元赴日僧人扮演了搬运工、设计师和建筑师的重要角色，为日本历史和日本文化的发展增添了新的活力，汇成了中日文化交流的滚滚长河。学术界在研究中日文化交流史时给予了充分重视，相关著述都不同程度地涉及了这一点。

日本学者最先将赴日僧置于中日文化交流的历史洪流中进行考察。1927 年木宫泰彦先生撰成《中日交通史》，概述了宋元明清赴日僧与宋元文化移植的关系，并重点说明了一山一宁等人的文化影响。① 在此书基础上，作者经过更为翔实、谨严的考证，1955 年在日本刊发了《日中文化交流史》。1980 年商务印书馆出版了胡锡年先生的中译本，引起了学界的普遍关注，这本书至今仍然是一本全面深入了解中日文化交流史的必备书籍，具有丰富的知识性和严谨的学术性价值。本书以既存文献资料为依据，提纲挈领地介绍了宋元明赴日僧人的基本情况，包括他们的赴日缘由、在日行迹以及精神、文化影响。② 此后，日本学界的文化交流史类著述大致不出木宫氏的框架，同时，也有新的更为深入的论点，可以互为参照。如，《日中交流二千年》简单介绍了宋、日禅僧的交流情况；③《日本文化交流小史》肯定了宋元禅师东渡后对日本文化、艺术和禅宗新发展产生的影响；④ 值得注意的是西尾贤隆《中世の日中交流と禅宗》，收录了作者撰写的《鎌倉期における渡来僧をめぐって》《元朝国信使寧一山》《清拙正澄の事績》和《金剛幢下竺仙梵僊の渡来》

① ［日］木宫泰彦著，陈捷译：《中日交通史》，商务印书馆 1931 年版。
② ［日］木宫泰彦著，胡锡年译：《日中文化交流史》，商务印书馆 1980 年版。
③ ［日］藤家礼之助著，张俊彦、卞立强译：《日中交流二千年》，北京大学出版社 1982 年版，第 139-141 页。
④ ［日］上垣外宪一著，王宣琦译：《日本文化交流小史》，"禅僧们的时代"，武汉大学出版社 2007 年版。

四篇文章，以时间为线索，把他们置于中世中日禅宗交流的历史背景下，对宋元赴日僧侣的事迹进行了历时性考察；① 而芳贺幸四郎的《渡来禅僧とその業績》可以与西尾贤隆的著述互为参照。②

另外，有日本学者以宋元赴日僧个体为对象，依据语录、塔铭、传记等史料记载，从某个角度切入，考察他们的生平事迹及其东渡日本所产生的禅宗史、文化史影响。文章包括以下两个维度。

一是直接对其加以史学分析，如木宫泰彦的《一山国师の来化と其影響》，这是已知最早的考察赴日僧人及其对日本历史之影响的专题论文③。佐藤秀孝撰文详细考述了赴日僧人的生平和功绩，主要有《元代曹洞禅僧列伝(中)——東明慧日と東陵永玙の来日以前の動静》，主要考察东渡弘法的曹洞禅僧东明慧日和东陵永玙在中国时的种种活动及其赴日缘由。④ 另有《西澗子曇の渡来とその功績——蒙古襲来を挾んで二度の来日を果たした中国禅僧の数奇な生涯》⑤和《一山一寧の生涯とその功績(上)——鎌倉末期の日本禅林に寄与した元朝の使僧》⑥分别论述了西涧子昙和一山一宁的生平行迹与功绩。相应地，大隅和雄的《蒙古入侵的阴影下——元代东渡日本高僧》也简述了在紧张不安的国

---

① 西尾賢隆：《中世の日中交流と禅宗》，吉川弘文馆 1999 年版。

② 芳賀幸四郎：《渡来禅僧とその業績》，《中世日本の禅とその文化》，鹿野山禅青少年研修所 1987 年版，第 25-60 页。

③ ［日］木宫泰彦：《一山国师の来化と其影響》，《禅宗》第 384 号，1927 年。

④ 佐藤秀孝：《元代曹洞禅僧列伝(中)—東明慧日と東陵永玙の来日以前の動静》，《驹泽大学佛教学部研究纪要》第 51 号，1993 年 3 月，第 209-247 页。

⑤ 佐藤秀孝：《西澗子曇の渡来とその功績—蒙古襲来を挾んで二度の来日を果たした中国禅僧の数奇な生涯》，《驹泽大学佛教学部论集》第 38 号，2007 年 10 月，第 39-147 页。

⑥ 佐藤秀孝：《一山一寧の生涯とその功績(上)——鎌倉末期の日本禅林に寄与した元朝の使僧》，《驹泽大学大学禅研究所年報》第 25 号，2013 年 12 月，第 197-255 页。

际关系中应朝廷诏命赴日的一山一宁一行给日本文化史带来的影响。①
此外，还有小野胜年的《一渡来僧の生涯——清拙正澄のこと》，②館隆志
的《一山一寧撰「頼賢の碑」と松島瑞巌寺——御島妙覚庵の観鏡房頼賢
の事跡をめぐって》③和《西澗子曇と一山一寧》④等文章。

　　二是通过研究赴日僧人在日本的交游等社会实践活动，横向考察对
日本禅林的影响，如：《蘭渓道隆と若訥宏辯》《蘭渓道隆と樵谷惟僊との交友関係の変遷（人物篇）——それを物語る二通の尺牘》⑤，《円爾
と蘭渓道隆の交渉——往復書簡を通して見たる一考察》⑥，《虚堂智愚
と蘭渓道隆——とくに直翁智侃と〈蘭渓和尚語録〉の校訂をめぐって》⑦等。

　　国内学界对中日文化交流的关注始于 20 世纪 80 年代，主要有以下
研究成果。1985 年台湾出版了《中日佛教交通史》，书中论述了宋元东
渡禅僧的代表人物之生平行迹及其宗教、文化功绩。⑧ 此后，《中外文
化交流史》以提要的方式肯定了宋元赴日僧对镰仓及其以后的幕府意识

---

① 　[日]大隅和雄著，乌恩译：《蒙古入侵的阴影下——元代东渡日本高僧》，
《蒙古学信息》，2002 年第 1 期。

② 　小野胜年：《一渡来僧の生涯——清拙正澄のこと》，《東洋芸林論叢・中田
勇次郎先生頌寿記念論集》，平凡社 1985 年版。

③ 　館隆志：《一山一寧撰〈頼賢の碑〉と松島瑞巌寺——御島妙覚庵の観鏡房頼
賢の事跡をめぐって》，《禅学研究》第 84 号，2006 年 2 月，第 69-108 页。

④ 　館隆志：《西澗子曇と一山一寧》，《別冊太陽：日本のこころ》第 215 号，
2014 年 3 月，第 82-85 页。

⑤ 　玉村竹二：《蘭渓道隆と若訥宏辯》，《日本禅宗史論集》卷上，1976 年，第
619-636 页；《蘭渓道隆と樵谷惟僊との交友関係の変遷（人物篇）——それを物語る二
通の尺牘》，《日本禅宗史論集》卷下之二，1981 年，第 833-850 页。

⑥ 　今枝愛真：《円爾と蘭渓道隆の交渉——往復書簡を通して見たる一考察》，
《禅宗の諸問題》，1979 年，第 3-18 页。

⑦ 　佐藤秀孝：《虚堂智愚と蘭渓道隆——とくに直翁智侃と〈蘭渓和尚語録〉の
校訂をめぐって》，《禅文化研究所紀要》第 24 号，1998 年，第 129-160 页。

⑧ 　释东初：《中日佛教交通史》，东初出版社 1985 年版。

形态重塑和对日本社会文化发展产生了一定的影响。①《中日文化交流大系》系列著述之"历史卷""宗教卷""人物卷"，以历史、人物、宗教为纲，分别考察了赴日僧在中日文化交流史上的历史地位与影响。"历史卷"从文化交流和商业往来的角度谈论赴日僧的媒介功能。② "宗教卷"按照宗教派系的差异，分别阐述了东渡日本的临济宗和曹洞宗门人在弘扬禅法、嗣法传承等方面的特点和差异。③ "人物卷"选取兰溪道隆、一山一宁等名垂后世的高僧们为代表，叙述他们对日本社会多方面的发展所产生的影响。④《日本华侨史》讲述了侨日的宋元僧侣在繁荣日本禅宗、变革建筑样式、传播宋学等方面作出的努力，尤其肯定了东渡的元代僧人对五山文学的前导之功。⑤《中世纪的中日关系》从历史的角度阐述了宋元僧侣的渡日缘由及其对繁荣日本五山文化作出的贡献。⑥《中日文化交流史话》简要介绍了宋元赴日僧在中日文化交流中所扮演的传播者的角色。⑦《中华佛教史》之《中国佛教东传日本史卷》论述了宋元赴日僧侣兰溪道隆等人弘传"纯粹禅"的贡献和特色，他们与幕府之间的密切关系以及对推动五山文学繁荣所发挥的作用。⑧《日本中世文化研究》则分析了中日禅僧共同影响下形成的武士文化、禅宗文化和

---

① 周一良：《中外文化交流史》，河南人民出版社 1987 年版。

② 王勇，[日]大庭修：《中日文化交流大系 1·历史卷》，浙江人民出版社 1996 年版。

③ 王勇，[日]大庭修：《中日文化交流大系 4·宗教卷》，浙江人民出版社 1996 年版。

④ 杨曾文，[日]源了圆：《中日文化交流大系 7·人物卷》，浙江人民出版社 1996 年版。

⑤ 罗晃潮：《日本华侨史》，广东高等教育出版社 2000 年版。

⑥ 汪向荣、汪皓：《中世纪的中日关系》，中国青年出版社 2001 年版，第 75-95 页。

⑦ 冯佐哲：《中日文化交流史话》，社会科学文献出版社 2011 年版。

⑧ 杨曾文：《中华佛教史·中国佛教东传日本史卷》之"临济宗在日本的兴盛——所谓'纯粹禅'及其代表人物"，山西教育出版社 2013 年版，第 241-267 页。

五山文化等日本中世文化特色。①

　　同时，国内学者从史学、文化传播学的角度撰文对赴日僧人予以考述，侧重点各有千秋。首先，论述赴日僧对日本禅宗发展发挥的重要作用，主要有以下文章。《临济禅文化东传日本及其嬗变》介绍了对弘传临济禅文化作出较大贡献的宋元明高僧们的传法行迹。②《镰仓时代禅宗传入与武士兴禅》分析了中日禅僧之间的"双向交流"，特别指出南宋禅师赴日是推进日本禅宗兴盛于镰仓时代的重大外因。③《中国禅僧东渡日本及其影响》初步探讨了宋代禅僧赴日对日本禅宗兴起和武士精神形成所产生的影响，并特别考述了他们间接参与日本抗元斗争的实际影响及其心理动机。④《兰溪道隆东渡传禅及其文化意义》介绍了道隆东渡的时代背景及其在日传禅经历，在此基础上重点论析了他的禅法思想、社会影响以及文化史意义。⑤《川籍华侨对日本的贡献——南宋高僧兰溪道隆的不朽业迹》通过详述道隆的求学经历、嗣法脉系及东渡之后艰辛的传禅过程，赞扬了他对临济宗在日本的早期传播所作的不懈努力。⑥《一山一宁与"二十四派日本禅"》在介绍日本禅宗"二十四派"的基础上，结合相关史料详细论述了"一山派"的创立经过及其创意性的禅学。⑦

---

　　① 韦立新：《日本中世文化研究》，世界图书出版公司 2014 年版。

　　② 高玉春、薛德合、刘秀萍：《临济禅文化东传日本及其嬗变》，《佛学研究》，1996 年，第 123-130 页。

　　③ 刘毅：《镰仓时代禅宗传入与武士兴禅》，《日本研究》，1996 年第 1 期。

　　④ 夏应元：《中国禅僧东渡日本及其影响》，《历史研究》，1982 年第 3 期。

　　⑤ 魏杏芳：《兰溪道隆东渡传禅及其文化意义》，2007 年浙江大学硕士学位论文。

　　⑥ 应骥：《川籍华侨对日本的贡献——南宋高僧兰溪道隆的不朽业迹》，《八桂侨史》，1996 年第 4 期。

　　⑦ 王连胜：《一山一宁与"二十四派日本禅"》，《浙江国际海运职业技术学院学报》，2006 年 9 月第 3 期。

　　其次，赴日禅僧对日本社会的影响不是单一的而是多元的，所以，学者较多地对其进行综合研究，并且取得了一定的成果。《试述宋日文化交流的特点及内容》旨在论述南宋时期入宋求法和赴日传法的主要人物包括禅僧以及他们作出的重要贡献。①《元代中日文化交流及宋学在日本的传播和研究》讨论元代两国僧侣往来在文化交流和宋学传播方面的重要作用，并特别指出了赴日元僧与五山文学的兴起关系密切。②《日本茶道草创与中日禅宗流派关系》阐明了临济禅僧在日本茶道草创期发挥的重要作用，进而揭示出赴日禅僧在茶道传播史上的地位。③《宋地万人杰本朝一国师——高僧一山一宁访日事迹考略》④和《高僧一山一宁东渡日本与元代的中日文化交流》两文简要论述了一宁赴日在日本禅宗、宋学、文学、艺术等方面的文化史影响。⑤ 此外，《元代普陀山高僧一山一宁》和《赴日元使一山一宁禅师及其禅法》较为全面地研究了一山一宁，两书都详细叙述了一宁的生平事迹和赴日背景，肯定了他在中日文化交流史上的地位和影响。不同的是，前者在全面搜集文献资料的基础上，重在考察一宁的思想特色及文学艺术成就；后者紧扣一宁语录，注重探讨一宁的禅法特点。两书可互为补充。⑥《赴日宋僧无学祖元研究》全面搜集和整理了涉及祖元的文献资料，主要分析了他的禅学思想，并探讨了祖元的儒学精神和神道信仰，另外，书中简单提到了

---

　　① 李梅花：《试述宋日文化交流的特点及内容》《多元视野中的中外关系史研究》，延边大学出版社 2007 年 4 月版，第 323-332 页。

　　② 刘国珍：《元代中日文化交流及宋学在日本的传播和研究》，《内蒙古师大学报》（哲学社会科学版），1984 年第 4 期，第 22-28 页。

　　③ 丁以寿：《日本茶道草创与中日禅宗流派关系》，《农业考古》，1997 年第 2 期，第 278-282 页。

　　④ 包江雁：《宋地万人杰本朝一国师——高僧一山一宁访日事迹考略》，《浙江海洋学院学报》（人文科学版），2001 年 6 月第 18 卷第 2 期。

　　⑤ 郧军涛：《高僧一山一宁东渡日本与元代的中日文化交流》，《陇东学院学报》（社会科学版），2004 年 5 月第 15 卷第 2 期。

　　⑥ 楼筱环、张家成：《元代普陀山高僧一山一宁》，宗教文化出版社 2009 年版；释觉多：《赴日元使一山一宁禅师及其禅法》，佛光文化事业有限公司 2013 年版。

他在五山文学史上的影响。①《中日文化交流的使者——大休正念》重点论析了大休正念对日本禅宗发展所发挥的积极作用，并介绍了他对日本宋学、刊印业和建筑作出的功绩。②《此土他邦头头合辙，寒岩幽谷面面回春——兰溪道隆的东游传道及其对日本文化之影响》《南宋禅僧兰溪道隆对日本文化的影响》和《兰溪道隆与十三世纪中日文化交流之关系研究》三文，主要论述了道隆在传播"纯粹禅"、移植宋代文化和推动中日禅宗交流等方面作出的重要贡献。③

再次，某些学者以赴日僧人之祖庭的地域性呈现为考察对象，对其作了相关分析，如：《东渡日本的浙江古代名僧》就简单介绍了唐至清时期浙江赴日僧人的基本情况④；《元代浙江与日本的佛教文化交流史》则统计、介绍了元代时期来浙日僧和赴日浙僧的基本情况，包括他们的在日行迹、法脉传承、文学和文化影响等方面⑤。

此外，有的学者通过考察赴日僧的生平行迹来揭示其在文化交流史上的贡献。《赴日宋僧与忽必烈征日战争》主要分析了赴日宋僧参与日本抗元这一行为背后的宗教情怀和民族意识。⑥《元国信使一山一宁东渡初探》和《论一山一宁赴日在中日关系发展史中的作用和意义》两文阐

①　江静：《赴日宋僧无学祖元研究》，商务印书馆 2011 年版。

②　江静：《中日文化交流的使者——大休正念》，《法音》，2003 年第 12 期。

③　孙玉巧：《南宋禅僧兰溪道隆对日本文化的影响》，《学术园地》，2008 年第 11 期。孙玉巧：《兰溪道隆与十三世纪中日文化交流之关系研究》，2003 年武汉大学硕士学位论文。李胜：《此土他邦头头合辙　寒岩幽谷面面回春——兰溪道隆的东游传道及其对日本文化之影响》，《涪陵师范学院学报》，2005 年 1 月第 21 卷第 1 期。

④　林正秋：《东渡日本的浙江古代名僧》，参见《中国与亚洲诸国交流史论集》，中国国际广播出版社 1998 年版。

⑤　林正秋：《元代浙江与日本的佛教文化交流史》，《杭州师范学院学报》，2002 年第 1 期。

⑥　郭万平：《赴日宋僧与忽必烈征日战争》，《中外关系史论丛第 19 辑——多元宗教文化视野下的中外关系史》2010 年，第 52-59 页。

述了一宁赴日的政治意义及对中日文化交流产生的深远影响。① 而《一山一宁在日本的交游情况——以武家、公家以及其他僧人为中心》则论述了一宁在日本的交游情形，展现了他所生活的时代的禅林动向。② 《一山一宁与定海祖印寺》依据一宁语录所载关联祖印寺的内容，简单论证了定海寺的法系传承、民俗和寺规等情况。③

二、宗教角度的研究

赴日僧人的身份是佛教徒，他们的行为活动和文学创作自然与佛教密不可分，因此，从佛教史和佛教思想两个角度，分析他们在佛教发展上的功绩和影响就显得必要而且有意义。

首先，从佛教史的角度来看，国内外学者在讨论日本佛教史时，或多或少，或详或简地都正视并肯定了赴日僧人在日本佛教发展过程中所发挥的时代性作用及其产生的历史性影响。比如，村上专精的《日本佛教史纲》④，伊藤真徹、藤原了然合著的《日本佛教史》⑤，大隅和雄、速水侑合著的《日本佛教史》⑥，石田瑞麿的《日本佛教史》⑦，杨曾文的《日本佛教史》⑧等佛教史专著，都谈到了赴日禅僧在日本临济宗的发展和传承进程中的重要性，并充分肯定了宋元赴日僧人给日本禅宗和社会

---

① 　毛德传：《元国信使一山一宁东渡初探》，《史学集刊》，1983 年第 4 期，第 18-21 页。朱颖、陶和平合著：《论一山一宁赴日在中日关系发展史中的作用和意义》，《日本研究》，2003 年第 1 期，第 85-89 页。

② 　霍耀林：《一山一宁在日本的交游情况——以武家、公家以及其他僧人为中心》，《黑龙江史志》，2014 年第 19 期。

③ 　王连胜：《一山一宁与定海祖印寺》，《浙江国际海运职业技术学院学报》，2007 年 3 月第 3 卷第 1 期。

④ 　村上专精：《日本佛教史纲》，创元社 1939 年版。

⑤ 　伊藤真徹、藤原了然合著：《日本佛教史》，佛教大学通信教育部 1975 年版。

⑥ 　大隅和雄、速水侑合著：《日本佛教史》，梓出版社 1981 年版。

⑦ 　石田瑞麿：《日本佛教史》，岩波书店 1984 年版。

⑧ 　杨曾文：《日本佛教史》，浙江人民出版社 1995 年版。

文化等带来了新的生命力。

其次，尚有学者从赴日僧人在日本禅林的具体实践出发，考察其佛教史影响。此类文章主要有：《蘭渓道隆〈羅漢講式〉について——その成立と伝播を中心に》以道隆所撰"建长五讲式"之一《罗汉讲式》为对象，探析了它的形成及传播过程，并考证了此书的诸本系统①；《中世禅林の成立——円爾と蘭渓との間》和《鎌倉中期の臨済禅——円爾と蘭渓との間》两文，分别以代表"兼修禅"的圆尔辨圆和代表"纯粹禅"的兰溪道隆为对象，讨论了各自的生平活动以及两人之间的密切交往，并比较探讨了两人在禅法和思想上的共通性和个性②；《西澗子曇行状より見た初期鎌倉禅林——北条時宗禅宗信仰の一断面》以西涧子昙两次东渡的行迹为线索，论述了镰仓初期深受北条时宗影响的日本禅林动向③。

再次，部分学者撰文探析了他们的禅法观念与佛教思想，如《無学祖元における観音信仰》④和《大覚禅師と観音信仰》⑤考察他们的观音信仰。又如《渡日僧の教化の姿勢——無学祖元の勇猛心と老婆心》论述无学祖元教化思想中的两个面相。⑥《蘭渓道隆と円爾の〈坐禅論〉に

①　Michaela Mross：《蘭渓道隆「羅漢講式」について一その成立と伝播を中心に》，《印度学佛教学研究》第 60 卷第 2 号，2012 年 3 月，第 682-687 页。

②　古田紹欽：《中世禅林の成立——円爾と蘭渓との間》，《印度学佛教学研究》第 27 卷第 2 号，1979 年；和田有希子：《鎌倉中期の臨済禅——円爾と蘭渓との間》，《宗教研究》第 77 卷第 3 号，2003 年 12 月，第 629-653 页。

③　葉貫磨哉：《西澗子曇行状より見た初期鎌倉禅林——北条時宗禅宗信仰の一断面》，《駒沢史学》第 20 号，1973 年 3 月，第 1-17 页。

④　山藤夏郎：《無学祖元における観音信仰》，《日本研究》第 15 号，2002 年 3 月，第 17-35 页。

⑤　三浦浩樹：《大覚禅師と観音信仰》，《鎌倉》第 100 号，2005 年 10 月，第 61-80 页。

⑥　朝倉尚：《渡日僧の教化の姿勢——無学祖元の勇猛心と老婆心》，《中世文芸》第 45 号，1969 年 11 月。

ついて》①和《蘭渓道隆の〈坐禅論〉》②则分析《坐禅论》中表现出来的道隆对坐禅的看法及其禅风特色。

三、书法、绘画等艺术角度的研究

赴日僧人多擅长书法、绘画等技艺，并流传下来了数量可观的艺术作品，后人称之为"墨迹"。国内外学者分别对这一"墨迹"进行了文献学考辨，并对其中蕴涵的禅宗精神作了分析。国内的研究成果主要包括两个方面。一是整体论述，如《日藏宋元禅僧墨迹研究综述》概述了中日学术界对禅僧墨迹的研究现状，进而指出了研究中存在的待挖掘之处。③《日藏宋元禅僧墨迹综考》考辨了留存日本的宋元禅僧的墨迹种类和内容，强调了此类墨迹在资料补遗和校勘方面的文献价值及其在文化交流史、禅宗史和书法艺术史研究上的史料价值。④ 而《中日禅宗墨迹研究及其相关文化之考察》一书分析了宋元时期赴日禅僧代表性墨迹中的禅意书风，并论述了禅宗水墨画对日本五山文化及其审美倾向的影响。⑤ 二是个案分析，目前有《一山一宁书学渊源探析》，其依据流传至今的书法文献和图像资料，考辨了一山一宁的书法渊源，认为他的书法深得颜真卿和怀素的真传，也受到了天台宗禅与日本文化的影响。⑥

另外，日本学界对赴日僧侣留存墨迹的考述起步更早且成果颇丰，

---

① 李秀真：《蘭渓道隆と円爾の〈坐禅論〉について》，《駒沢史学》第 68 号，2007 年 3 月，第 1-19 页。

② 菅基久子：《蘭渓道隆の〈坐禅論〉》，《武蔵大学人文学雑誌》第 37 卷第 2 号，2005 年。

③ 江静：《日藏宋元禅僧墨迹研究综述》，《浙江外国语学院学报》，2013 年第 3 期。

④ 江静：《日藏宋元禅僧墨迹综考》，《甘肃社会科学》，2010 年第 5 期。

⑤ 韩天雍：《中日禅宗墨迹研究及其相关文化之考察》，中国美术学院出版社 2008 年版。

⑥ 方匡水：《一山一宁书学渊源探析》，《美术·大舞台》，2012 年第 7 期，第 119-120 页。

研究对象涵盖了绘画、画像赞、书法等不同方面。文章主要有：《竺仙梵僊の画論》（这是已知的最早关于宋元赴日僧人的研究文章）①、《竺仙梵僊の墨蹟》②、《里見家蔵一山一寧賛「平沙落雁図」について一我国中世における大和絵と水墨画の接点》③、《一山一寧撰「頼賢の碑」の筆跡について》④、《清拙正澄ゆかりの摩利支天像をめぐって》⑤、《鏡堂覚円賛・白衣観音図》⑥等。

四、宋元赴日禅僧宗教文体的研究概况

以上，国内外学界主要从文化交流、宗教、艺术等角度研究宋元赴日僧人给日本社会包括禅宗、文化、艺术等带来的新变和生机，而对其创作的禅宗语录、偈颂、诗文等富于文学性、具有审美趣味且蕴含着丰富的宗教思想的宗教文学作品的研究则寥若晨星。

日本学界最早将其作为五山文学的附属内容来研究，对其在五山文学史上的地位和余响进行了分析，进而肯定了他们在日本中世文学史上的地位。此类著述主要有以下一些。玉村竹二的《五山文学——大陸文化紹介者としての五山禅僧の活動》，论述五山文学的兴起、发展、繁荣、衰退的历史，书中认为五山文学的源流是一山一宁，并将其分为宋朝系、元朝系古林派和元朝系大慧派，分别阐述了他们各自的谱系和诗

---

①　古田紹欽：《竺仙梵仙の画論》，《日本美術工芸》第 205 号，1955 年 10 月，第 31-34 頁。

②　西尾賢隆：《竺仙梵仙の墨蹟》，《禅学研究》特別号《小林圓照博士古稀記念論集・仏教の思想と文化の諸相》，2005 年 7 月，第 229-245 頁。

③　斎藤孝：《里見家蔵一山一寧賛「平沙落雁図」について——我国中世における大和絵と水墨画の接点》，《史泉》第 50 号，1975 年 4 月，第 143-160 頁。

④　舘隆志：《一山一寧撰「頼賢の碑」の筆跡について》，《駒沢大学大学院佛教学研究会年報》第 39 号，2006 年 5 月，第 115-132 頁。

⑤　織田顕行：《清拙正澄ゆかりの摩利支天像をめぐって》，《アジア遊学》第 142 号，勉誠出版（编），2011 年 5 月，第 128-136 頁。

⑥　畑靖紀：《鏡堂覚円賛・白衣観音図》，《国華》第 113 卷第 6 号，2008 年 1 月，第 20-23 頁。

学渊源。①　与此不同的是，蔭木英雄在《中世禅林の源流——大休、無学を中心として》一文中，认为五山文学起源于大休正念和无学祖元。②旅日学者俞慰慈在其专著《五山文学の研究》中，系统论述了赴日僧人的文学创作在日本五山文学史上的地位和影响。另外，还撰文探讨了赴日僧对日本五山文学的核心——五山汉诗的源头作用。其《五山漢詩の〈起源〉に関する研究》一文分别从兰溪道隆和兀庵普宁的诗偈风格出发，阐明了此二人是五山文学的滥觞。③　又在《五山漢詩に関する研究(Ⅰ)——破庵派系佛光派の祖・来日詩僧無学祖元》中通过分析祖元的诗偈作品谈论了他的文学观，并绘制出佛光派法系图，进一步论证他是五山文学的源泉。④　此外，佐藤秀孝的《靈山道隱と〈業識団〉について》一文详述了灵山道隐的生前身后事，并校订附录了现存的《业识团》一卷。⑤　太田亨《初期禅林における外集受容初探——杜詩受容を中心として》依据禅宗派系的不同，展开论述了日本初期禅林中的代表诗僧，包括宋元赴日僧大休正念、无学祖元、明极楚俊，入元日僧中岩圆月，非入元日僧梦岩祖应等创作的宗教文学作品中引用杜诗的内容特色及其在引用方法上的多样性。⑥　館隆志则对赴日僧的相关著述作了文献

①　玉村竹二：《五山文学——大陸文化紹介者としての五山禅僧の活動》，至文堂 1955 年版。

②　蔭木英雄：《中世禅林の源流——大休、無学を中心として》，《国語国文》第455 号，1972 年。

③　俞慰慈：《五山漢詩の「起源」に関する研究》，《福岡国際大学紀要》，2003年第 9 号，第 51-59 页。

④　俞慰慈：《五山漢詩に関する研究(Ⅰ)——破庵派系佛光派の祖・来日詩僧無学祖元》，2003 年第 10 号，第 51-56 页。

⑤　佐藤秀孝：《靈山道隱と「業識団」について》，《駒沢大学佛教学部論集》第 28号，1997 年 10 月，第 196-223 页。日本国立国会图书馆和京都大学附属图书馆藏有《业识团》抄本各一卷，佐藤秀孝以内阁文库本为底本，以京都大学本为对校本，对其进行了点校，并附录于本论文文末。

⑥　太田亨：《初期禅林における外集受容初探——杜詩受容を中心として》，《中国中世文学研究》第 41 卷，2002 年 3 月，第 19-43 页。

考证，如《蘭渓道隆「弁道清規」について》主要考辨了永久文库藏写本《弁道清規》的版本内容与成书过程①；《〈大覚禅師語録〉の上堂年時考——特に兀庵普寧の来朝年時を中心に》对兰溪道隆在宝治二年（1248）至文永二年（1265）之间住持建长寺、建仁寺时的上堂语作了编年考。日本留学生丸井宪的《日本早期"五山文学"渊源之探讨——以中国宋元代"禅文化"东传为中心》阐明了宋元禅文化东传的主要承担者即中日禅僧们占据了日本禅文学的主流，其新颖之处在于从士人文学观念出发，将禅文学划分为宋朝和元朝两个系统，分别论析了他们各自所属的系统及其独特之处。② 仁木夏実《西澗子曇「鳩嶺集」所収二首制作の背景をめぐって》考探了西涧子昙创作的收录于《鸠岭集》中的两首诗歌的写作背景③。另外，西尾賢隆著文深入论述了赴日僧人文学创作之体裁特质，即法语和诗文等各自的内容特色，如：《禅林四六文小考》④《蘭渓道隆の四六文》⑤和《蘭渓道隆の法語》⑥等。

对比日本学界，国内学者的研究成果则更显凤毛麟角，主要如：孙东临的《东渡日本的宋元僧侣及其在日本文学史上的贡献》就论析了宋元赴日僧们禅味淡而世俗气息浓的诗歌内容及其在日本五山文学史上的

① 舘隆志：《蘭渓道隆〈弁道清規〉について》，《印度学佛教学研究》第 59 卷第 1 号，2010 年 12 月，第 141-145 页。

② 丸井宪：《日本早期"五山文学"渊源之探讨——以中国宋元代"禅文化"东传为中心》，《北京大学学报》（哲学社会科学版），2003 年 1 月第 40 卷第 1 期。

③ 西尾賢隆：《禅林四六文小考》，《文芸論叢》第 62 号，大谷大学文藝学会编，2004 年 3 月，第 27-47 页。

④ 西尾賢隆：《蘭渓道隆の四六文》，《文芸論叢》第 68 号，《若槻俊秀教授退休記念中国学論叢》，2007 年 3 月，第 158-179 页。

⑤ 西尾賢隆：《蘭渓道隆の法語》，《禅学研究》第 86 号，2008 年 1 月，第 54-77 页。

⑥ 仁木夏実：《西澗子曇〈鳩嶺集〉所収二首制作の背景をめぐって》，《文芸論叢》第 72 号，大谷大学文藝学會编，2009 年 3 月，第 64-79 页。

奠基作用，并充分肯定了他们在中日文学交流史上的重要性①；江静的《天历二年中日禅僧舟中唱和诗辑考》一文，简要介绍了天历二年（1329年）一同前往日本的元、日禅僧，并辑录了他们作于途中的唱和诗三十七首②；《无学祖元与日本的五山文学》一文，总结了祖元参与并指导文学创作的实践内容及特点，量化分析了其开创的"佛光派"在五山文学史上的重要地位③。

综上，学界大多从宗教和文化交流史的角度探讨宋元赴日禅僧在日本禅宗史和中日文化交流史上的地位与影响。关于赴日禅僧的宗教文学作品，日本学者充分肯定了他们在五山文学史上的重要性，并开始关注其宗教文学创作与内典、外集之间的联系。而中国学界对他们的宗教文学作品的研究尚处于起步阶段，有较大的开拓空间。赴日禅僧创作的丰富的宗教文学作品，具有与士人文学别无二致的外在形式，也包蕴着禅意深厚的精神内涵，有些作品甚至可以比肩唐宋诗文。

第二节　宋地万人杰，本朝一国师

——宋元时期赴日禅僧的生平及著述

宋元赴日禅僧在中国时即名冠诸方，声名远播扶桑；抵达日本后，"士庶归崇，百川朝海；龙象景仰，泰山北斗"④。他们大多活动于宋元之交，这一时期社会动荡不安，禅门趋于凋零。而元初与日本之间发生

---

① 孙东临：《东渡日本的宋元僧侣及其在日本文学史上的贡献》，《日本问题》，1987年第1期，第48-54页。

② 江静：《天历二年中日禅僧舟中唱和诗辑考》，《文献》季刊，2008年7月第3期。

③ 江静：《无学祖元与日本的五山文学》，《日本文学研究》，2011年第3期，第103-108页。

④ 无学祖元：《敕谥佛光圆满常照国师三会语录序》，《佛光国师语录》卷第一，《大正新修大藏经》第八十卷。

的两次战争，加剧了中日之间对立、紧张的关系。在这样的历史背景之下，禅僧东渡日本弘扬禅法，并被尊为日本禅宗流派的始祖，这其中蕴含着复杂、曲折的社会、政治、宗教、文化等因素。从禅宗谱系来看，赴日的临济禅僧出自于虎丘绍隆门下，除了一山一宁嗣法曹源系之外，其余诸人分属于松源系和破庵系，前者包括兰溪道隆（松源下二世）、大休正念（松源下三世）、西涧子昙（下三世）、明极楚俊（下四世）、竺仙梵仙（下四世）等五人，后者有兀庵普宁（破庵下二世）、无学祖元（下二世）、镜堂觉圆（下三世）、灵山道隐（下三世）、清拙正澄（下三世），两名曹洞禅僧则嗣法曹洞宗宏智派门人。在搜集、考辨中日两国僧史、僧传、语录等文献资料的基础上，本章依照嗣法谱系的差异，分别对宋元赴日禅僧的生平及其著述情形作出相对明晰的叙述。为了更为清楚、直观地了解他们的师承渊源，兹首先列出宋元赴日禅僧谱系图，如下：

临济宗：

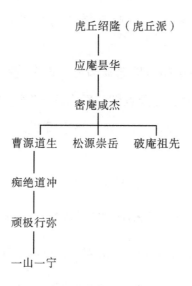

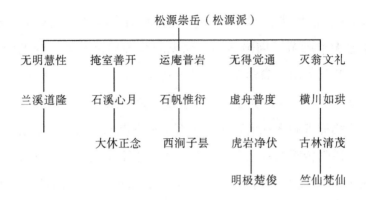

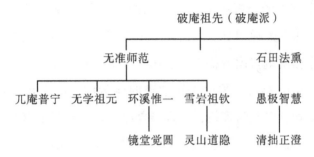

曹洞宗：

一、宋元时期松源系赴日禅僧生平及其著述

1. 兰溪道隆

兰溪道隆(1213—1278)，法名道隆，自号兰溪，西蜀涪陵(今四川

涪陵县）人，俗姓冉。年十三岁，在成都剃发皈依。几年后，出蜀入浙，历参无准师范、痴绝道冲、北礀居简等当世名僧，皆无所契。于是，前往苏州阳山，参学于无名慧性禅师。听闻无名慧性禅师举"东山牛过窗棂"公案，心下顿悟，于是依止于无名慧性。无名慧性住持平江府阳山尊相禅寺和平江府双塔寿宁万岁禅寺期间，时有日本僧人来此游学参方，道隆曾听闻日僧极力称赞日本国上下崇信佛法，并且了解到日本禅法方兴未艾的情况，发心愿往日本弘传禅法。因此，淳祐六年（1246）三十三岁的道隆携同弟子义翁绍仁、龙江德宣等人搭乘商船前往日本，抵达九州福冈县。随后北上至京都，寓居在泉涌寺来迎院。后又杖锡去往相阳龟谷山寿福寺，挂锡于大歇了心①席下。

宝治二年（1248），幕府将军北条时赖听闻道隆来化，延请他住持相模州常乐寺，以此为契机，道隆与幕府逐渐建立起了密切的关系，得到幕府的大力扶持。将军北条时赖还时常向道隆参禅求学。据《日本源流考》记载："先是，时赖学禅于宋僧道隆，为造建长。"北条时赖专门为道隆在巨福山修建了建长寺，请他开山说法。道隆住持建长寺长达十三年，大振宗风，出现了"东关学徒，奔凑伫听"②的盛况。离任时作《辞众上堂》语，云："昔年来主此山，初非计会。今日往兴彼刹，事岂偶然。其中虽有千里之遥，据实本无一毫之隔。既无一毫之隔，东州打鼓，西国上堂。巨福山中合掌，建宁寺内烧香。诸人还肯此语也无，若也肯去，是我同流，苟或不然，更听一颂：要津把断十三春，又挂轻帆出海滨。但得钩头香饵在，龙门险处钓金鳞。"③之后，住持山城州东山建宁寺，"都下缁奉，钦挹禅化"④，深受僧俗两众的敬爱。

---

① 大歇了心，日本临济宗僧人，生卒年不详，嗣法退耕行勇。曾入宋求学，年代不详。归国后，历住寿福寺、建仁寺。

② 虎关师炼：《元亨释书》卷第六，高楠顺次郎等主编：《大日本佛教全书》第一百零一卷。

③ 兰溪道隆：《大觉禅师语录》卷上，《大正新修大藏经》卷八十。

④ 虎关师炼：《元亨释书》卷第六。

道隆声誉响彻日本，还引起了天皇的关注。日本宽元上皇听闻道隆盛誉，在宫中诏见他询问禅法，道隆呈上一偈，云："宿缘深厚到扶桑，忝主精蓝十五霜。大国八宗今鼎盛，建禅门废仰贤王。"希冀天皇能够护持、兴隆禅宗，表露出坚定的护法之志。

三年后，道隆再次住持建长。此时，北条时赖已经逝世，道隆失去了最得力的守护者，再加上临济禅法日益兴盛，他受到日本旧佛教势力的猜忌。道隆遭受到敌对派的恶意诋毁，被流放到甲州。在流放地，道隆受到当地人的热烈拥戴，"北地之胥吏、氓黎，幸隆之窜谪"。他自己也说："我为法跨海入此国，只周旋皇畿侯服而已，不遑诱导远陬也。偶罹于馋诬而狎于羯獠。是我弘道之素也，天龙岂有意于此乎。"① 道隆将这种不遇遭际看作弘道的契机。在甲州弘禅十余年，道隆将禅法从幕府上层传播至一般武士阶层，初步完成了禅法在日本国上下的普及、渗透。之后，道隆被诏回住持龟谷山寿福寺，随即又遭到六群之徒的诽谤，再次被流放至甲州，一段时间后，再次被诏回寿福寺。日本弘安元年（1278）夏四月还归巨福山建长寺，该年秋七月二十四日，道隆留下一首临终偈后示寂。天皇敕谥曰"大觉禅师"，日本禅师之号自此开始流行。后来，道隆被门徒尊为日本禅宗"大觉派"之始祖。

道隆在日本禅宗史上影响深远，稍晚于道隆的赴日禅僧大休正念称赞道隆云"东海宗仰为西来祖"，一山一宁更尊他为"此土初祖"。道隆示寂一百多年后，日僧无文元选作赞曰："三十二身应物化，前身未去后身来。大圆镜里无瑕累，不用重添一点埃。"这是盛赞道隆随机方便的弘法手段和高洁无累的禅悟境界。被誉为"五山文学双璧"之一的义堂周信唤道隆"西来达摩"，赞其"丹青貌出虚空相，付与儿孙要话行"。

道隆到达日本后，最直接的影响是，越来越多的日本僧人在他的鼓励下入宋求法、游历名山名刹。比较著名的如：林叟德琼（谥"觉照禅

---

① 虎关师炼：《元亨释书》卷第六。

师”)、无隐圆范(谥“觉雄禅师”,编写《相州巨福山建长禅寺语录》)、南浦绍明(敕谥“圆通大应国师”,日本禅宗“大应派”之祖)、直翁智侃、约翁德俭(敕谥“佛灯国师”)、不退德温、桃溪德悟(谥“宏觉禅师”)等。他们或是嗣法道隆,或者曾经参学于道隆。另外,道隆与当时日本禅林巨擘圆尔辨圆、大歇了心等人相交颇深,但是由于语言障碍,双方之间的交流主要以文字的形式,即笔谈呈现出来。如《示禅忍上人》叙述两人日常谈禅论道的情形时云:“荷兄道聚亦已年深。每爱其朴实无伪,屡于谈话间引喻相击,兄但微笑而不能尽领。一日炷香出纸云”。此外,以诗会友是道隆与日本禅人之间常见的互动方式。圆尔辨圆曾作《和兰溪送笋韵》诗①,南浦绍明曾作《竹亭和兰溪道隆韵》和《上元雪后二首和兰溪和尚韵》②二诗。

现存的兰溪道隆著述包括《大觉禅师语录》三卷和《大觉拾遗录》一卷,《语录》收入《大正藏》第八十册,《拾遗录》收入《大日本佛教全书》第九十五册。三卷《语录》分别是:上卷《相模州常乐禅寺语录》(侍者圆显、智光编)和《相州巨福山建长禅寺语录》(侍者觉慧、圆范编);中卷《山城州北京东山建宁禅寺语录》(侍者了禅、从琛编)和《长乐禅寺小参》《建长禅寺小参》《建宁禅寺小参》;下卷《普说》《法语》《颂古》《偈颂》《佛祖赞》《小佛事》。今大藏本语录另附录了“普说”一段。

道隆在世时,其语录已经编订成本,刊行于世,在中日两国禅林中流传。南宋景定二年(1262),弟子禅忍携带道隆的三会语录来到杭州,请上天竺寺住持佛光法师法照作序,序文称赞道隆之作“寒岩幽谷面面回春,此土地邦头头合辙”③。景定五年(1264)杭州净慈寺住持虚堂智愚应禅忍所请,对道隆语录进行了校勘并作序文,云:“(道隆)一筇高出于岷峨,万里南询于吴越。阳山领旨,到头不识无明。抬脚千钧,肯

---

① 圆尔辨圆:《圣一国师语录》,《大正新修大藏经》卷八十。

② 南浦绍明:《圆通大应国师语录》,《大正新修大藏经》卷八十。

③ 兰溪道隆:《大觉禅师语录序》,《大正新修大藏经》卷八十。

践松源家法。乘桴于海，大行日本国中。渊默雷声，三董半千雄席。积之岁月，遂成简编。忍禅久侍雪庭，远访四明，镘桴言不及处。务要正脉流通，用无尽时，切忌望林止渴。"大正藏本《语录》卷前有"敕差住持临安府御前香火净慈报恩光孝禅寺嗣祖比丘智愚校勘"语，可见，流传至今的道隆语录在景定五年已经编订成书。咸淳四年（1268年），禅忍在绍兴府首次刻板刊印了《大觉禅师语录》。① 在日本，道隆语录经历了两次刊行。首次刊印，推测是其弟子禅忍归国之后。第二次刊印于文政十年（1827），当时建长寺众人看到"开山禅师语录旧板殆蠹矜"，心中甚是忧虑，又正值道隆五百五十周年忌日，于是，海津维德居士喜舍净财，捐资重刊道隆语录。现行的大正藏本语录底本就是文政年间刊本。

2. 大休正念

大休正念（1215—1289），永嘉郡（今浙江温州）人，法名正念，自号大休。初上灵隐寺，参学曹洞宗东谷妙光，听闻妙光举"张拙秀才问长沙百千诸佛，但闻其名，未审居何国土"话，有所省悟。后来在石溪心月处，顿悟妙旨。

宝祐二年（1254），北条时赖在日僧无象静照的推荐下，派遣使者迎请大休正念，他当时没有答应。直到咸淳五年（1269）夏，他搭乘商船东渡日本，抵达相州，被建长寺住持兰溪道隆奉为高宾。北条时宗任命他住持禅兴寺，后来又历住建长、寿福、圆觉等禅刹。正应二年（1289）在圆觉寺中染病，十一月病情加重迁至正观寺。除夕之日，作偈曰："拈起须弥锤，击碎虚空鼓。藏身没影踪，日轮正当午。"书罢坐化而逝。世寿七十五，在日弘法二十二年。谥曰"佛源禅师"，开创"佛源派"。

大休正念东渡后的主要贡献在于，奠定了日本五山文学的文学形

---

① 木宫泰彦：《日中交通史》，商务印书馆1931年版，第326页。

式。荫木英雄认为正念赴日是五山文学史上的转折点。① 玉村竹二指出，"诗僧大休正念文学意识明确，来日后给滥觞期的五山文学带来了巨大的转变"，并进一步说明大休正念语录体制完善、形式整齐，是五山禅僧宗教文学创作的重要典范。

《念大休禅师语录》共六卷，现收录于《大日本佛教全书》第九十六卷。

3. 西涧子昙

西涧子昙（1249—1306），法名子昙，号西涧，台州（今浙江临海）人，俗姓黄。幼年剃发于仙居紫箨山广度寺，之后，在平江承天寺石楼室内掌管内记。咸淳元年（1265）前往杭州净慈寺参谒石帆惟衍，担任侍者六年。后来随同惟衍住持宁波天童禅寺。咸淳七年（1271）北条时宗派遣使者聘请石帆衍赴日，"石帆和尚以法语一段勉其行"。子昙到达日本后，与圣一国师圆尔辨圆、大觉禅师兰溪道隆、南浦绍明、大休正念等禅僧相交甚密，与他们相偕弘禅七年。日本文永九年（1272），他为《圆通大应国师语录》题跋，盛赞绍明禅法，曰："有如长剑快马，运转如风，略无缝罅，可容窥测。"景炎三年（1278），归返宋国。先是寓居于天童寺，之后历住台州紫岩寺、潭州天柱寺、苏州万寿禅寺。大德三年（1299），与一山一宁一起再次东渡，受到北条贞时的厚待，迎请他住持圆觉寺，后来移住建长寺。日本德治元年（1306）十一月二十八日示寂。世寿五十八，在日十四载。谥号"大通禅师"，开创"西涧派"（或"大通派"）。

子昙著有《大通禅师语录》若干卷，今佚，仅存云外云岫所作《敕谥大通禅师行实》。

4. 明极楚俊

明极楚俊（1262—1336），法名楚俊，字明极，庆元府昌国（今浙江

---

① 荫木英雄：《中世禅林诗史》，笠间书院 1994 年版，第 27 页。

宁波)人，俗姓黄，母亲李氏。出生时有神光香气出现。幼年读书时，聪明颖悟，超拔群童，而且"性姿恬静，孤洁不好弄"。十二岁时，依回峰禅寺竹窗喜和尚出家。后来，参学于横川如珙，"昼夜进业，忘食寝"。听闻虎岩净伏在冷泉寺说法，于是，前往拜谒净伏，深悟禅旨。不久，归于止泓鉴禅师座下，担任藏主。之后，受命住持金陵奉圣寺，然后迁主瑞岩普慈寺，"以锦行乡郡"。此后，住持双林寺，与此同时，南宋"禅院五山"之径山、灵隐、天童、净慈都延请楚俊为首座。楚俊的声誉，"雷行风起，孩孺所怀慕，氓隶所推仰"，盛名远播日本。楚俊常怀扶持大法之志，以隆盛佛法为己任，与日本僧人立下赴日弘禅的约定。致和二年(1329)，"日本国具书币，以国师之礼迎"。于是，偕同同乡竺仙梵仙东渡日本。临出发时，感叹道："缘之所在，夫○奚逊。吾兹有以知达摩祖之渡流沙也。世谓般若多罗预谶涉梁历魏之艰，然乘愿力以传法度生，尚何难!"抵达日本后，"官吏士民，拥拥庭阶"。后醍醐天皇诏入禁庭相问，楚俊"对扬称旨"，天皇大悦，赐号"佛日焰慧禅师"，并为楚俊修建广岩寺。北条高时请他住持巨福山建长禅寺。不久，迁任南禅寺、建仁寺。日本国上下不论是"儒宗之隽彦"，还是"释子之宿头"，"必趣向而敢依"。日本建武三年(1336)，入主广岩寺，开山说法。同年九月二十七日，于建仁寺方丈书偈而逝。世寿七十七，僧腊六十五，在日弘法七年。被奉为"明极派"之祖。

明极赴日之时，同行者除了竺仙梵仙之外，还有日僧物外可什、天岸慧广、不昧兴志等人。日本元德二年(1330)夏，为南浦绍明《圆通大应国师语录》作跋。与日僧梦窗疏石①诗文唱和，"往来赠答甚多"②。

---

　　①　梦窗疏石(1275—1351)，日本天皇后裔，参学于一山一宁、高峰显日等人。历住南禅、圆觉等五山名刹。弟子有春屋妙葩、义堂周信等，皆是五山文学史上著名的文学僧。形成"梦窗派"，在五山文学史上盛极一时。

　　②　春屋妙葩:《天龙开山梦窗正觉心宗普济国师年谱》,《梦窗国师语录》卷下,《大正新修大藏经》第八十册。

明极楚俊的著述《明极楚俊语录》六卷，现已不存。上村观光辑录了楚俊的相关作品，编成《明极楚俊遗稿》和《梦窗明极唱和集》，收入《五山文学全集》第三卷。遗稿不包括语录中的"住山录"和"佛事法语"，主要收录文学色彩浓厚的作品，分为"偈颂古风类""序引""题跋""古风""五言律偈""七言律偈""号说"等类别，并附录了元佛真文懿大师所撰的《佛日慧焰禅师明极楚俊大和尚塔铭》。《唱和集》收录了梦窗疏石和明极楚俊作于1335年的唱和诗各三首，及其门徒和诗共计五十七首；另外还收入了月江录和清拙正澄所撰的明极和尚祭文，与元弘三年(1333)明极作的《贺后醍醐天皇天下一统表》。

5. 竺仙梵仙

竺仙梵仙(1292—1348)，法名梵仙，字竺仙，自号来来禅子，又号寂胜幢，晚年号思归叟，明州象山县(今浙江宁波)人，俗姓徐。至元二十九年(1292)十一月十五日生。十岁时，依从湖州资福寺之别源派禅师出家；十八岁时，在杭州灵隐寺瑞源隐禅师处剃度。此后，游学诸方，历参净慈寺晦机元熙、天童寺云外云岫、开寿寺商隐起予、灵隐寺元叟行端、净慈寺东屿德海、虎跑寺止岩普成、天目山中峰明本等高僧。最后在古林清茂门下契悟皈依。

天历二年(1329)，登径山参访明极楚俊，恰逢日僧文侍者等人奉命前来招请楚俊赴日，于是，楚俊极力劝说他一同前往。梵仙初时不愿东渡，后忆及先师古林清茂所云"异时当大化日本之记"，遂答应赴日。同年六月抵达日本，江守大江直庵意欲请他住持丰州万寿寺，但由于京都的阻碍，未能成行。翌年二月到达京都，北条高时"一见如平生欢"，请明极楚俊住建长寺，并请他担任首座。不久，住持南禅寺。1332年，北条氏延请他住持净妙寺，遭到藤氏高景的强烈阻扰，在北条氏的坚持下，他在净妙寺开堂说法。室町幕府建立后，又受到足利尊氏、足利直义兄弟的皈依，足利氏为其母延请梵仙至府中，亲自侍奉。1334年，大江直庵去世，遗命其子大江氏泰请他主万寿寺，足利氏不允，最后朝

廷诏命他住持净智禅寺，并"赐官币三万，地三千亩"①。1335 年，朝
廷将天柱峰下旧址赐予他作寿塔，他在此处建造了"楞伽院"，并在峰
顶建亭，称"妙高亭"。1338 年，大江氏泰承其父遗命在三浦为梵仙建
造了无量寿禅寺，请他开山。1339 年，推居净智寺。1341 年，奉旨主
京都南禅寺，同年，下诏升该寺为五山之上。1342 年 5 月，日本太上
天皇临幸南禅寺，"对御谈玄，龙颜大悦。赐馔曰：'师其加餐，毋视
朕也。海内荣之，师固自若耳'"②。没多久，下旨在寺中为他建造寿
塔。1346 年，受命主真如禅寺。1347 年，入主建长，规范禅林仪礼，
"凡禅林典礼悉行之，俾后昆见古道颜色"。1348 年 4 月，因病谢事，7
月返住净智寺楞伽院，十六日示寂。世寿五十七，僧腊三十九。创"竺
仙派"。

　　竺仙梵仙在日弘法 19 年，大阐法化，大量的门徒入元参学、求法。
据木宫泰彦考证，入元日僧中与梵仙有交往的僧人多达 34 名。《竺仙和
尚语录》也收录了大量的"送某某南游"诗，"南游"即入元。另外，他进
一步密切了禅宗与幕府、朝廷的联系。他在日期间正处于镰仓幕府向室
町幕府的过渡阶段，1333 年室町幕府成立之后，又经历较长一段时间
的南北朝对立局面，日本社会政治动乱频繁。在这种社会局势下，梵仙
"唱无说之说，度无生之生"，以禅法游走于武家、公家之间，"为彼国
王臣之所归敬"③。

　　竺仙梵仙著《竺仙和尚语录》四卷，收入《大正藏》第八十卷，包括
六会语录、《天柱集》、法语、偈颂、自赞、杂著，了庵清欲撰的《建长
禅寺竺仙和尚行道记》等。另著有《来来禅子集》（作于元时）、《来来禅

---

　　①　清欲了庵：《建长禅寺竺仙和尚行道记》，《竺仙和尚语录》卷中，《大正新修
大藏经》第八十卷。

　　②　清欲了庵：《建长禅寺竺仙和尚行道记》，《竺仙和尚语录》卷中，《大正新修
大藏经》第八十卷。

　　③　楚石梵琦：《竺仙和尚语录跋》，《竺仙和尚语录》卷中，《大正新修大藏经》第
八十卷。

子东渡语》《来来禅子东渡集》等各一卷。《大日本佛教全书》第九十六卷
收录了《梵竺仙禅师语录》。

二、宋元时期破庵系赴日禅僧生平及著述

1. 兀庵普宁

兀庵普宁（1197—1276），号兀庵，西蜀（今四川成都）人。幼年出
家，初学《唯识论》。几年后，南游求学，遍参诸老。先到建康蒋山寺
参谒痴绝道冲，闻冲举"覆船僧到雪峰"话，"忽然识得本来面目"①。
不久后，拜于四明阿育王山无准师范门下，大有所悟。师范奉旨住持径
山时，普宁作为侍者随同前往，并在径山彻悟佛旨。师范手书"兀庵"
二字，劝勉他"得道易，守道难，须默默守之。久久自然感验也"②。因
此，以"兀庵"为号。端平二年（1235），他辞别师范往蒋山谒见道冲，
师范为他手书一封作为信介，称赞他"孜孜为道，真本色衲子"③。端平
（1234—1236）、嘉熙（12374—1240）年间，应庵昙华据钟阜，大慧宗杲
主双径，被时人称为"二甘露门"，普宁往来于钟、径之间，"饫见厌
闻"，逐渐"声名藉甚"。先后担任灵隐寺、天童寺第一座，后来历住庆
元府象山灵岩寺和常州无锡南禅寺。住灵岩寺时，师范寄赠法衣一顶、
信书一封，"慰谕切当"④。

普宁看到国内北虏横行，寺院也不断遭受肆虐，又逢道隆屡次致书
劝请他东渡传禅，于是，景定元年（1260）搭乘商船赴日。先寓居于圣
福寺，恰值圣福寺开山和尚千光法师诞辰，众请说法，云："这里见得
彻去。释迦弥勒饮气吞声，临济德山望空启告。虽然，不是任公子，徒

---

　　① 虎关师炼：《元亨释书》卷第六。
　　② 虎关师炼：《元亨释书》卷第六。
　　③ 无准师范：《跋》，《兀庵普宁禅师语录》卷下，蓝吉富主编：《禅宗全书》，北
京图书馆出版社2004年版，第821页下。
　　④ 虎关师炼：《元亨释书》卷第六。无准师范手书收于《兀庵普宁禅师语录》。

劳话钓竿。"①然后，日僧圆尔辨圆迎请他到京都东福寺升座说法，"待遇甚渥，京师缁素奔波瞻仰"。不久，执权北条时赖迎迓为建长寺第二代住持，并从他参禅得悟，相交甚深，进一步深化了禅法在武士阶层的影响。普宁在日弘化 5 年，受到北条时赖的大力扶持。1263 年北条时赖去世，他的继任者对禅宗兴趣不大，普宁失去了强有力的护法；又"遇六群之狷獝"②，受到日本其他佛教派系的攻击。当此困厄之时，一直怀抱"维桑之思"③的普宁，毅然决定回国。1265 年退院上堂云："无心留此国，有心复宋国。有心无心中，通天路头活。"众人悲泣劝留，普宁"坚执不允"④。回国后住持婺州双林寺。不久辞去任职，漫游江浙。晚年住持温州江心龙翔寺。至元十三年（1276）十一月二十四日示寂。敕谥"宗觉禅师"。被日僧奉为"兀庵派"（"宗觉派"）之祖。

著述包括《兀庵普宁禅师语录》三卷，卷上：《师范手白》《庆元府象山灵岩广福禅院语录》《常州无锡南禅福圣禅寺语录》；卷中：《巨福山建长兴国禅寺语录》《婺州云黄山宝林禅寺语录》；卷下：法语、序跋、佛祖赞、自赞、偈颂、小佛事、跋。普宁在世时，其语录已经在僧俗两届流传。宝祐六年（1258）晋陵尤煜为《兀庵普宁禅师语录》作跋，称赞他曰："兀庵，丛林杰出，正续真传；言句流布，活人眼目。余获览观，痛快平生，故书其后云。"

2. 无学祖元

无学祖元（1226—1286），法讳祖元，字子元，号无学，庆元府鄞县（今属浙江宁波）人，俗姓许，父名伯济，祖上世代为官，母陈氏。幼时聪明颖悟，不食荤膻。十二岁时，跟随父亲游观寺院，听到僧人咏唱"竹影扫阶埃不动，月穿波底水无痕"句而有所警省。十三岁时，父

---

① 兀庵普宁：《住常州无锡南禅福圣寺语录》，《兀庵普宁禅师语录》卷上。
② 虎关师炼：《元亨释书》卷第六。
③ 虎关师炼：《元亨释书》卷第六。
④ 兀庵普宁：《巨福山建长兴国禅寺语录》，《兀庵普宁禅师语录》卷中。

亲去世，从其兄长仲举和尚的指点，依净慈寺北磵居简出家。嘉熙三年（1239）登径山参学于无准师范，十七岁时发心参悟"狗子无佛性"话，历时五六载，作开悟偈"一槌击碎精灵窟，突出那吒铁面皮。两耳如聋口如哑，等闲触着火星飞"①，得到师范的印可。淳祐九年（1249）师范示寂，于是移单灵隐寺谒见石溪心月。淳祐十一年（1251）往阿育王山参谒偃溪广文，并跟随广文转迁净慈寺。广文请他担任书记，他辞却不受，于是，再上径山参石溪心月。同年，还归净慈作藏主。淳祐十二年（1252）辞藏主之职，还归灵隐寺。此时，虚堂智愚退守鹫峰庵松源祖塔，于是，祖元时时前去参请。同年秋天，转归天童寺。宝祐元年（1253）迁大慈寺，依止于物初大观门下，仲举、祖元与大观是俗家亲属兄弟。他在大观门下担任净头两年，"暮登井楼汲水，辘轳旋转，浚发大机"②，遂大彻佛旨。景定三年（1262），应萍乡县令罗季勉之请，加之母亲年老，无人奉养，于是住持白云庵七年。咸淳四年（1268）终母丧。然后，辞退白云庵之职，往灵隐寺参请退耕宁和尚。咸淳五年（1269）秋，太傅贾似道札请他住持台州真如禅寺，十月二十日入院，说法七年，"道誉藉藉"③。德祐元年（1275），为逃避兵祸，避难于雁山能仁寺。次年，南宋灭亡，元兵攻入能仁寺，剑指祖元，但他神色不变，口拈一偈云："乾坤无地卓孤筇，喜得人空法亦空。珍重大元三尺剑，电光影里斩春风。"元兵大为震撼，拜谢而退。至元十四年（1277），返归鄞县，参访天童山环溪惟一，并在他门下担任第一座。此时，日本执权北条时宗"欲请宋朝名胜"④去往日本帮助弘扬禅法，于是，派遣使者携信贴来到中国。至元十六年（1279）五月，他们到达天童山景德禅

①　灵石如芝：《无学禅师行状》，《佛光国师语录》卷第九，《附录》。
②　灵石如芝：《无学禅师行状》，《佛光国师语录》卷第九，《附录》。
③　灵石如芝：《无学禅师行状》，《佛光国师语录》卷第九，《附录》。
④　北条时宗：《日本国副元帅平时宗请帖》，《佛光圆满常照国师住日本国相州巨福山建长兴国禅寺语录》，《佛光国师语录》卷第三。

寺，邀请祖元赴日。祖元曰："鼻祖逾海越漠，戾止中华，流通大法。吾忝末叶，敢不蹑武继响者乎！"于是祖元决定赴日弘法。环溪惟一将无准师范的表信、法衣转付于祖元。祖元作结座法语云："世路艰危别故人，相看握手不知频。今朝宿鹭亭前客，明日扶桑国里云。"该年六月与师弟镜堂觉圆一起乘商船东渡，八月抵达日本，受到日本信众的热情欢迎，随即被迎请到建长寺开堂讲法，"万众云臻，欢声雷动"①。北条时宗皈依祖元门下，为他创建镰仓山圆觉寺，请他开山。弘安四年（1281），元军攻入日本岛，祖元劝勉时宗"莫烦恼"，"春夏之间，博多扰骚，而一风才起，万舰扫荡，愿公不为虑也"②，并为武士祈福祷祝。弘安五年（1282）十二月，入主圆觉寺。弘安七年（1284）夏，时宗薨，祖元作《悼法光寺殿》六首，并感叹道："哲人云亡，金汤吾法道者谁欤！"于是，辞任圆觉还归建长。弘安八年（1285）夏，日本大旱，执权北条贞时请祖元祈雨，果然大雨三日。弘安九年（1286）九月三日，手书偈曰："来亦不前，去亦不后。百亿毛头师子现，百亿毛头师子吼。"然后端坐而化。门人在巨福山麓建造"正续塔院"，用以安放祖元舍利，建武二年（1335）迁放至圆觉寺舍利殿。敕谥"佛光禅师"，贞治二年（1363）后光严天皇追赠为"圆满常照国师"。③ 世寿六十一，僧腊四十八，居日八年。创"佛光派"，在五山文学史上影响巨大。门徒包括一翁院豪、高峰显日、规庵祖圆、大用慧堪、白云慧崇等三十多人，其中高峰显日的弟子梦窗疏石开创"梦窗派"，创造了五山文学的鼎盛。东陵永玙与宋濂撰梦窗国师塔铭皆称无学祖元东渡后"大振厥宗"④。"佛光派"也成为赴日禅僧宗派中法脉绵长、高僧辈出的流派，其影响直至

① 灵石如芝：《无学禅师行状》，《佛光国师语录》卷第九，《附录》。
② 虎关师炼：《元亨释书》卷第八。
③ 春屋妙葩：《后光严帝敕谥圆满常照国师徽号履迹》，《佛光国师语录》卷第九，《附录》。
④ 梦窗疏石：《梦窗国师语录》卷下之二，《大正新修大藏经》卷八十。

五山文学史末期。一百年后，"五山文学双璧"之一绝海中津在祖元忌日应居士请拈香云："（佛光国师）一传而得应供广济（高峰显日），再传而得先正觉国师（梦窗疏石）。可谓源逾远而流逾昌，金声玉振龙骧虎骧，炜炜煌煌巍巍堂堂。"[①]

其传世著述颇为丰富，主要包括《佛光国师语录》十卷，收入《大正藏》第八十卷。内容包括：卷一《敕谥佛光圆满常照国师三会语录序》《佛光圆满常照国师住大宋台州真如禅寺语录》（一）法语、小参；卷二《佛光圆满常照国师台州真如禅寺语录》"拈古""秉拂""锁口诀""礼祖塔""偈颂"；卷三《佛光圆满常照国师住日本国相州巨福山建长兴国禅寺语录》；卷四《佛光圆满常照国师相州瑞鹿山圆觉兴圣禅寺开山语录》；卷五、卷六《佛光圆满常照国师语录》"普说"；卷七《佛光圆满常照国师语录》"法语"；卷八《佛光圆满常照国师语录》"佛祖赞""自赞""偈颂"；卷九《圆觉开山佛光圆满常照国师拾遗杂录》"普说""书简""偈颂""偈赞""小佛事""法语""跋""附录"，其中"附录"包括：法侄灵石如芝、普慈禅寺住持用潜觉明、日僧无象静照撰《佛光国师行状》，揭傒斯撰《佛光禅师塔铭》，侄孙东陵永玙撰《正脉塔院碑铭》；卷十《佛光圆满常照国师年表杂录》"年谱"，高峰显日法孙中山法颖编集《佛光禅师塔铭》。

祖元示寂后，门徒刊印其三会语录，在中日两国流布颇广。据日本学者考证，《佛光国师语录》有五山版、宽文版、宝永版、享宝版等刊本传世。[②] 泰定三年（1326），门人天岸慧广携其建长、圆觉二会语录来到中国，请揭傒斯作铭，并请崇福禅寺住持师正题跋。可见，此时祖元语录在日本已经结集流传了。慧广来元后，又增录了祖元的真如禅寺语录，于是，其三会语录开始在中国禅林流传。古林清茂题祖元语录云：

---

① 绝海中津：《绝海和尚三住万年山相国承天禅寺语录》，《绝海和尚语录》卷上，《大正新修大藏经》卷八十。

② 今泉淑夫：《日本の名僧》，吉川弘文馆 2005 年版，第 189 页。

"（祖元）三会语录门人镂板印行，携至中国，学者争相传诵。"①享保十一年（1726），圆觉寺法孙感念"国师三会语录旧版湮蚀，无由窥觑"，历经数载，"募缘四众"，以正续塔院藏本为底本重新刊刻，"以传不朽"。② 今大藏本语录，底本就是享保十一年重刊本。

3. 镜堂觉圆

镜堂觉圆（1245？—1306），西蜀（今四川）人，号镜堂。嗣法环溪惟一，是无学祖元的法侄，1279 年与无学祖元同时赴日。先住相州长胜禅寺，后来历住禅兴寺、净智寺、建长寺、圆觉寺等五山名刹，后来移住建仁寺。在日期间，大力弘扬禅法，受到北条时宗的皈依。与日本禅林名僧往来密切，尤其与无学祖元弟子规庵祖圆等人关系颇深。两人之间经常诗文唱和，如《寄南禅规庵和尚》《规庵和尚及诸公和牧牛韵求改点，因借前韵重寄规庵和尚》《送藕于南禅规庵和尚》等。敕谥"大圆禅师"。开创"镜堂派"。镜堂觉圆有《大圆禅师语录》传世，今佚。

4. 灵山道隐

灵山道隐（1255—1325），法讳道隐，号灵山，杭州人，姓氏不详。早年即出家，精习佛门典籍，尤其好读《华严经》。嗣法无准师范弟子仰山雪岩祖钦。参"狗子无佛性"话而悟道，作开悟偈云："妖娆万态逞余芳，华品名中占得王。莫把倾城比颜色，从来家国为伊亡。"③受到祖钦印可。延祐六年（1319）东渡，北条高时迎住到建长寺，后来住持圆觉寺，晚年营建正受庵作为菟裘地。正中二年（1325）二月二日示寂，作偈曰："还源歌，还源歌，还源一吹脱娑婆。哩哩啰。"世寿七十一。

---

① 法颖：《佛光圆满常照国师年表杂录》，《佛光圆满常照国师语录》卷第十。
② 硕隆：《佛光圆满常照国师语录》卷第十。
③ 佐藤秀孝：《霊山道隐と〈業識団〉について》，《驹泽大学佛教学部论集第二十八号》，1997 年 10 月，第 173 页。

后醍醐天皇敕谥"佛慧禅师"。① 开创"佛慧派"。

在日期间，与梦窗疏石（1275—1351）往来密切。梦窗《灵山和尚夏末寄偈次韵为答》诗云："意通方外山川绝，情隔目前云雾多。"可见，二人之间情谊之深厚。道隐示寂后，梦窗作《灵山和尚》赞，曰："胸无畦畛，眼盖虚空。浮华不介，视枯淡为家风。仰山山下，一点水墨；榑桑震旦，两处成龙。易地震雷霆，龙渊通海东。没量化权载不载，灭后舍利露灵踪。"其盛赞道隐的禅悟境界，及其在中日两处禅林尤其是日本禅林的威望。日本元应元年（1320）年，梦窗疏石曾往建长寺拜访灵山道隐，道隐又往三浦庵访问梦窗疏石，"终日共语而归"。梦窗作《谢圆觉灵山和尚见访三浦庵居》诗。日本学人参学道隐时，由于言语不通，他往往指令学人前去谒见梦窗疏石。②

现存《灵山和尚业识团》一卷，有两个版本，分别藏于内阁文库和京都大学。日本学者佐藤秀孝以内阁文库本为底本，以京大本为对校本，对《业识团》进行了点校。内容包括：偈颂、佛祖赞、号说、秉拂法语、小佛事法语等。

5. 清拙正澄

清拙正澄（1274—1339），讳正澄，号清拙，福州涟江（今属福建）人，俗姓刘。俗兄月江正印是宋元之际的禅林大德。十五岁时依俗家伯父报恩寺月溪绍圆出家。元贞二年（1296）往杭州净慈寺参学愚极智慧，嗣法愚极智慧。二十七岁愚极智慧示寂后，拜于方山文宝门下，担任藏主十五载。此后，外出游观访学，历参灵隐虎岩净伏、阿育王东岩净日等，并创作了大量的诗文。《访宗岱山》《礼杨岐祖师塔，塔在云盖寺》《寄仰山虚谷和尚，时游南岳》《寄径山虚谷和尚，时在仰山》等诗就作

---

① 佐藤秀孝：《霊山道隠と〈業識団〉について》，《駒澤大学佛教学部論集第二十八号》，1997 年 10 月，第 195 页。

② 春屋妙葩：《天龙开山梦窗正觉心宗普济国师年谱》，《梦窗国师语录》卷下之二。

于此时。又往仰山谒见虚谷希陵，担任藏主。正澄在游历名山禅刹过程中，结识了不少前来中国访圣求法的日本、新罗僧人。此类诗作包括《送缘首座归日本无著》《日东俊侍者》《示海东济书记》《悼日本贤禅人》等。

后来，在袁州鸡足山圣因寺开坛讲法，四年后，再主松江真净寺。泰定三年(1326)镰仓幕府执权北条高时闻听正澄盛名，派遣使者邀请他东渡。正澄与弟子永镇等人一同赴日。次年，高时迎请他住持建长寺，在寺三年，重新制定了日本丛林禅规，恢复《百丈清规》等传统的禅门仪礼。日本元德元年(1329)移住净智寺，同年，迁主圆觉寺。住持圆觉的第三年正月十七日，首次在日本举行"百丈忌"。元弘三年(1333)退居建长寺禅居庵，随即，奉后醍醐天皇之命住持京都建仁寺。期间，信浓守小笠原贞宗创建开善寺，请他开山，并皈依到他的门下。这一时期，正澄融合日本习俗和禅门仪轨撰写了《大鉴清规》一卷，这对贞宗创立"小笠原礼法"产生了较大的影响。建武三年(1336)迁南禅寺。历应二年(1339)"百丈忌"日圆寂，世寿六十六，居日十四年。其对日本禅林仪礼的规范化作出了巨大的贡献，被看成是百丈怀海的转世。敕谥"大鉴禅师"。开创"大鉴派"。

在日期间，正澄声望极高，朝廷及幕府上下无不尊崇。《日本高僧传》赞扬他云："大凡东渡宗师十有余人，皆是法中狮也，至大鉴师，可谓狮中主矣。"他与其他五山名僧相交甚深，如日僧虎关师炼、梦窗疏石、天岸慧广、雪村友梅，赴日僧明极楚俊、竺仙梵仙等。作有《寄明极和尚病中》《明极和尚住建长诸山疏》《梦窗和尚住圆觉诸山疏》《天外首座住东胜诸山疏》《梅雪村住西禅山门疏》《祭明极和尚文》等诗文。弟子天境灵致等人在五山禅林也盛名远播。直至明代，"大鉴派"禅僧作为遣明使还活跃在历史上。

著述包括《禅居集》一卷、《大鉴清规》一卷、《清拙和尚语录》若干卷。《语录》今已不见。《禅居集》收于《五山文学全集》卷一，收录了正澄在中日两地创作的诗歌、序跋、碑铭、疏等多种文学作品。文末附录了两篇题跋，分别是泰定元年（1324）净慈寺住持德海和延祐二年（1315）仰山虚谷希陵所撰。这表明正澄赴日前其诗文集已经在元代禅林中有所流传。元弘三年（1333）正澄退居建长寺禅居庵，对所创作的诗文进行了整理、结集，是为《禅居集》。后来，《禅居集》又经历了多次增补，内容基本囊括了正澄临终前在中日两地的诗文创作，如集中收录了正澄临终之日以弟子的口吻为自己所作的祭文《示寂前一日，豫代小师作祭文》一文。今本《大鉴清规》收于《大正藏》第八十一卷，底本是元禄十年（1697）的重刊本。历史上经历了多次刊刻。日本明应三年（1494），禅居庵常住清仲捐资刊刻。今本《大鉴清规》卷末云："明应甲寅年（1494）春，群玉峰窗龙统书于灵源阁下，禅居庵常住清仲置焉。"卷首收录了元禄十年旨外居士太路所撰的《新刻清拙大鉴禅清规叙》，云："盖毗耶主之求清拙清规，多年于兹，竟获三四本。校雠弗遗，泊于付梓。以视余，因并叙其首。"

三、宋元时期曹源系赴日禅僧一山一宁的生平及著述

一山一宁（1247—1317），法讳一宁，号一山，台州临海县人，俗姓胡。年少时，经由俗叔月灵江推荐，师从浮山鸿福寺无等慧融出家，在慧融门下修学三年。之后，月灵江将一宁接到四明太白山普光寺，研习《法华经》等典籍。在普光寺期间，曾往杭州集庆院法明文节门下学习天台教义，不久"嫌义学之支离"①。经月灵江指点，前往天童山求学于简翁居敬。二年后，随从月灵江前往定海资圣寺，再两年后，又随之移住灵峰寺。不久后，辞别月灵江，登鄮山阿育王寺历参谒藏叟善珍、东叟元恺、寂窗有照。最后，在顽极行弥处悟道，遂嗣法顽极行弥，并

---

① 虎关师炼：《行记》，《一山国师妙慈弘济大师语录》卷下，《大正新修大藏经》第八十卷。

担任藏主之职。不久后，辞去任职，偕同友人云游于天台、雁荡等名山之间。之后，再登天童山参谒环溪惟一，"不几，寺夺祝融"①，于是又回到阿育王山，先后依止于横川如珙、祥巧庵、清溪了沅。历参名宿多年，一宁在禅林声名大振，犹如"渊默雷轰"。至元二十一年（1284）受命住持四明祖印寺，一住十年，期间与宝陀寺愚溪如智"有维桑旧，往来款密"。愚溪因为年老不堪领众，举荐一宁住持宝陀寺，府帖已下，一宁不得已移主宝陀。

　　忽必烈为了争取日本归顺，两次派遣愚溪如智出使日本，但都因为台风没有成行。元成宗大德三年（1299），为了缓和元、日之间剑拔弩张的关系，朝廷第三次派遣如智赴日。他以高龄难行为由，辞退任命，并推荐一山一宁赴日。朝廷赐师金襕衣及妙慈弘济大师号，命其"泛溟波到日本，通二国之好"②。在此背景下，一宁只得接受诏命，以元朝使者的身份，偕同俗侄石梁仁恭和西涧子昙东渡而去。到达日本后，很快受到猜忌而被幽闭在伊豆修禅寺内。不久，有人认为"夫沙门者福田也。有道之士，无心于万物也。在元国元之福也，在我邦我之福也，岂必区区慕子卿之节哉。若长朽于穷裔，非吾土乡比丘之素也。"③而且，幕府执权北条贞时仰慕一宁名望。于是，日本正安元年（1299）十二月，请他住持建长寺，正安四年（1302）兼任圆觉寺住持，不久辞任建长转主圆觉。住持圆觉四年后，"偶以昏眩疾，退居寿藏"④。此时，贞时再次请他住持建长，并在巨福山附近的杉谷为他营建白玉庵，作为退居

---

①　虎关师炼：《行记》，《一山国师妙慈弘济大师语录》卷下，《大正新修大藏经》第八十卷。

②　虎关师炼：《行记》，《一山国师妙慈弘济大师语录》卷下，《大正新修大藏经》第八十卷。

③　虎关师炼：《行记》，《一山国师妙慈弘济大师语录》卷下，《大正新修大藏经》第八十卷。

④　虎关师炼：《行记》，《一山国师妙慈弘济大师语录》卷下，《大正新修大藏经》第八十卷。

寮。之后，又迁住净智寺。正和二年（1313），南禅寺住持规庵祖圆示寂，后宇多法皇诏请一宁住持南禅。一宁以年老艰于羁旅为由，欲辞却不就，但是诏旨紧逼不容推辞，不得已迁主南禅寺。住持南禅期间，受到后宇多法皇和朝臣六条有房的皈依。他多次上表请求解任，但"太上皇眷遇复渥，不允"①。因此潜逃到越州，后宇多法皇又下诏"慰谕促回"②。文保元年（1317）秋十月二十四日，书写奏表一封和临终偈一则，置笔而化。偈曰："横行一世，佛祖饮气。箭既离弦，虚空落地。"③君臣嗟悼不已，后宇多法皇赐号"佛光国师"，亲书赞一宁画像曰："宋地万人杰，本朝一国师。"④又命六条有房作文祭之。寿七十一岁，在日弘化18年。开创"一山派"。

可以说，一山一宁是开启元代中日佛教交流的先驱者，继他之后，东明慧日、明极楚俊等元僧陆续赴日，开山立派。与此同时，大量的日本僧人来华访求胜迹、游历诸方，如弟子龙山德见（留元45年）、雪村友梅（留元22年）等人。另外，一山一宁擅长诗文、书法，在日本禅林以博学见称，于"教乘诸部、儒道百家、稗官、小说、乡谈、俚语，出入泛滥"；又以"善鲁公屋漏之法"被时人追捧，"携纸帛乞扫写者，铁阃或可折矣"⑤。日本僧人倾慕一山一宁的文采，依止他参学问道的人络绎不绝。如五山文学史上著名的文学僧梦窗疏石、虎关师炼都曾在他

---

① 虎关师炼：《行记》，《一山国师妙慈弘济大师语录》卷下，《大正新修大藏经》第八十卷。

② 虎关师炼：《行记》，《一山国师妙慈弘济大师语录》卷下，《大正新修大藏经》第八十卷。

③ 虎关师炼：《行记》，《一山国师妙慈弘济大师语录》卷下，《大正新修大藏经》第八十卷。

④ 虎关师炼：《行记》，《一山国师妙慈弘济大师语录》卷下，《大正新修大藏经》第八十卷。

⑤ 虎关师炼：《行记》，《一山国师妙慈弘济大师语录》卷下，《大正新修大藏经》第八十卷。

门下学习，梦窗"祖佛光而师佛国"①，多次前往一山一宁处参学，后来担任一山一宁侍者一年有余，但是由于"言语不通"，梦窗不能领悟一宁所云"向上宗乘"，故而前往参扣佛国禅师高峰显日。② 虎关师炼在宁一山门下游学十余载，"所请之益不鲜矣"③，并在他的启发下编写了日本第一部僧传著述《元亨释书》。

一山一宁著有《一山国师妙慈弘济大师语录》上下两卷，内容包括：上卷"七会语"；下卷偈颂、赞、小佛事、行记、跋等。据虎关师炼《行记》记载，一宁创作的宗教文学作品汗牛充栋，后来经过他的亲自修改删削，内容所剩无几，即我们今天见到的《语录》。延祐七年（1320）弟子无著良缘携带一宁所著"七会语"与天皇手信、赐国师号之诏章入元，请古林清茂、灵石如芝、中峰明本等名僧为之作序跋。日本元亨元年（1321），该录传回日本，又请虎关师炼为一宁一山撰写《行记》。于是，《一山国师妙慈弘济大师语录》开始在日本刊刻流传。其初版时间不得而知，然据今《大正藏》本语录记载，明德癸酉（1393）年间，语录旧版毁坏，这里的旧版具体指哪一刊本，尚难以判断。应永十四年（1407）重新募缘梓行。今《大正藏》本语录的底本即是应永年间刻本。

四、宋元时期赴日曹洞宗禅僧生平及著述

南宋末年日僧道元将曹洞宗传入日本，是日本曹洞宗之祖。1223年来到中国求法，先后参学天童、阿育王、径山等名刹，后来在天童如

---

① 东陵永玙：《梦窗国师语录序》，《梦窗国师语录》，《大正新修大藏经》第八十卷。

② 春屋妙葩：《天龙开山梦窗正觉心宗普济国师年谱》，《梦窗国师语录》卷下之二，《大正新修大藏经》第八十卷。

③ 虎关师炼：《行记》，《一山国师妙慈弘济大师语录》下卷，《大正新修大藏经》第八十卷。

净门下契悟。回国后，谨遵如净不亲近帝王官宦的谕示，宣扬"默照禅"，主张"只管打坐"，极力保持与幕府、朝廷的距离。因此，曹洞宗在日本的发展和影响远不如临济宗。在日本禅宗二十四流中，曹洞宗占三流，除了道元开创的"道元派"之外，还有元代赴日禅僧东明慧日和东陵永玙开创的"东明派"和"东陵派"，而后两者实质上已经失去了曹洞宗的宗门特质而被临济宗同化了。

1. 东明慧日

东明慧日(1272—1340)，讳慧日，号东明，庆元府定海县(今浙江舟山)人，俗姓沈。九岁进入奉化大同寺修学，十三岁剃发，十七岁受持具足戒。之后，前往天宁寺参学直翁德举，在其门下任侍者多年。后来，历造天童、灵隐、蒋山等名刹，又在姑苏承天寺担任藏主。1309年，受幕府执权北条贞时的邀请赴日弘法，被迎至禅兴寺开坛讲法，住持七年，期间受到北条贞时的皈依和大力护持，法嗣繁盛。贞时为他在禅兴寺西营建白云庵作为退居之所。此后，历住圆觉、建长、万寿、东胜、寿福等寺。建武二年(1335)后醍醐天皇招请入京，在京都为王臣开堂讲法。历应三年(1340)返回镰仓，再次入住建长寺。时年六月微恙，十月病笃，四日示寂。其临终偈云："六十九年，有生有死。古渡云收，青山在水。"寿六十九，僧腊五十三。开创"东明派"。

现存著述《东明和尚语录》三卷，收录于《五山文学新集》别卷二。

2. 东陵永玙

东陵永玙(？—1365)号东陵，庆元府定海县(浙江舟山)人。嗣法曹洞宗宏智派云外云岫，曾参学金陵宝宁寺古林清茂，熟悉偈颂作法。曾住持本州天宁寺，学人云集。1351年，受足利直义邀请赴日，先后住持京都天龙、南禅、建长、圆觉等五山名刹。谥号"妙应光国慧海慈济禅师"。开创"东陵派"。

东陵永玙在日本以诗文见称，与梦窗疏石、铁舟德济、春屋妙葩等日本五山文学史上著名的文学僧相交密切。梦窗示寂前几日，东陵前往问安，梦窗"对坐茶话，特与手书嘱以寺务"①。日本文和三年（1354），东陵永玙应请为《梦窗国师语录》作序，盛赞梦窗曰："予自南国来扶桑，惟见国师一人而已。"②又，铁舟德济《和东陵和尚韵》诗云："片言寄我重如山，老病何期呼吸间。契阔未忘三十岁，莫将一事等闲看。"③东陵示寂后，其顶相入祖堂时，春屋妙葩为作《东陵和尚入祖堂》偈，云："道济未运，量包虚空。定惠并照，宗说兼通。高唱新丰古曲，再振曹山真风。"④"高唱新丰古曲"引自李白"清歌弦古曲，美酒沽新丰"之句，盛赞东陵工于诗文创作，诗风豪放俊逸，有李白之风。

所著诗文、法语见于《玙东陵日本录》，今收入《五山文学新集》。

第三节　宋元时期赴日禅僧宗教文体之语录分析

宋元赴日禅僧的宗教文学作品中，宗教文学形式的作品占据他们流传下来的著述总量的三分之二左右。其中，占据比重较大的是住院语录、小参、法语和赞，而且在宗教文学作品中普遍地存在着。普说、小佛事、礼祖塔、号说等文体数量虽然不多，但是也是禅僧经常使用的体裁类型，散见于禅僧著述之中。另外，锁口诀是法眼宗接引学人的一种方式，赴日禅僧中有人采用此种文体进行创作，已知的仅有无学祖元创作的一篇。

---

①　春屋妙葩：《天龙开山梦窗正觉心宗普济国师年谱》，《梦窗国师语录》卷下之二。

②　东陵永玙：《梦窗国师语录序》，《梦窗国师语录》上卷，《大正新修大藏经》第八十卷。

③　铁舟德济：《阎浮集》，《大正新修大藏经》第八十卷。

④　春屋妙葩：《东陵和尚入祖堂》，《智觉普明国师语录》卷第四《小佛事》，《大正新修大藏经》第八十卷。

一、住院语录

住院语录是禅僧宗教文学创作中被使用得最普遍的文体，是禅师上堂说法、开示众人时，侍者小师在旁随从记录，再经禅师修改、整理而成的语录体著述。禅僧语录在禅林中一般被称作"○会语"，依据禅僧住持寺院的数量，有"三会语""四会语""六会语""七会语"等不同的称呼。会，梵语义是集会、集合的意思，这里当指说法之会座，即说法聚会的场所，也就是禅僧住持说法的寺院。"○会语"一般指禅僧的住院语录，但也可以作为禅僧语录的统称。如无学祖元语录中除了住院语录《佛光圆满常照国师住大宋台州真如禅寺语录》两卷、《佛光圆满常照国师住日本相州巨福山建长兴国禅寺语录》一卷和《佛光圆满常照国师相州瑞鹿山圆觉兴圣禅寺开山语录》一卷之外，还包括普说、法语、赞、偈颂等其他大量的作品，但是习惯性地称之为"三会语"。住院语录记载了住持长老从入院到退院，在多种场合升座说法、开示众人的法语，包括入院、上堂、小参、升座、秉拂、拈香等多种形式。

1. 入院法语

按照禅林规范，赴日禅僧应请入住新寺的第一天，需要进行一系列的仪式，在这些仪式上他们要口拈法语，开示众人，这一天禅师所举的法语即是入院法语。兹举两例，予以说明。

《住在城瑞龙山太平兴国南禅禅寺语录》

侍者志諲编

> 师于正和二年八月一日，入院。
>
> 指三门云：重关巨辟，作者同归。莫有未归底么。(弹指一下云)者里进一步。
>
> 佛殿(金刚王宝殿)：敷座而坐。幸自端严具足，无端被个汉道个希有，便见七花八裂。(敷坐具云)山僧今日为伊盖覆着。

土地堂：那一通。（以香扣炉云）只者个，显正摧邪，风凛凛地。

祖师堂：佛是假名，祖云何有。面面厮觑，泥猪疥狗。

据室：（拈拄杖竖云）尽从上若佛若祖，天下师僧性命，今日落在山僧手里。放行把住，一切临时。莫有不甘底么。（靠云）咄咄。

拈敕黄：者一着子，殊胜中殊胜，奇特中奇特。且道是个甚么。见么。法皇大宝，降自九重。

山门疏：锅子大小，杓柄短长。山僧未入门时，已一一见了也。今日因甚钵盂漆柄，浑沌凿耳，不信听取。

诸山疏：璧炬分辉，邻好之义。稍涉諸嗃，肝胆即异。相骂饶你接觜，相唾饶你泼水。不见道，出乎尔返乎尔。

指法座：向上一路滑，壁立万刃险。山僧今日，滑险要一时坐断去也。

升座：（问答不录）

提纲云：幸是太平世界，安然无事。无端雪岭六年之后，少林九载之余，自尔互出头来。拈出草本，乱呈慒袋。迷昧阴阳，呼昼作夜，将六十甲子打乱了也。山僧久负不平，今日出来，要略为整顿，要使人人知道，三百六旬及闰余成岁，四时平分一阴一阳。分昼分夜，不得违时失候。虽然犹是世俗边事，只如不伤物义。一句又作么生。（良久云）但见皇风成一片，不知何处是封疆。

当晚小参：入寺之始，今夜与诸人聚集片时。既彼彼心眼相照，事同一家。更不敢将佛法玄妙机关事理，济北三玄，洞山五位，触忤诸人。又况众中三人两人乃是旧时道伴。所以山僧此来，一切但要仍旧。若能仍旧，则不妨我更证得般若三昧，内空外空一切皆空。二十空门，悉皆证得。不妨超诸三昧，迥然独脱。与么道。众中忽有个出来道，善学柳下惠，终不师其迹。又且如何。只向他道，低声低声，净地上不可狼狼藉藉。

复举：僧问六祖黄梅衣钵甚么人得公案。拈云：大小祖师，搂出心肝五脏了也，只是罕逢识者。山僧辄成偈曰：一曲阳春奏玉徽，夜堂风细月华迟。调高弦绝知音少，谁拟黄金铸子期。①

又，《佛光圆满常照国师住日本国相州巨福山建长兴国禅寺语录》侍者德温等编

弘安二年八月二十一日入院。

指山门云：兔走乌飞，山高水急。一步不相到，把手拽不入。

指佛殿云：释迦地藏，拗曲作直。今朝狭路相逢，从头勘过始得。良久云：将谓侯白，元是侯黑。

据室云：大冶红炉，不容蚊蚋。一锤之下翻身，方见金毛狮子。

拈札，呈起札云：山僧平日，将木槵子，换却天下人眼睛。今日因甚却被这个穿却鼻孔。大众会么。负鞍衔铁，方遇对头。

拈山门疏云：击木无声，敲空作响。海阔山遥，风高月冷。

拈江湖疏云：毁也毁尽，赞也赞尽。佛殿掘东司，茅屋安鸱吻。

指法座云：身等虚空，座等虚空。良久云：鹤有九皋难蓄翼，马无千里谩追风。骤步登座。

祝圣拈香云：此一瓣香恭为祝延今上皇帝圣躬万岁万岁万万岁。陛下恭愿：如日之明，如天之普。九州共贯，并包有截之区；三景同光，申锡无疆之祚。

---

① 一山一宁：《住在城瑞龙山太平兴国南禅禅寺语录》，《一山国师妙慈弘济大师语录》卷上，《大正新修大藏经》第八十卷。

次拈香云：此一瓣香仰祝大将军都元帅国公。伏愿：福如大地之春，寿同劫石之固。资倍禄算，永祚邦家。

次拈香云：此一瓣香仰祝相模太守都总管。伏愿：福同沧海，寿等须弥。长为佛法金汤，永作皇家柱石。

次拈香云：此一瓣香怀来三十余年，未尝容易拈出，爇向炉中。供养前住大宋国径山佛鉴禅师无准大和尚，用酬法乳之恩。

师敛衣就座索话：垂丝千尺，意在深潭。离钩三寸，莫有道得底么。(师徒问答略)卓拄杖一下云：秋高天影直，海阔浪无声。

复举：白侍郎问鹊巢和尚："如何是佛法大意?"巢云："诸恶莫作，众善奉行。"白云："三岁孩儿也道得。"巢云："八十翁翁行不得。"白有省。师拈云：鹊巢用处，如龙王宫殿在千波万浪之外。若非白侍郎航海梯山，镇海明珠争得到国。虽然如是，笑我者多，哂我者少。

当晚小参：(师徒问答略)卓拄杖云：铁壁铁壁。

复举：僧问曹山："抱璞投师，请师雕琢。"山云："不雕琢。"僧云："为甚不雕琢?"山云："须信曹山好手。"师拈云：曹山好手，不合重下注脚。有问山僧抱璞投师，乞师雕琢。吃棒了，连夜赶出，三十年后，免兴刖足之叹。①

　　首先，新住持到达山门时"入门炷香"并"指山门"举法语，有时作"指三门"，寺院或开三扇门，或开一扇门，都可呼作"三门"。"三门"既指伽蓝建筑，也可以作为"三解脱门"的略称。"三解脱门"指智慧、慈悲、方便三者，也象征证得无余涅槃之空、无愿、无相三种法门。其次，到佛殿炷香并作法语。有时还需到土地堂、祖堂炷香举法语。再

① 无学祖元：《佛光圆满常照国师住日本国相州巨福山建长兴国禅寺语录》，《佛光国师语录》卷第三，《大正新修大藏经》第八十卷。

次，进入方丈，据室举法语。最后开堂讲法，开堂指"宗门命长老住持演法之初"，即禅师入院当日的第一次说法，其仪式如下。首先，待在场诸人入座后，呈示朝廷诏敕或官府公文，有"拈勅黄""拈御教书""拈院宣"等不同类别。"勅黄"即皇帝诏敕，因为写为黄纸上，故称作"勅"黄。据《敕修百丈清规》记载："古之名宿多奉朝廷征召，及名山大刹凡举圣旨勅黄住持者，即具谢表。"①"御教书""院宣"属于"奉书"类，是日本中世皇室经常使用的经臣属传达旨意的文书，前者是三位以上者使用，后者是太上天皇专用。其次，拈"山门疏""诸山疏""江湖疏"并举法语。"山门疏"旧称"请住持山门疏"，叙劝请，是寺院僧众迎请新住持时，由书记所作的文书；"诸山疏"叙促驾，是附近诸禅刹促请入院的文书；"江湖疏"叙展贺，是"名山大刹之外"的江湖道友寄来的恭贺、劝勉入院的文书。② 另外，这三类文书不一定尽有，而且只有请帖或书札的情况也不少，这时称"拈帖"或"拈扎"，并举法语。再者指法座举法语。

接下来，升座拈香祝圣。拈香是住持在佛菩萨及祖师像前上香，为他人祝祷祈福并举法语的仪式。《禅林象器笺》"丛轨门"详细记载了拈香的不同情形。③ 根据祝祷对象的不同，赴日禅僧语录中常见的拈香有以下几种情形。（1）祝圣拈香，住持开堂时，首先要拈香祝天子，这一仪式始于叶县归省禅师。（2）将军拈香，这是日本禅林必有的一次拈香，日本中世时期武家掌握实权，征夷大将军成为幕府的最高权力者；而且赴日禅僧在日的传禅活动一直受到幕府的大力支持，因此，赴日禅僧在开堂祝圣时必为将军拈香。（3）臣僚拈香，即为官僚拈香，一般是

---

① （唐）百丈怀海著，（元）德辉重编、大䜣校正：《敕修百丈清规》卷第四，蓝吉富主编《禅宗全书》第八十一册，北京图书馆出版社 2004 年版，第 49 页。

② 无著道忠：《禅林象器笺》第二十二类"文疏门"，蓝吉富主编《禅宗全书》第九十六册，北京图书馆出版社 2004 年版，第 667-668 页。

③ 无著道忠：《禅林象器笺》第九类"丛轨门"，蓝吉富主编《禅宗全书》第九十六册，北京图书馆出版社 2004 年版，第 374-377 页。

本郡长官，这也始于叶县归省禅师。（4）檀那拈香，《禅林象器笺》云："日本禅林开堂为大檀那拈香。"①如兰溪道隆《山城州北京东山建宁禅寺》入院语录云："此一瓣香，奉为东州信心檀越最明寺禅门。伏愿：为国输忠，赞明君之盛德；了心达道，竖末世之宝幢。永为皇祚之股肱，长作法门之梁栋。"（5）嗣法拈香，《禅林象器笺》云："开堂为师拈香，发露得法所由。"其始于兴化存奖禅师（830—888）。除了这几种拈香仪式之外，在禅林的日常行事中也会定期或不定期地举行拈香，如佛祖忌日拈香等，将在后文继续说明。

然后，就座索话，索话又作索语、钓语。禅师上堂说法前，先作垂语，以引起学人发问，藉此既可以解答学人的疑惑，又可以探出学人的见解，犹如钓鱼人垂钓以索鱼一般。

最后，拈举提纲，如一山一宁南禅语录等；或者拈古说法，如兰溪道隆建长语录等。前者指"提起宗旨大纲"②，亦即提要，用简短明了的话语说明宗门要义；后者指拈举古则公案启示学人。禅师入院的当晚还有小参，先举法语，然后再拈评古则公案，称作"复举"，这与拈古一起组成入院法语的主要部分。

2. 上堂

上堂一般指上堂说法，是禅林生活中最常见的一项仪式，古时候禅师可以随时上堂，后来演变为定期上堂和临时上堂。百丈怀海云："大众朝参夕聚，长老上堂升座，主事、徒众雁立侧聆，宾主问酬，激扬宗要者，示依法而住也。"③无著道忠亦云："凡四节、开炉、元宵、佛祖忌、国忌、请两班、谢秉拂、谢都寺斋、祈雨雪、禳旱涝、出队、病

---

① 无著道忠：《禅林象器笺》第九类"丛轨门"，蓝吉富主编《禅宗全书》第九十六册，北京图书馆出版社2004年版，第375页。

② 无著道忠：《禅林象器笺》第十一类"垂说门"，蓝吉富主编《禅宗全书》第九十六册，北京图书馆出版社2004年版，第503页。

③ 无著道忠：《禅林象器笺》第十一类"垂说门"，蓝吉富主编《禅宗全书》第九十六册，北京图书馆出版社2004年版，第473页。

起、客至、讣至，一切因事，无不上堂，不可枚举，载在诸录。"①依据禅僧语录所载，定期上堂包括：旦望上堂、年节上堂、五参上堂、九参上堂、谢秉拂上堂、圣节上堂、报本上堂等；临时上堂包括：出队上堂、因事上堂等类别。下面结合赴日禅僧的创作实际，分别予以分析。

赴日禅僧语录中上堂法语较少记载具体日期，大部分直接称"上堂"。因此，本章主要分析能够辨明日期或说明缘由的上堂，对于仅仅记载曰"上堂"的法语只能判断其属于五参上堂或九参上堂。五参上堂又作五日上堂、五日升堂、五参升座，略称五参、五上堂，是指禅林中住持每隔五日上堂升座，为众僧参问的禅院仪制。《禅苑清规》卷二载云："五日升堂激扬宗旨。"②禅林最初于每月初一、初五、初十、十五、二十、二十五六日上堂说法。后来以初一（旦）、十五（望）为祝圣上堂日，又称旦望上堂，于是变成初五、初十、二十、二十五之一月四回上堂，即每五天一上堂，称之五参上堂。这一制度或沿袭我国古代"五品以上官五日一朝"之朝请制度。③ 九参上堂则指每三日说法一次，开示大众的仪制。

（1）定期上堂

定期上堂包括旦望上堂、年节上堂、圣节上堂、结制上堂、解制上堂等。

旦望上堂是禅僧于每月的初一、十五二日定期上堂说法，而且在禅林生活中常常与元旦、中秋、元宵、开炉、上元节等年节上堂重合，故而将其合称为"旦望上堂"。以兰溪道隆语录为例，分别收录了元旦、

---

① 无著道忠：《禅林象器笺》第十一类"垂说门"，蓝吉富主编《禅宗全书》第九十六册，北京图书馆出版社2004年版，第474页。

② （宋）宗赜：《禅苑清规》卷二，蓝吉富主编《禅宗全书》第八十一册，北京图书馆出版社2004年版，第124页。

③ 无著道忠：《禅林象器笺》第十一类"垂说门"，蓝吉富主编《禅宗全书》第九十六册，北京图书馆出版社2004年版，第475页。

中秋、元宵、开炉、上堂法语十则、八则、八则、八则。兹举出一例：

> 正旦上堂。山僧收得一枝无孔笛，一具毡拍板。更年之始。庆无不宜。今日拈出。对大众前吹一曲拍一令。使未见者见未闻者闻。虽然。若作乐音会去。堕在地狱。不复人身。不作乐音会去。亦堕在地狱。永失人身。毕竟如何。拈拄杖作吹笛势。逻啰哩，归去来。直得虚空笑脸开。①

> 元宵上堂。月氏国内燃一盏灯。东震旦中灯灯如织。引得扶桑国里无转智人。向黑山下昏衢边。东观西观。或出或入。不觉呜哪。青青黯黯处。见得一点两点。指以为奇。便道早知灯是火。饭熟已多时。咦。镜容鹰爪堪图画。何事僧繇三度疑。②

> 中秋上堂。光非照境。境亦非存。光境俱亡。复是何物。蛇脱皮。龙换骨。则不无。古人争奈坐在寂寂冥冥之中。未有出身之路在。山僧要超他一头地去也。光能照境。境亦俱存。光境无妨。即非他物。既非他物。以拂子打圆相。识得这个圆陀陀。尽未来际明历历。堪笑当年老瑞岩。至今尚有惺惺石。③

> 开炉上堂。西天无尽之光。东土有余之照。扑而愈明。续而未了。若向这里。究其根源。皆是一星火种上得。且道此一星火种。从何处来。守寒炉时。切忌拨着。④

开炉是禅林仪制之一，禅林于每年的十月一日开炉方丈。《敕修百

---

① 兰溪道隆：《相州巨福山建长禅寺语录》，《大觉禅师语录》卷上，《大正新修大藏经》第八十卷。

② 兰溪道隆：《相州巨福山建长禅寺语录》，《大觉禅师语录》卷上。

③ 兰溪道隆：《相州巨福山建长禅寺语录》，《大觉禅师语录》卷上。

④ 兰溪道隆：《相州巨福山建长禅寺语录》，《大觉禅师语录》卷上。

丈清规》"月分须知"曰："十月初一日开炉方丈。"①

赴日禅僧语录中上元节上堂之名称不多出现，仅在竺仙梵仙语录中出现四次，分别是：上元节上堂、上元节进退两班上堂、上元节谢诸执事上堂、上元节进退两班上堂。

年节上堂是指禅师于四节、端午、中秋、重阳、腊八、元旦、元宵等传统节日上堂说法。其中，中秋、元旦、元宵、上元与旦望上堂重合，故将其归为一类，已在上文论述，这里重点列举四节、端午、重阳、腊八等上堂。

禅林中四节指一年之结夏、解夏、冬至、年朝等四时，又称四大节，略称结、解、冬、年四节。《敕修百丈清规》卷八云："今禅林结制以四月望，解以七月望者。……中土以冬为一阳之始，岁为四序之端，物时维新，人情胥庆，礼贵同俗，化在随宜故。以结、解、冬、年为四大节，周旋规矩，耸观龙象之筵，主宾唱酬，兼闻狮子之吼。"②而且，丛林有四节众寮讽经、四节巡寮、四节上堂、四节秉拂等重要行事。赴日禅僧语录中记载了一定数量的四节上堂、四节秉拂法语。年朝指元旦，四节上堂之年朝上堂即旦日上堂。兹举例如下：

> 结夏上堂。以大圆觉为我伽蓝。身心安居。平等性智。释迦老子可谓局天脊地。乃以拂子向空画个十字却呼云。释迦老子复自应云。诺。乃召大众云。作么生复举。僧问洞山。如何是佛。山云麻三斤。颂云。如何是佛麻三斤。眼中瞳子面前人。随人上下转辘

①　(唐)百丈怀海著，(元)德辉重编、大䜣校正：《敕修百丈清规》卷第六，蓝吉富主编《禅宗全书》第八十一册，北京图书馆出版社 2004 年版，第 100 页上。

②　(唐)百丈怀海著，(元)德辉重编、大䜣校正：《敕修百丈清规》卷第八，蓝吉富主编《禅宗全书》第八十一册，北京图书馆出版社 2004 年版，第 100 页下。

辘。忽看岩上云相逐。①

解夏上堂。蜡人冰。鹅护雪。竺岭二千年。建长九十日。还有諵讹处。也无(良久)瞿昙面皮黄。归宗眼睛赤。②

冬至上堂。一阳来复。暖回幽谷。云黄山上。喜气浮空。绣水溪头。疏影含玉。老胡不会转身句。无节目中生节目。拈拄杖云。累及拄丈子。皮肤脱落尽。通身乌律漆。卓一下。③

元旦上堂。僧问。旧岁昨宵去。新年今日来。旧底则不问。如何是新年头佛法。答云。万人退仰处。红日到天心。乃云。元正启祚。万物咸新。盐开户牖。堂堂独露。好大众。且道。露个甚么。月兔走入海。日乌飞上天 复举。南岳让和尚令僧问马祖云。作么生。祖云。自从胡乱后三十年。不少盐酱。答云。古人固是义出丰年。净妙则不然。作么生。钵盂一日两度湿。有者便道。亦是义出丰年。喝一喝。④

四节上堂，有时也称为至节上堂。例如：

至节上堂。今朝至节晦气都亡。有一片云。自东方来。荡漾太虚中。不拘五色数敢问诸人。此是祥瑞耶。非祥瑞耶。卓拄杖。明年大熟。饱卧长街。⑤

---

① 竺仙梵仙：《四明竺仙和尚住御前瑞龙山太平兴国南禅禅寺语录》，《竺仙和尚语录》卷上。

② 一山一宁：《住日本国相模州巨福山建长兴国禅寺语录》，《一山国师妙慈弘济大师语录》卷上。

③ 兀庵普宁：《住婺州云黄山宝林禅寺语录》，《兀庵普宁禅师语录》卷中，《禅宗全书》第四十五册，北京图书馆出版社2004年版，第808页上。

④ 竺仙梵仙：《四明竺仙和尚初住相模州稻荷山净妙禅寺语录》，《竺仙和尚语录》卷上。

⑤ 兰溪道隆：《相州巨福山建长禅寺语录》，《大觉禅师语录》卷上，《大正新修大藏经》第八十卷。

四节秉拂上堂说法者以住持为主，例如：

结夏秉拂，师索话云。古佛场开。斩新号令。当轩布鼓。阿谁解击。僧出问云。山前麦熟多时了。——当机为举扬。……①

冬至秉拂，师云：天童门下，古佛堂前。有铜壶箭。令谁敢正眼觑着。迦叶三昧固非阿难所知。……②

冬节秉拂。道远乎哉。触事而真。目前无法。意在目前。圣远乎哉。体之则神。不是目前法。非耳目之所到。……良久云。直恐虚心自天意。人间穿凿枉工夫。③

另外，四节日，除了住持之外，前、后堂首座，东、西藏主，书记都具有秉拂的资格，称为"秉拂五头首"。他们在四节日秉拂上堂，为众说法，这是考验他们是否具备成为住持的资质，也是担任住持前的必要锻炼。依据禅林仪制，五头首秉拂之后，由住持作谢秉拂上堂法语以答谢五头首。《禅林象器笺》卷十一云："四节，头首秉拂之后，住持上堂谢劳，此谓谢上堂。"④例如：

谢头首秉拂上堂。广庭风月夜迟迟。韶濩云英迭奏时。万象森

---

① 无学祖元：《佛光圆满常照国师住大宋台州真如禅寺语录》，《佛光国师语录》卷第二，《大正新修大藏经》第八十卷。

② 无学祖元：《佛光圆满常照国师住大宋台州真如禅寺语录》，《佛光国师语录》卷第二，《大正新修大藏经》第八十卷。

③ 兀庵普宁：《住婺州云黄山宝林禅寺语录》，《兀庵普宁禅师语录》卷中，《禅宗全书》第四十五册，北京图书馆出版社 2004 年版，第 809 页下—第 810 页上。

④ 无著道忠：《禅林象器笺》第十一类"垂说门"，蓝吉富主编《禅宗全书》第九十六册，北京图书馆出版社 2004 年版，第 479 页。

罗齐侧耳。至音端的许谁知。①

　　谢秉拂上堂。当轩答问。据令提纲。闪电未收。僻历随至。当此之时。山僧立地有分。谁敢觑着。及乎云收雨霁。乃见天垂宝盖。地涌金莲。中有化佛。手秉白拂。安详而坐。不动舌头作狮子吼。问之何以如此。遂举拂曰。自从释迦去后弥勒未来。唯者个子无人提掇。亲承付嘱山僧报曰。奇哉希有。一二三又添一。珊瑚枝上月重轮。看来尽是黄金色。②

　　禅林中的定期上堂，除上述所举之外，其他还有圣节上堂、结制上堂、解制上堂。

　　圣节上堂指皇帝生辰日，住持上堂为其祝寿说法语。赴日禅僧将中国禅林的这一行事传播至日本，如清拙正澄建仁寺语录有"天寿节上堂"③语。又如竺仙梵仙有《启建圣节上堂》，圣节即皇帝诞辰，禅林仪制于皇帝诞生日以前三十日间，启建圣节道场，每日不断讽诵大般若、仁王、法华、最胜等经，祈圣寿无疆。《敕修百丈清规》卷一曰："圣节必先启建金刚无量寿道场一月日，僧行不给，假示散也。"④上堂云：

　　僧问福海既深。寿山还耸。学人上来。请师祝圣。师竖起拂子云。天柱峰高高更高。师乃云。黄河三千年一清。圣人五百世间出。天柱峰高高更高。摩诃般若波罗蜜。

---

　　①　一山一宁：《住日本国相模州巨福山建长兴国禅寺语录》，《一山国师妙慈弘济大师语录》卷上。

　　②　竺仙梵仙：《住相模州巨福山建长兴国禅寺语录》，《竺仙和尚语录》卷中。

　　③　无著道忠：《禅林象器笺》第十一类"垂说门"，《禅宗全书》第九十六册，北京图书馆出版社2004年版，第479页。

　　④　百丈怀海：《敕修百丈清规》卷一"祝釐章"，第10页，《禅宗全书》第八十一册，北京图书馆出版社2004年版，第809页上。

　　依据禅僧语录记载，可知宋元时期中日两国禅林以四月十六日为始日，七月十五日为终日。竺仙梵仙《解夏上堂》云："今朝七月十五日。"结制开始之日称为结夏，举行结夏小参、结夏上堂仪式；圆满结束之日称为解夏，亦称为解制，有解夏小参或解夏（解制）上堂仪式。解制上堂即安居结束时之行事，《梦粱录·解制日》中有记载："七月十五日，一应大小僧尼寺院设斋解制，谓之'法岁周圆之日'。"赴日禅僧语录中有结制上堂、解制上堂、结夏上堂、解夏上堂等语，兹分别举例，如下：

　　结制上堂：诸方此日。安居禁足。双林难说禁足安居。厨乏聚蝇之糁。廪无隔宿之储。策杖遍叩檀度。免我一众饥虚。休以蜡人为验。但愿处处逢。渠拍膝一下云。（恶）早知今日事。悔不慎当初。①

　　结夏上堂：布袋口紧结着。莫向山前乱斟酌。咆哮水牯快牵回。烂臭死蛇休打杀。善解粗餐不如细嚼。须知苦口是良药。山僧怎么告报。那个眼光闪烁。击禅床。俊鹰不食篱边雀。

　　解制上堂。九十日光阴。只么空过了。嚼饭喂婴孩。傍观者哂笑。挂杖子出来道。今时欲觅个空过底。极是难得。良久。众中莫有眼目定动者么。卓挂杖舌头出口。面南看北斗。

　　解夏上堂。今朝七月十五日。那个师僧心未明。鼓击三通聊聚集。事无一句可论评。天边若木金鸡语。野外髑髅狮子鸣。撞着前村黑黄老。问渠消息若为生。②

---

　　① 兀庵普宁：《住婺州云黄山宝林禅寺语录》，《兀庵普宁禅师语录》卷中，《禅宗全书》第四十五册，北京图书馆出版社2004年版，第809页上。
　　② 竺仙梵仙：《竺仙和尚住金宝山净智禅寺语录上》，《竺仙和尚语录》卷下之上。

报本上堂指佛降生、成道、涅槃等日，住持长老开示佛法，焰续慧命的仪制。《敕修百丈清规》卷二云："所赖圣训洋洋堪作依怙，吾徒忝形服预法系。遵其行之为律，宣其言之为教，传其心之为禅，而循吾所谓大本者，以同夫佛之全体妙用，始可称佛子，而续慧命也。其于讳日追悼，岂世礼哉。"①赴日禅僧语录所载此类上堂包括：佛诞生上堂、佛成道上堂、佛涅槃上堂、浴佛上堂等。以无学祖元《佛光圆满常照国师相州瑞鹿山圆觉兴圣禅寺开山语录》为例，收录浴佛上堂一则、佛涅槃上堂二则、佛成道上堂一则、佛生日上堂一则。大乘佛教一般认为佛陀于二月十五日入灭，寺院于该日悬挂释迦涅槃图，并念诵《涅槃经》《佛遗教经》等，举行追思佛陀之法会。《佛祖统纪》卷三十三记载云："如来于周穆王五十三年二月十五日入灭，凡在伽蓝，必修供设礼，谓之佛忌。"

　　佛涅槃上堂。常无常义。动不动法。潘阆倒骑驴。梵志翻着袜。卓拄杖。下座。②

　　佛涅槃上堂。今朝二月半。瞿昙供死款。双林俱变白。百华红烂熳。一个臭死尸。命根犹未断。我有七尺红钉。信采下一针看。卓拄杖。良久。召大众云。且道。是耆婆是卢扁。③

浴佛又称灌佛，是为了纪念佛陀诞生而举行的诵经法会仪式。寺院在每年的四月八日举办浴佛会，住持长老在此日上堂举法语，演说佛理。如：

---

　　①　百丈怀海：《敕修百丈清规》卷二"报本章"，《禅宗全书》第八十一册，北京图书馆出版社 2004 年版，第 16 页。

　　②　无学祖元：《佛光圆满常照国师相州瑞鹿山圆觉兴圣禅寺开山语录》，《佛光国师语录》卷四。

　　③　无学祖元：《佛光圆满常照国师相州瑞鹿山圆觉兴圣禅寺开山语录》，《佛光国师语录》卷四。

浴佛上堂。离兜率降阎浮。是凡是圣。一网俱收。云门棒头虽
短。一棒也有来由。岂不见道。知我者春秋。罪我者春秋。良久。
卓拄杖云。如今四海平如镜。行人莫与路为仇。①

佛成道日指佛陀成道之日。中日佛教界把腊月八日作为佛成道日，
于该日举办供养法会，禅师长老于此日上堂说法，借机开示众僧。据
《敕修百丈清规》记载："腊月八日，恭遇本师释迦如来大和尚成道之
辰，率比丘众，严备香花、灯烛、茶果、珍馐，以伸供养。"如：

佛成道上堂。王宫不肯居。六年空妄想。深雪冻不死。一场没
伎俩贼入空屋。犬吠荒村一天星月白。以拄杖画一画云。与你两平
分。顾视大众云。汝诸人不得眼热。卓拄杖下座。②

佛诞日又作佛生日，即释迦佛诞生之日。《俱舍论法宝疏》卷一谓
（大四一·四五三上）："以立正异故，婆罗门国以建子立正，此方先时
以建寅立正，建子四月，即建寅二月。故存梵本者而言四月，依此方
者，即云二月。"佛教寺院在次日举行佛诞会供养佛陀，并由住持上堂
说法，称为佛诞上堂，又称佛生日上堂。如：

佛生日上堂。今朝四月八。中天生悉达。云门棒头短。可惜打
不杀。瑞鹿今日又作么生。一炉沉水一盆汤。毒药醍醐一道行。③

---

① 无学祖元：《佛光圆满常照国师相州瑞鹿山圆觉兴圣禅寺开山语录》，《佛光
国师语录》卷四。

② 无学祖元：《佛光圆满常照国师相州瑞鹿山圆觉兴圣禅寺开山语录》，《佛光
国师语录》卷四。

③ 无学祖元：《佛光圆满常照国师相州瑞鹿山圆觉兴圣禅寺开山语录》，《佛光
国师语录》卷四。

（2）临时上堂

临时上堂主要包括因事上堂和出队上堂。前者在赴日禅僧语录中收录较多，后者则收录不多，仅有几则而已。我们先来分析因事上堂，从标题来看，有的仅标注"因事上堂"，有的则简单说明所因之事，有的还对事件作了较为详细的记述。题注"因事上堂"者，据《禅林象器笺》记载，云："虽其事不定，多是有毁逆违难。因此，说法不露其事，故称因事也"；又云："凡佛祖出乎五浊恶世乖化，动则遇魔难，宗师即托魔难开示道法，此云因事上堂。"①也就是说，因事上堂是指禅林中出现毁坏佛法僧三宝、破坏僧侣修行、妄执邪见偏见的情况时，禅师上堂以佛陀正法启悟、接引学人之仪制。如，鉴于学人不明禅法真谛，盲目模仿他人，作呵佛骂祖之语，兰溪道隆作《因事上堂》劝勉学人法无定说，悟道之径亦各各不同，临济棒喝虽是禅人悟入法门，但学禅重在明心见性，了知自心。云：

> 伸一手缩一手。拽转南辰安北斗。指桑园骂杨柳。金毛狮子唤作狗。只凭这个星儿。塞断天下人口。那堪拄杖，不惜人情。拟议不来，劈脊便搂。诸人还鼎省么。卓拄杖。王法无亲。各宜自守。②

又，竺仙梵仙作《因事上堂》，针对禅林肆意毁谤佛法僧者，为其说"合入无间地狱"罪业，劝其皈依正法，云：

> 欲得不招无间业。莫谤如来正法轮。谤佛谤法谤僧。教有明文。不复重举。只如道禅以何为义。以谤为义。若如教说。何得故

---

① 无著道忠：《因事上堂》，《禅林象器笺》第十一类"垂说门"，《禅宗全书》第九十六册，北京图书馆出版社 2004 年版，第 480-481 页。

② 兰溪道隆：《相州巨福山建长禅寺语录》，《大觉禅师语录》卷上。

为。所以。山僧二六时中未尝敢道一字。是渠鸦鸣鹊噪。合入无间地狱。山僧既为大善知识。且作么生为伊忏悔。良久云。鸦鸦鹊鹊。归依佛法僧。①

其他因事上堂者，是禅院住持因吉凶祸福、迁化、尊宿来山、檀那舍资等各种世间之事而上堂说法。一般或简或详地记叙了所因之事，名目各异。如，兰溪道隆：《祈晴上堂》《因病上堂》《兀庵和尚至上堂》《关东檀那舍普贤庄上堂》等；无学祖元：《长乐一翁讣音至上堂》《因雷雨上堂》《因雪上堂》《弘安八年六月二十四日，太守请赞龙祈雨，赞后雷鸣，雨至三日连注，因此上堂》等简要地说明了所因之事；竺仙梵仙：《因丰州万寿专使有请本寺檀那苦留上堂》《中秋谢檀那奏凯荣归施杂珍物，移总门开正路及使者新至上堂》《因武藤蕴亲居士梦见师通身是手上堂》《因饭田蕴宝居士舍施田产上堂》《征夷大将军、左武卫将军二大檀那至上堂》《朝廷升本寺为天下第一刹上堂》《因有火事，佛前金刚自然飞下地上，其火乃灭上堂》等则较为完整地说明了上堂所因之事包括的对象、事件等。

二、小参·法语·普说·赞

1. 小参·晚参

禅林中，"凡集众开示，皆谓之参。古人匡徒，使之朝夕咨扣，无时而不激扬此道"②。参主要有早参、晚参、小参三种，早晨之上堂说法称早参，暮间之坐禅或念诵称为晚参，随时上堂之说法谓小参。《祖庭事苑》云："禅门禅门诘旦升堂谓之早参，日晡念诵谓之晚参，非时

---

① 竺仙梵仙：《因事上堂》，《竺仙和尚住金宝山净智禅寺语录上》，《竺仙和尚语录》卷下。

② 百丈怀海：《晚参》，《敕修百丈清规》卷二"住持章"，《禅宗全书》第八十一册，北京图书馆出版社2004年版，第24页。

说法谓之小参。夫是皆以谓之参者，何乎。曰：参之为言其广且大矣。谓幽显皆集，神龙并臻。既无间于圣凡，岂辄分于僧俗。是以谓之参也。"参是寺院生活中禅师开示大众、接引学人的惯用文体，说法内容广泛，包罗万象，不拘于僧俗、凡圣之别，具有佛法圆融无碍之特点。从赴日禅僧语录所收录的参这一文体来看，主要有晚参和小参，而且晚参只有一种形式即入院之日的当晚小参，早参则不见著录。下文拟对小参和晚参予以分析。

小参指禅林中聚集众僧，说法开示之仪制，可以随时举行，与大参即上堂相对。其说法本无定所，根据人数多少而定，《敕修百丈清规》有记载曰："小参初无定所，看众多少，或就寝堂，或就法堂"；"如住持入院，或官员檀越入山，或受人特请，或谓亡者开示，或四节腊，则移于昏钟鸣，而谓之小参。可以叙世礼，曰家教者是也。"每天日暮时分，"鸣鼓一通，众集两序归位，住持登座。(与五参上堂同)提纲、叙谢，委曲详尽，然后举古，结座"①。说法内容包括法语、宗要及日常琐事等，类似于传统的家教、家训。直至南宋，小参发展成有仪式之定期说法。检视赴日禅僧语录，可以发现禅师于四节日定期上堂举行小参，称为四节小参，包括结夏(结制)小参、解夏(解制)小参、冬至小参、除夜小参。《一山国师妙慈弘济大师语录》卷上"小参"收录了一宁所作小参语，包括《结夏》《冬至》《解夏》《除夜》四种类别共十四则，形式较为单一，主要是长老开示之说法。如：

冬至：全无巴鼻，死水跃狞龙。别有生涯，虚空开孔窍。等是通天活路。多少人。脚高脚低。虽则自己家乡。也要你亲行亲到。是则固是。其奈我此一众。总具轩昂气宇。洒落风标。妙契环中。

---

①　百丈怀海：《小参》，《敕修百丈清规》卷二"住持章"，《禅宗全书》第八十一册，北京图书馆出版社 2004 年版，第 25 页。

智游象外。终不堕此机境。虽然。冬至寒食一百五。前头大有雪在。①

后来，逐渐仪式化，以兀庵普宁《冬节小参》为例。先举提纲，演说佛法大义，云：

圆同太虚。无欠无余。良由取舍。所以不如。岂不见道。如我按指。海印发光。这里眼见鬼去。不为差事。设或汝暂举心。便见尘劳先起。须知群阴剥尽。而无剥尽之踪。一阳复生。而无复生之迹。既无踪迹。迥绝承当。铁树开花扑鼻香。

然后，拈举云门和尚上堂语，说明禅宗"不立文字"之旨，最后结座。

复举云门和尚上堂。僧问云。请师答话。云门召大众。众举头。云门便下座。
师拈云。云门什么答话。已是舌头拖地了也。虽然。未举已前荐得。早是不堪持论。何况盖覆将来。乃高声召大众。众举头。复云果然。便下座。②

赴日禅僧语录著录的晚参，仅有禅师入院之日的当晚小参一种，其形式与四节小参类似。如无学祖元入住建长寺之《当晚小参》，云：

当晚小参。僧问。钟已鸣。鼓已绝。人天普集。龙象交参。正

---

① 一山一宁：《小参》，《一山国师妙慈弘济大师语录》卷上。
② 竺仙梵仙：《住巨福山建长兴国禅寺语录》，《兀庵和尚语录》卷中。

与么时。请师提唱。师云。八角磨盘空裏走。僧云。记得。德山小
参。不答话意旨如何。师云。舌显拖地。僧云。赵州小参。却答
话。又作么生。师云。参天荆棘。僧云。如二大老。一人答话。一
人不答话。意在于何。师云。针札不入。僧云。且道答者是。不答
者是。师云。黄河连底冻。僧云。和尚今夜小参。是答话。不答
话。师云。已是龟毛长三尺。僧云。不因樵子径。争到葛洪家。僧
礼拜。师云。未敢相许。师乃横按拄杖。顾视大众云。与么来者铁
壁铁壁。不与么来者铁壁铁壁。透得两重关。铁壁复铁壁。饶你。
须弥顶上击金钟。沙竭宫中看日出。诸方明窗下按排。老僧一棒也
恕不得。所以道直得尽乾坤大地无纤毫过患。犹是转句不见一色。
始是半提。要见全提时节么。卓拄杖云。铁壁铁壁。

　　复举。僧问曹山。抱璞投师。请师雕琢。山云不雕琢。僧云。
为甚不雕琢。山云。须信曹山好手。

　　师拈云。曹山好手。不合重下注脚。有问山僧抱璞投师。乞师
雕琢。吃棒了。连夜赶出。三十年后。免兴刖足之叹。

不过，当晚小参以师徒问答为主，所以，有时候长老先垂语示众，
启发学人提问。如竺仙梵仙住金宝山净智禅寺《当晚小参》，首先垂
语云：

　　小参不答话。小参要答话。总是除六担板。山僧与他坐却了
也。还有道得底么。

其次，是师徒问答语，云：

　　僧出问云。欲识佛性义。当观时节因缘。时节既至。其理自彰
时如何。答曰。日日日东上西落。时时时花开豆爆。问云。德山小

参不答话。赵州小参要答话。为复各展门风。为复同途异辙。答曰。拟之则差。进云。不拟时如何。答曰。半夜放乌鸡。进云。只如和尚云总是徐六担板。与他坐却了也。因甚即今却在和尚眉毛眼睫上□跳。答曰。山僧方始困。进云。此事且止。只如和尚小参与他德山赵州相去多少。答曰。教与山僧洗脚。僧云。万山不隔今宵月。一片清光分外明。师曰。惭愧惭愧。

最后拈举南泉和尚古则公案，曰：

乃举。南泉和尚云。王老师自小养一头水牯牛拟向溪东牧。不免食他国王水草。拟向溪西牧。不免食他国王水草。不如随分纳些些。总不见得。

拈云。者水牯牛也甚奇特。不止南泉者一头。在今天下不知几头。食他国王水草。但鼻孔在别人手里。解能作水牯牛事。山僧今日既亦入者个群队。未免代他偿债去也。乃以拂子置肩。以两手捏拳安头上云。叱叱团。①

2. 法语

法语即说示正法之言语，亦指佛陀之教说。《瑜伽师地论》卷八十八谓："如来依观待道理、作用道理、因成道理、法尔道理等四道理宣说正法。"因此，如来亦称为"法语者"。依循道理宣说正法者，即称为"说法语"。《大方等大集经》云："法语者，凡所演说，依法而语"，"法语者，真实之语"。据此语，佛教初期禅师为了开示学者、接引众人而敷演佛法大义的所有说法都可以称之为法语。至我国唐宋时代，有以韵语演说佛法之所谓"偈语"者，后来也由此渐渐产生了散文形式。

---

① 竺仙梵仙：《竺仙和尚住金宝山净智禅寺语录上》，《竺仙和尚语录》卷下。

禅家法语则专指禅宗诸祖之教示与禅师开示之机语，是与偈颂、赞、道号说等并行存在的宗教文学形式之一，"作为进道勉励之助"①。其说法对象遍及禅林内外，包括有一定佛教修为的僧侣、居士以及宗门护法。前者占据"法语"数量的绝大多数，如《大觉禅师语录》著录"法语"二十四则，示僧法语二十二则，示居士法语二则；《佛光国师语录》著录"法语"六十八则，示僧法语五十六则，示居士法语十二则。示僧法语的对象涉及禅门道友、同僚、门徒等多种身份的僧侣，如无学祖元的《示观上座》《示庆禅人》《示德璇典座》《示云光入道》《示小师慧常》《示院长老》《示心监寺》《示禅融上人》《示祖源侍者》等。赴日禅僧在日本时，皈依其门下的居士以官僚为主，也有部分普通民众，这在其示居士法语中有所表现，以无学祖元语录收录的尤其全面，从太宰到平卫门，从太守到普通武士再到普通民众，遍及社会各个阶层，如《答太守问道法语》《示宫内平卫门赖连》《武州太守求法语》《示越后孙太郎》《示信州景明居士》《示观一居士》等。另外，宗门护法指护持赴日禅僧弘法传禅的上层统治者，主要指皇室和幕府，如一山一宁著有《上龟山法皇》法语。

从文本来看，法语长短不一，长则几百字，短则数十字，兹举例如下：

《示道然上人》：

欲作九仞峰。非其力而不可作。要行千日之道。非其力而不可行。作之既深。终有摩空凌云之势。行之既久。岂无到家安乐之时。作之与行皆由力也。设或中道而废不能勉力尽心。九仞之峰何缘得成。千日之道疑其难至。佛祖玄奥圣贤事业。亦复如斯。须是敢损其躯。能全其志。至于亲见亲踏。拶到绝疑虑大休歇地了。犹

---

① 　无著道忠：《法语》，《禅林象器笺》第二十一类"经录门"，《禅宗全书》第九十六册，北京图书馆出版社 2004 年版，第 663 页。

有事在。切冀养之令熟。如不知不会人相似。时至理彰。无往不利。苟或燥暴出来。取信于人者鲜矣。今世衰道丧之际。求其力行不息者。百无一二。上古慕道之士坚志不败。至于大法洞明之后。韬光晦迹。土面灰头。时节若至。不得已而出塵。垂手引道后昆。必令深造远到。岂比今时泛滥者。同日而语哉。然上人建长建宁。道聚甚久。立志慷慨。不堕时流。专以此一大事因缘。挂在鼻尖头。要作个洒洒落落没量大汉。傥能一往直前久久自然合辙。但不可以今时人为标准。一动一静以古为侪良友。则如岩头雪峰相似。切磋琢磨。安能不尽善也。就下不欲引古证今。恐增烦絮。老拙三十余载。只是个知惭识愧。吃饭底僧。更有星没转智事。极得人憎。多处要添。少处要减。拗曲作直。翻伪为真。指柳骂桑。持南作北。如斯曲折。一一为兄说破。更有说不到底一句子。待汝打失鼻孔时。却来棒下听取。①

《示真净大师》：

真净明妙。虚彻灵通。人人具有。塞破太空。六相应用。任运西东。明得此理。法法圆融。见闻觉触。如空中风。②

另外，其文体形式也不尽相同，主要是散文形式，其中夹杂对偶句，如兀庵普宁《示源清藏主》云：

灵山密付。犹如话月。曹溪竖拂。犹如指月。递代相承。炎天求雪。吾侍径山圆照老师。虽历多载。曾无一法可得。唯饥饱寒

---

① 兰溪道隆：《示道然上人》，《法语》，《大觉禅师语录》卷下。
② 无学祖元：《示真净大师》，《法语》，《佛光国师语录》卷七。

温。能自知之。至于涉世匡徒。亦无毫发差别。屡承法眷之约。因东望扶桑。有大乘根器。冒险越漠。观国之光。复遭世缘所陷。悒悒之气。而不能释。源清藏主。赞佐丛社。表仪多众。超卓伟伟。袖纸需语。以为究道之助。不容坚却。呵冻书此。祝之云。鼻端若有通天窍。可与吾出此气也。①

还有少数几则五言偈语形式的法语，如无学祖元的《偈示则近三郎》，云：

佛法至广大，佛法至坚固。佛法至有力，佛法至无敌。若能空一念，一切皆无恼，一切皆无怖。犹如着重甲，入诸魔贼阵。魔贼虽众多，不被魔贼害。拈臂魔贼中，魔贼皆降伏。是名佛法广，不可得思议。汝能竖法旗，处处魔冤泣。诸佛大勇猛，得法王三界。凡夫初修行，便从此着力。一朝功用足，百战而百胜。大法震旗鼓，天魔皆脑裂。更有金刚箭，老僧为亲发。你若悟此时，是名那罗延。②

3. 普说

普说始于北宋真净克文（1025—1102），大慧宗杲（1089—1163）将其推向兴盛。只有"法性宽波澜阔，有变通逸格之才，回乾转坤之作，方可任此责"③，禅林习俗一般由住持进行普说。据《敕修百丈清规》记载，普说的缘由有"大众告香而请者""檀越特请者""住持为众开示者"

---

① 兀庵普宁：《示源清藏主》，《法语》，《兀庵和尚语录》卷下。
② 无学祖元：《偈示则近三郎》，《法语》，《佛光国师语录》卷七。
③ 无著道忠：《普说》，《禅林象器笺》第十一类"垂说门"，《禅宗全书》第九十六册，北京图书馆出版社2004年版，第495页。

三种。①《禅林象器笺》则依据普说发生缘由和仪式的不同，将其分为"普说"和"告香普说"。

（1）普说

"普说"原意是普说一切法以开示学人，大慧宗杲为虎丘绍隆普说云："普说，大意以开悟学者为心。"②南宋末年最早的一批赴日禅僧兰溪道隆、兀庵普宁、无学祖元等人，继承了这一宗门传统，将这一宗教文体传入日本禅林。如《大觉禅师语录》收录兰溪道隆"普说"三则。第一则是，鉴于日本禅林贪著语言文字、"不做着实工夫"的弊端，兰溪道隆以"普说"一段开示学人，希冀他们放下从前知见解会文字语言，回首于自己未明之处，仔细体究"。第二则是，"盐田和尚至，引座普说"③。引座指引导升座。禅林中，新来者将升座说法时，先立于一旁，由住持引请之，并介绍予大众。如他寺住持虚席，请本寺之西堂或首座迁补之际，必遣专使迎请本寺住持引座，而后受请之新住持升座。此为受请新命引座。又他寺尊宿来访时，禅寺首座劝请彼尊宿升座说法，必由住持为之引座。此是为尊宿引座。④ 第三则先阐述"普说"产生的缘由与目的，然后对日本禅林醉心于文字语言的现状予以批评，进而指出参禅学道的法门，"既要参禅学道，莫以今时为榜样，当以古人为标准，决不相赚，终有丽天之明"⑤。

另外，《兀庵普宁禅师语录》收录了他在建长寺时，应大众请所举

---

① 百丈怀海：《普说》，《敕修百丈清规》卷上《住持章》第五，《禅宗全书》第八十一册，北京图书馆出版社 2004 年版，第 27 页。

② 无著道忠：《普说》，《禅林象器笺》第十一类"垂说门"，《禅宗全书》第九十六册，北京图书馆出版社 2004 年版，第 492 页。

③ 兰溪道隆：《大觉禅师语录》卷下。

④ 无著道忠：《引座》，《禅林象器笺》第十一类"垂说门"，《禅宗全书》第九十六册，北京图书馆出版社 2004 年版，第 481-482 页。

⑤ 兰溪道隆：《大觉禅师语录》卷下。

"普说"二则：一是北条时赖同建长寺方丈大众礼请，"就寺为众普说"；二是"国公（北条时赖）就本寺，满散，祈祷道场，礼请普说"。

无著道忠云，日本禅林"多是檀那荐亡、供养经时，为普说"。赴日禅僧为了实现禅宗的在地化，迎合日本禅林的需求，开始在禅僧、檀那忌日应请普说。如，历应四年（1341）竺仙梵仙住持南禅寺期间，值原京都东福寺住持南山士云（1254—1335）七周年忌日，应大众弟子请普说，云：

> 东福庄严藏院南山和尚忌辰，请普说：无去来相。无生灭相。南山和尚面目现在。还有相见者么。……历应四年十月初七日，东福禅寺庄严藏院，伏值南山和尚七周忌辰。……乃命南禅禅寺比丘某升于此座，举唱宗乘，所鸠殊利，奉为真慈增崇品位者。复云：此是今日为东福禅寺庄严藏院请，为南山和尚七周年忌辰升座普说底意旨。①

其他如"少林院明极和尚七周忌辰，请普说"。竺仙梵仙与明极楚俊共同赴日，交情甚深。竺仙梵仙另有《悼明极和尚》诗一首和"明极和尚讣至上堂"法语一则。檀那忌辰普说有"左武卫将军源公为乃母二品太夫人请普说"和"为实相寺象先大居士四十九日追荐普说"。

宋元赴日禅僧中，无学祖元是举行普说最多的一位，他还进一步扩大了普说的使用场合，在传统的基础上，革新了普说的说法方式。他住持圆觉寺时有"赞地藏菩萨普说""入方丈普说"。住持建长寺时，作"禅照寺请庆忏普说""入室后普说""示众普说""示众普说（真如）""中夏普说"等。除了在佛事活动中举行普说之外，还在某些无关佛事的日常生

---

①　竺仙梵仙：《四明竺仙和尚住御前瑞龙山太平兴国南禅禅寺语录》，《竺仙和尚语录》卷上。

活中，借机普说示众，希望大众"兴隆佛法，护持众生"，以慰其"为法求人之心"，如：

> 接庄田文字普说，谢檀那并示众曰：……吾今与诸兄说，诸人见老僧，却作等闲，甘悠悠度了岁月。不知老僧撤掉了大唐多少好兄弟，要来开诸兄眼目。中间或有一个半个，直下如生师子儿，哮吼壁立万刃，方可与佛祖雪屈，方称我数万里远来之意。檀那建此道场，堂宇高广，四事供养，种种妙好。今日将庄田文字，布施老僧，千年万古，供养衲子。且道，檀那意在于何。诸兄三条椽下，七尺单前，内不放出，外不放入，做教透去。若一向如前，不肯坐禅，不肯讽经。不肯赴堂吃粥饭，寮舍权眠倒卧，赤身露体，不搭袈裟，不展钵盂，懒堕狼藉，年头直到年尾，有何补报檀施。诸兄不可不回头。若有几人参请眼目开，契得老僧意者，亦可以销我思乡之念，慰我为法求人之心。……为欲建立护持正法，我听弟子受畜金银谷米，卖易所须。如是等物要须净施，净施者无私之谓也。所以道公生明，明之一字，通天通地，通佛通祖，正是般若正体，别无道理也。佛于每经中付属菩萨罗汉：于末世中汝等当生彼处，兴隆佛法，护持众生。诸公不可谓末法比丘中，无肉身菩萨出现也。诸公各自尽情。①

祖元借鉴了告香普说的说法仪式，在举行普说之前，先炷香一瓣，再举法语。《佛光国师语录》卷五、卷六收录了七则此类普说，具体如下：

---

① 无学祖元：《佛光圆满常照国师相州瑞鹿山圆觉兴圣禅寺开山语录》，《佛光国师语录》卷四。

①长乐豪长老请庆忏本寺普说．师祝香罢，就座索语云：①

②长乐次日众僧复请普说。师祝香罢，就座索语云：②

③太守元帅请为最明寺殿忌辰普说，师祝香：此香奉为日本国相模州孝男平时宗，爇向炉中。……今日最明寺殿远忌之辰。太守举此一念。……我作如是说，诸佛咸证明。卓拄杖。下座。③

④本府请普说，师祝香：此一瓣香，爇向炉中，奉为大日本国相模州太守平朝臣时宗。……④

⑤太守请就本府庆忏观音普说，祝香罢。……⑤

⑥大觉禅师忌辰太守请普说，拈香罢僧问：一叶落天下秋，一尘起大地收。正恁么时。愿闻开示。师云：针札不入。⑥

⑦太守请赞佛赞五大部经普说，祝香罢。……⑦

另外，竺仙梵仙亦有一则拈香普说，云：

归云院南院国师三十三年忌辰请普说，拈香云：此香得金刚坚固之力，植梵苑结花果之繁昌，具虚空广大之心，化帝居成丛林之郁密。康永四年四月初二日，恭值前住当山第二代鼎建兹寺敕谥南院国师，入般涅槃三十三年远忌之辰，爇向炉中。……乃至今日诸大弟子命山僧升于此座，以发国师潜德幽光，皆方便也。更听一颂：三十三年无量劫，威音王佛释迦文。古南院也今南院，总是渠

---

① 无学祖元：《建长普说》，《佛光国师语录》卷第五。
② 无学祖元：《建长普说》，《佛光国师语录》卷第五。
③ 无学祖元：《普说》，《佛光国师语录》卷第六。
④ 无学祖元：《普说》，《佛光国师语录》卷第六。
⑤ 无学祖元：《普说》，《佛光国师语录》卷第六。
⑥ 无学祖元：《普说》，《佛光国师语录》卷第六。
⑦ 无学祖元：《普说》，《佛光国师语录》卷第六。

侬后世孙。①

从这八则拈香普说来看，以荐亡灵拈香普说最多，包括祖元普话的
①⑥两则和梵仙的一则。上文说过日本禅林普说多用于荐亡灵、供养经
书，赴日禅僧举行荐亡灵拈香普说对这一风习既有发源之功，又有推广
之力，这也是适应日本国社会习俗的需要。其次是庆忏拈香普说，包括
①⑤两则。佛教有供养五部大乘经普说的习俗，后来演化成供养五部大
乘经拈香普说的仪式，⑦即是此例。另外，②④两则，只是在传统普说
之前加入了拈香礼而已。

（2）告香普说

《禅林象器笺》"垂说门"云："普说有告香者。"②告香普说最初与普
说一样，都是开示学人的说法，据同书记载云："今告香者，谓插香，
于师家请求普说，或启求开示之意也。"③竺仙梵仙曾作告香普说开悟学
者，云：

> 告香普说：大众坚请告香普说，……山僧道德不及古人，误承
> 大众坚请，告香普说。以首座所禀之词为首，垂三转语，起倒连
> 类，颇似兜率……适间所举，特对首座。今为大众，再举一遍。一
> 曰：生死事大，无常迅速，毕竟生从何来，死从何去。二曰：既知
> 去来，必须识路，五七纵横，何者为是。三曰：既识其路，必善行

---

① 竺仙梵仙：《四明竺仙和尚住御前瑞龙山太平兴国南禅禅寺语录》，《竺仙和
尚语录》卷上。

② 无著道忠：《告香普说》，《禅林象器笺》第十一类"垂说门"，《禅宗全书》第
九十六册，北京图书馆出版社 2004 年版，第 494 页。

③ 无著道忠：《告香普说》，《禅林象器笺》第十一类"垂说门"，《禅宗全书》第
九十六册，北京图书馆出版社 2004 年版，第 494 页。

履，天高地低，如何措足。久立珍重。①

另据同书记载，清拙正澄也曾作告香普说，曰："清拙澄禅师录，夏前告香普说云：诸方旧例，今古常仪。入寺之初，为众普说。近日堂中首座诸耆德同上方丈，坚请告香普说，务欲复见古道颜色。"②竺仙梵仙和清拙正澄都是在众人坚请的情况下举行告香普说的。告香是佛门固有习俗，普说出现之后，逐渐形成了告香普说，对说法者和说法内容的要求比普说更为严格。《禅林象器笺》引瑞溪周凤《梦语集》云："普说寻常可行之，告香普说行之不多。何以知之？普说之盛无如大慧，然六十则内，告香唯一耳。"同书又引北磵居简禅师告香普说语云："告香乃丛林盛典，前辈未尝尽行。道大德备如慈明和尚，尚且至再至三，然后受南禅师告香，况非慈明乎。"慈明和尚指石霜楚圆，南禅师指黄龙慧南，慧南在楚圆门下参学时，反复求教，方才证悟，受到楚圆告香开示。

4. 拈香

上文介绍了新住持入院时经常举行的祝圣拈香、将军拈香、臣僚拈香、檀那拈香、嗣法拈香等拈香仪式，这里我们继续分析发生在寺院生活其他场合下的拈香。总的来说，包括以下几种情况：佛祖忌拈香、荐亡灵拈香、预修拈香、庆忏升座拈香、上堂拈香等。

佛祖忌拈香是佛门的悠久传统。《禅林象器笺》云："旧说：拈，烧义也。凡佛祖等前烧香，皆是拈香也。"又云："今以拈香为佛事名，备用清规达磨忌云：'住持举拈香佛事'是也。"拈香最初泛指给佛祖进香，后来演变为一项佛事，每逢达磨忌、嗣法师忌、开山历代祖忌等忌日，都为之拈香并举法语，这在赴日禅僧语录的拈香法语中占据数量最多。

---

① 竺仙梵仙：《四明竺仙和尚住相模州巨福山建长兴国禅寺语录》，《竺仙和尚语录》卷中。

② 无著道忠：《告香普说》，《禅林象器笺》第十一类"垂说门"，《禅宗全书》第九十六册，北京图书馆出版社2004年版，第495页。

如达磨忌拈香：

> 达磨祖师忌，拈香召大众云：东望大乘器，区区十万里。因这一著错，累及人断臂。（以香指祖师云：）彼错犹且可。（复自指云：）此错无巴鼻。彼错此错诉之谁。（插香云：）倒拈铁笛逆风吹。①

有时候，先上堂举说一段法语，然后再拈香，也可以称之为"上堂拈香"。如：

> 达磨忌上堂：霜露既降，木落天寒。嗟嗟此时景，吾祖返西天。相忆更相忆，今年又明年。苍海几时干，生铁打心肝。
> 同拈香：应化非真佛，非真不应化。顾视大众云：若也丝毫及之，不尽要见祖师，天地悬隔。②

又如，一山一宁在其师顽极行弥和尚忌日拈香祭奠，云：

> 顽极和尚忌，拈香曰：者个老冻脓，素来情义薄。一味不睹是，恣肆顽与恶。年老变成魔，我被魔力摄。开眼落陷阱，有屈无处雪。如今已喜两分张，年年西望恨尤切。今日烧香供养伊，且道是酬恩邪雪屈邪。（烧香云：）不见道，记剑刻舟，掉棒打月。③

---

① 兀庵普宁：《住巨福山建长兴国禅寺语录》，《兀庵普宁禅师语录》卷中。
② 无学祖元：《佛光圆满常照国师相州瑞鹿山圆觉兴圣禅寺开山语录》，《佛光国师语录》卷第四。
③ 一山一宁：《住在城瑞龙山太平兴国南禅禅寺语录》，《一山国师妙慈弘济大师语录》卷上。

赴日禅僧应他人所请为非嗣法祖师的前辈高僧拈香祭拜，称为"请拈香"。如无学祖元在兰溪道隆忌日，应请拈香云：

> 大觉忌辰请拈香。昔年今日怎么去。今日昔年怎么来。来来去去非今昔。太虚无处可安排。垂钩四海。塔户长开。一炉香散千山碧。千古万古生云雷。①

另外，日本幕府和皇室为了表达对赴日禅僧的敬重和对禅法的崇信，先后多次为他们营建禅院，请他们开山。在开山忌日，赴日禅僧应大众所请拈香举法语。宋元赴日禅僧语录中，此类拈香仅有无学祖元一例。弘安二年（1279）至弘安五年（1282）住持建长寺时，无学祖元作开山忌"请拈香"三则，云：

> 开山忌日，请拈香：不证涅槃，不住生死。茫茫大地绝行踪，蟭螟眼中游夜市。父为子隐，借手拈香。知恩报恩句，日午打三更。②
>
> 开山忌日，请拈香：生耶死耶，不道不道。苍天悠悠，红日杲杲。阿师灵骨兮，东边西边。洪波浩渺兮，白浪滔天。沉水一炷兮，恩怨历然。俭生不孝兮，义出丰年。③
>
> 开山忌日，请拈香：宽兮，旷兮，寂兮，寥兮。是恩怨何处求

---

① 无学祖元：《佛光圆满常照国师住日本国相州巨福山建长兴国禅寺语录》，《佛光国师语录》卷第三。
② 无学祖元：《佛光圆满常照国师住日本国相州巨福山建长兴国禅寺语录》，《佛光国师语录》卷第三。
③ 无学祖元：《佛光圆满常照国师住日本国相州巨福山建长兴国禅寺语录》，《佛光国师语录》卷第三。

踪？一瓯香散秋天碧，沧海依然浪拍空。插香。①

荐亡灵拈香是日本国禅林习俗。《禅林象器笺》云："日本国俗，荐亡灵忌辰请拈香佛事。"又云："其为居家者，如建寺檀主，德业稍大，则入院人为之拈香矣。"如竺仙梵仙在建长寺营建者北条时赖忌日拈香云：

> 本寺檀那远忌，拈香云：即此物非他物，此是最明公始兴一念，创立建长禅寺。……所冀与此三千佛菩萨众同游觉苑，并兹五百大比丘僧共透玄关。插香云：即此物非他物。一缕轻烟，千年常住。②

竺仙梵仙还曾为镰仓幕府执权北条高时（1303—1333）超荐亡灵拈香举法语，高时法名"日轮寺殿鉴公大禅定门"。日本佛教界称皈依佛门，剃发染衣的男子为禅定门。云：

> 为先相模太守鉴公大禅定门拈香：……此鉴公大禅定门，承佛教敕，现宰官形，称赞佛乘。至于命终，已及三期。且作么生，是阴有遗付底还会么。插香云：一炷清香满石栖，今日分明为君举。③

预修拈香是指禅师为佛教徒在生前或临终之际举办佛事，预修善根功德，以证入菩提之道，免堕在三途八难中。如竺仙梵仙为足利尊氏所

---

① 无学祖元：《佛光圆满常照国师住日本国相州巨福山建长兴国禅寺语录》，《佛光国师语录》卷三。
② 竺仙梵仙：《住相模州巨福山建长兴国禅寺语录》，《竺仙和尚语录》卷中。
③ 竺仙梵仙：《竺仙和尚住金宝山净智禅寺语录》，《竺仙和尚语录》卷下之上。

作预修拈香，云：

> 为征夷大将军仁山大居士，预修拈香：……奉佛弟子征夷大将军……倩画工图绘大势至菩萨圣像一尊，命僧顿书妙法华经一部及仁山大居士亲手躬书。特命比丘某拈此信香……①

庆忏升座拈香。禅林中在诵完一部经书后，于当日设斋供养，称为庆忏。

《禅苑清规》"看藏经"曰："于看经了日，设斋供庆忏。"如一山一宁为北条时宗庆忏千部法华经升座拈香，云：

> 太守请为法光寺就佛日庵庆忏千部法华经，升座拈香云：此香枝叶全无，唯有贞实。六铢虽鲜，价直娑婆。奉为法光寺杲公禅门资严觉路。伏愿：悟此一乘，即受佛记。积兹余庆，垂裕后昆。……②

此外，在实际的佛教实践中，拈香除了沿袭禅宗传统之外，也具有随机应变的革新之处。赴日禅僧语录便收录了数则其他的佛事活动中的拈香，如竺仙梵仙"落成相模州利生塔佛事拈香"和无学祖元"太守送十六应真拈香"。

5. 赞

赞是佛经常见文体之一，原本属于偈颂的范畴，用于赞叹称扬佛之相好功德，称赞佛偈又称叹佛偈，以五言、七言居多。《佛本行集经》卷四说，世尊于过去世曾赞叹弗沙佛而说四句偈曰："天上天下无如

---

① 竺仙梵仙：《四明竺仙和尚住真如禅寺语录》，《竺仙和尚语录》卷上。
② 一山一宁：《住日本国相模州巨福山建长兴国禅寺语录》，《一山国师妙慈弘济大师语录》卷上。

佛，十方世界亦无比；世间所有我尽见，一切无有如佛者。"①《无量寿经》卷上亦载，阿弥陀佛过去为法藏比丘时，亦以"光颜巍巍，威神无极；如是炎明，无与等者"②等偈赞叹世自在王佛。《释氏要览》卷中也记载云："佛言，若人以四句偈，用欢喜心赞叹如来，所得之功德，胜于以衣服、卧具、医药、饮食、敷具等供养辟支佛达百岁之功德。"后来禅宗文学拓展了赞佛祖的内容和对象，由传统的诸佛、菩萨扩大至禅宗诸祖、禅林名宿，甚至包括儒道两家品行高洁、有禅逸之风的名人高士。另外，赴日禅僧还增加了对崇信佛法、护持佛法比较得力的日本当权者和日本佛教名僧的赞颂。因此，其语录中赞的类别可以分为：佛祖赞、顶相赞、自赞和本朝名德赞。其中前两种是对传统宗教文学文体的继承，后一种是赴日禅僧适应日本禅林的产物。

我们先来看佛祖赞，其又称赞佛祖，是禅师在瞻仰礼拜诸佛菩萨塑像或画像时，口拈偈语赞叹佛菩萨功德，并借机开示众人的仪制。其对象包括：释迦佛陀、弥勒佛陀、观音、文殊、普贤、地藏、维摩、罗汉、迦叶、布袋和尚、猪头和尚、寒山拾得、达磨等禅宗诸祖、嗣法祖师，以及赴日禅僧在内的中日禅林名宿。诸佛菩萨赞，如无学祖元《释迦》赞二十一则，其一云：

> 刚把阎浮取次欺。重施鸩毒作慈悲。吾今有屈无伸处。天上人间更恨谁。③

其二十云：

---

① 《佛本行集经》卷四，《大正新修大藏经》第三册。
② 《无量寿经》卷上，《大正新修大藏经》第十二册。
③ 无学祖元：《释迦》，《佛祖赞》，《佛光国师语录》卷第八。

毗卢遮那佛。三身之一体。普现无遮慈。普救于一切。华藏无边际。尽摄于三世。百亿日月光。百亿大海水。百亿须弥山。尽在宝冠里。重重非涉入。坦坦无障蔽。水鸟树林声。色空明暗际。只此广长舌。宣演深法义。殊中却有同。同有非同异。一切含识流。尽入妙觉地。归命无上尊。故我稽首礼。①

又竺仙梵仙作《释迦佛出山相》赞，出山相是佛传的画题之一，又作出山如来、出山释迦、出山像。相传释迦在雪山林中修苦行，成道之后，头顶明星，全身放光而出山。自宋以后，该传说成为水墨画的画题之一，也成了文人赏玩的题材之一。禅林在每年的十二月七日，于僧堂中悬挂此类图像，供众人瞻礼。赞云：

六载坐消太古雪。一夜挽回空劫春。从此唠唠四十九。大师子吼斯其人。②

竺仙梵仙《罗汉图掌国古山居士请赞》云：

佛世比丘。天然尚有。古貌奇心。显妍示丑。或面如月。或头似白。或拍其肩或拱其手。或指点其文字。或谈论其可否。或坐高而立低。或来前而去后。天神仙鬼导驱侍从。节钺瓶盂。参错左右。眷此会同。非常交友。是谓偕彼天高。同此地厚。天高且长。地厚且久。象龙蹴踏。师子哮吼。③

---

① 无学祖元：《释迦》，《佛祖赞》，《佛光国师语录》卷第八。

② 竺仙梵仙：《释迦佛出山相》，《四明竺仙和尚赞语》，《竺仙和尚语录》卷中。

③ 竺仙梵仙：《罗汉图掌国古山居士请赞》，《四明竺仙和尚赞语》，《竺仙和尚语录》卷中。

无学祖元《寒山拾得同轴》六则，其一云：

> 懒堕不看经。风狂弄吟笔。一首落韵诗。写出烟霞癖。老鼠口中无象牙。芭蕉叶上添荆棘(上画芭蕉)。

一山一宁《达磨大师》赞四则，云：

> 风飘飘兮吹衣。航一苇兮安之。教外别传兮无法。游染历魏兮奚为。
>
> 十万迢迢渡辽漠。却对梁皇呈丑恶。既从平地起波澜。不知打湿袈裟角。
>
> 西来行路错。对御开口错。长江风浪粗。少林花木落。更言传法救迷情。错错。
>
> 彤墀出语忤天听。去国身如一叶轻。杨子大江东去水。至今风激怒涛声。

马郎妇是观音三十三相之一，相传观音曾化为马郎之妇接引众男子，故称马郎妇。因手持鱼篮，故又称作鱼篮观音。宋濂《鱼篮观音像赞序》曰：“予按观音感应传，唐元和十二年，陕右金沙滩上，有一美艳女子，挈篮鬻鱼，人竞欲室之。女曰：妾能授经。一夕能诵普品者，事焉。黎明能者二十。女辞曰：一身岂堪配众夫耶？请易金刚经。如前期。能者复居其半。女又辞，请易法华经，期以三日。唯马氏子能。女令具礼成婚。入门，女即死。死即糜烂立尽。遽瘗之。他日有僧同马氏子，启冢观之。唯黄金锁子骨存焉。僧曰：此观音示现，以化汝耳。言讫，飞而去。自是陕西多诵经者。”马郎妇赞、鱼篮赞是禅僧赞文学常用的题材，尤以前者居多。如一山一宁《鱼篮》赞云：

以色诳盲聋。谁知伎已穷。篮中无活底。遍界扇腥风。①

《马郎妇》

云鬓乱纵横。悲深一寸情。金沙滩上月。长照请经声。②

又如无学祖元《马郎妇》四则，云：

锦麟提起鬓云斜。一朵娉婷解语花。千载金沙滩上月。夜深还
照马郎家。

绰约丰姿露淡妆。钩头饵作妙莲香。众生恩爱成烦恼。一段风
流赚马郎。

马郎门巷夕阳中。寂寞闲花泪脸红。说着洞房当日事。至今犹
自恨东风。

七喻千年恨未收。风烟如结马郎愁。楼前不宿双飞燕。寂寞杨
花送钓舟。③

对禅宗祖师和世间大德的画像顶礼赞叹之语，称为顶相赞。顶相即
顶髻之相，原本指如来顶上之肉髻。《大法炬陀罗尼经》云："如来顶
相，肉髻圆满，一切天人，所不能见。"所以又称为"无见顶相"。后来
渐变为禅宗祖师及大德的肖像画，若附加赞语，便称之为顶相赞。顶相
的流行始于中国，而盛行于日本镰仓、室町时代。画面人物多为写实笔
法，间有自作的赞词，以作为付法信物传予弟子。赴日禅僧在日本顶相
赞的发展、传播过程中发挥了重要作用，他们从宗教实践和文学创作的

---

① 一山一宁：《鱼篮》，《赞佛祖》，《一山国师妙慈弘济大师语录》卷下。
② 一山一宁：《马郎妇》，《赞佛祖》，《一山国师妙慈弘济大师语录》卷下。
③ 无学祖元：《马郎妇》，《佛祖赞》，《佛光国师语录》卷第八。

角度推动了顶相赞在日本的兴盛。竺仙梵仙作《跋顶相朝向所宜》，从禅林实践和绘画技艺的角度，规范了禅师顶相朝向与游山行道相的仪态问题。

顶相赞中达磨赞居多，如竺仙梵仙《初祖达磨大师》，云：

> 眼睛大鼻孔粗。肚肠直牙齿疏。曾对萧梁。说道理。何殊钟鼓祀鸡鹛。怒涛千里。康壮一芦。少林铁树花开初。①

兀庵普宁《渡江达磨》，云：

> 道个不识。自生荆棘。凄凄渡江。忍羞面壁。赖有神光与雪屈。②

此外，无学祖元还作了二祖、三祖、四祖、五祖、六祖顶相赞，赞曰：

《二祖》

> 乞师安心乌龟上壁。将心来安。天打五逆。哭不得笑不得。赤手提来雪刃寒。咬断牙关血滴滴。

《三祖》

> 罪性中边。了无觅处。旱地着红钉。牛皮鞅露柱。有来由无本据。离娄行处浪滔天。发机须是千钧弩。

---

① 竺仙梵仙：《初祖达磨大师》，《四明竺仙和尚赞语》，《竺仙和尚语录》卷中。
② 兀庵普宁：《渡江达磨》，《佛祖赞》，《兀庵普宁禅师语录》卷下。

《四祖》

负大医名。囊无一药。信手拈来。马粪茶脚。赝本都来不似像。至今百草空惆怅。

《五祖》

钁柄何长。松栽何小。西山月未沈。浊江天已晓。水流湿。火就燥。南北行人归未归。白云已远青山老。

身前身后事难论。一别黄梅是几春。松下再来呈旧面。青山不识种松人。

《六祖》

闹市鬻薪。碓坊舂糙。技尽力穷。鸡鸣狗盗。到处噁土吹沙。动便生风起草。逗到大庾岭头。一句被人靠倒。幡影飘飘脚指天。曹溪路上行人少。

传来一钵几多难。思报勤劳莫素餐。午夜碓坊哑□响。祖翁腰石重如山。

常说无常。无常说常。指槐作柳。捉贼拷赃。谓其巧耶。不识一字。谓其拙耶。破有法王。碓坊声绝兮。黄梅月冷。刹竿影转兮。曹溪路长。①

又，祖元嗣法于无准师范，其《无准和尚》顶相赞云：

---

① 无学祖元：《佛祖赞》，《佛光国师语录》卷八。

咄。这瞎秃吾之冤仇。肚里参天荆棘。门前路滑如油。或出或没。明头暗头。你是一百二十具夜叉骨。我有三千七百活马骝。

这瞎汉无所知。室中不得开口。黑漆竹篦。星飞电驰。彼此吃他便宜。彼此胸中自知。彼此不用扬眉。听他千古业风吹。天上人间更有谁。咄。①

此外，他还作了《应庵师祖》《密庵师祖》《无明和尚》《痴绝和尚》《千光法师》《东福圣一和尚》《兰溪和尚》等中日两国禅林名宿顶相赞。

除了禅宗祖师顶相赞之外，赴日禅僧还为尽力护持禅法、崇信禅法的日本掌权者，如幕府执权等撰写顶相赞，如兀庵普宁《最明寺殿真像》赞云：

掌持国土。天下安堵。信向佛法。运心坚固。德重丘山。名播寰宇。清白传家。望隆今古。参透吾宗。眼眉卓竖。末后一机。超佛越祖。（咦）汝幸负吾。吾幸负汝。②

顶相是日本禅林师徒相授、接引学人的宗门道具之一。顶相作为一种直观的艺术形式，能够超越语言理解的障碍，更为通畅、便捷地引导学人领悟禅宗真谛。如竺仙梵仙语录记载云：

师一日画顶相次。侍者云。某甲画得一本。逼似和尚。安在寮中未将来。师次日索之。者乃作一圆相呈之。师云。不相似。者云。谢赞叹。又一日师乃谓之云。你前日者一转语不好。试再道一句看。者云。某甲今日病。师云。怎么即得。师复自代云。某甲与

①　无学祖元：《无准和尚》，《佛祖赞》，《佛光国师语录》卷八。
②　兀庵普宁：《最明寺殿真像》，《佛祖赞》，《兀庵普宁禅师语录》卷下。

和尚有缘。①

另外，顶相也是禅师之间互道禅机、往来赠答的常用物件之一，如竺仙梵仙《答灵江彻侍者序》云：

　　辛巳十一月二十日。灵江彻侍者。乃吾法兄也。自南询归来。未尝相见。今此特携先凤台老人顶相见惠。仍赐以偈。因次韵云。②

赴日禅僧具有深厚的儒学素养，对道家典籍也较为熟悉，他们的宗教文学作品蕴含了丰富的儒家经籍、诗文等材料，并且对道家尚"无"的精神有所推崇，这一思想倾向在"赞"这一文体中呈现为对儒道两家著名历史人物之功绩和德行的颂扬与批评。当然，赞与评的价值标准是基于佛教的"空"观和禅宗的"明心见性""顿悟成佛"的思想。一山一宁创作了此类题材的赞，包括：

《孔子》

　　学为万世所师。道由一贯而传。也知三千高弟。尚泥六籍陈言。③

《老子》

---

　　①　竺仙梵仙：《四明竺仙和尚初住相模州稻荷山净妙禅寺语录》，《竺仙和尚语录》卷上。

　　②　竺仙梵仙：《答灵江彻侍者序》，《竺仙和尚语录》卷中。

　　③　一山一宁：《孔子》，《赞佛祖》，《一山国师妙慈弘济大师语录》卷下。

先天地而有生。极玄妙而莫传。不遇得关尹喜。谁可授五千言。①

《巢父洗耳》

万乘于君一羽轻。可怜逃利不逃名。崖泉自洗是非耳。千古潺湲泻恨声。②

《仲父饮牛》

义让清逃各有涯。徒将闻见污天和。松根石上一回首。觳觫朝来渴正多。③

《和靖先生》

古壶夜冻苔枝瘦。童子寒饥鹤梦长。句在目前吟不到。凝愁拥鼻隐匡床。④

《乐天居士》

鸟窠已往韬光老。平世功名一梦非。八节清滩新凿了。吟看悬瀑坐苔磯。⑤

---

①　一山一宁：《老子》，《赞佛祖》，《一山国师妙慈弘济大师语录》卷下。
②　一山一宁：《巢父洗耳》，《赞佛祖》，《一山国师妙慈弘济大师语录》卷下。
③　一山一宁：《仲父饮牛》，《赞佛祖》，《一山国师妙慈弘济大师语录》卷下。
④　一山一宁：《和靖先生》，《赞佛祖》，《一山国师妙慈弘济大师语录》卷下。
⑤　一山一宁：《乐天居士》，《赞佛祖》，《一山国师妙慈弘济大师语录》卷下。

　　自赞指禅师应弟子、禅人或檀那所请，为自己的画像所作之赞语。其内容或者宣扬自己的禅法思想，或者述说生平行迹，表达心中愿景。另外，由于禅师性情和遭遇各异，其自赞在内容和文学风格上呈现出百花齐放的特点。以兀庵普宁、无学祖元、一山一宁和竺仙梵仙为例，予以分析。

　　兀庵普宁受到北条时赖的诏请赴日，接任兰溪道隆成为建长寺第二代住持。弘化三年（1263），北条时赖去世，普宁失去了强有力的护法，传禅环境变得更加艰难，而且受到对手的诋毁攻击。于是，弘化五年（1265），虽然众人"悲泪劝留"，但是，普宁"坚执不允"，渡海归国。普宁"自赞"正是描绘出了他那种呵佛骂祖、坐断乾坤的勇猛、刚烈的性情。如《宏海侍者请赞》，云：

　　　　这川蓦苴。全不仁者。握起老拳。佛祖也怕。①

《小师景用请赞》，云：

　　　　要赞而无德可赞。要骂而无过可骂。赞与骂不及处。大地而不能载。②

《正因法孙命工绘吾幻质炷礼请赞》直接描述自己的性格、脾性特点，云：

　　　　个样面䫍。阿谁敢拟。威凛凛生。气愤愤地。临济德山。望风

---

①　兀庵普宁：《宏海侍者请赞》，《自赞》，《兀庵普宁禅师语录》卷下。
②　兀庵普宁：《小师景用请赞》，《自赞》，《兀庵普宁禅师语录》卷下。

敬畏。和苏噜之。①

无学祖元目见元军铁蹄践踏宋国河山，佛教也遭到严重破坏，于是，决心东渡日本传扬达磨禅法。在日本，他与北条时宗建立了密切的私人关系，日本五山禅林名宿一翁院豪、高峰显日等人均出自于他的门下，在日本五山文学史上地位非凡。他的"自赞"具有阔达、豪爽、驰骋于万物的雄迈气概，如《太守请赞》云：

> 提断贯索有何凭据。对面瞒人。倒盆索赌。不与千圣同途。不与万法为侣。滞货中原卖不行。却来打动扶桑鼓。
>
> 眼如眉口如椎。手中白拂横挥竖挥。掷大千于方外。驱万象于毫厘。左出右没雷吼电驰。扫空佛界魔界。裹中更有阿谁。咄。②

又有《慧常都寺请赞》云：

> 天地一指。万物一马。红炉片雪飞。分毫定真假。四七二三诸祖师。乌竹篦头俱按下。明头来明头打。暗头来暗头打。不能透此铁壁银山。江北江南一任钻龟打瓦。③

一山一宁是在元朝廷的强烈要求之下东渡的，赴日之初又被怀疑是元朝间谍而遭到幽闭，后来被请到镰仓和京都，宠遇优渥。但是，这一遭遇深刻影响了他在日本弘法传禅的心态和情绪。他多次声称自己"佛法不会，宗说岂通"，"传持无佛法"，"西来无法可传持"，"明明无法

① 兀庵普宁：《正因法孙命工绘吾幻质炷礼请赞》，《自赞》，《兀庵普宁禅师语录》卷下。
② 无学祖元：《太守请赞》，《自赞》，《佛光国师语录》卷第八。
③ 无学祖元：《慧常都寺请赞》，《自赞》，《佛光国师语录》卷第八。

教人"，"无禅可谈，无法可示"。还说"合死唐土，错来海东"，"必有恶业缘，远来扶桑地"，"既是无禅无道，何用逾海越漠"，"唐土不终老，海东被驱到"。这些突出表达了他无意渡扶桑，有心归唐土的强烈愿望，流露出一种无可奈何的心绪。

日本使者来华延请名僧赴日时，竺仙梵仙与明极楚俊相携东渡，欲以佛法大化日本，并受到足利尊氏兄弟的热忱欢迎。竺仙梵仙学识丰富，文采粲然，创作了多部诗文集。其"自赞"描绘了一位殷殷弘法的布道者形象，他具有强烈的传承佛法舍我其谁的责任意识，云"迦叶当年一微笑，千古万古传至今"，"万福大王由昔日，流传今古亦悠哉"。还有殷殷咐嘱、喋喋开示的迫切心情，自称"一片老婆心不歇，六时行道说儿曹"，"侍者参禅无第二，却笑东山太老婆"。

另外，其赞语大量化用典故，辞采丰富，感情昂扬。如：

> 谁将五彩画虚空。八字眉青两睑红。珍重天边双日月。劫初先已点重瞳。蕴程居士请。
>
> 巨灵抬手擘泰华。帝禹奋力疏九州。从此百川东到海。没来现也有来由蕴泰居士请。
>
> 凤台压地梧桐老。鲸海翻空若木高。一片老婆心不歇。六时行道说儿曹。众徒弟请。
>
> 天晴海晏日无云。描画将来转失真。鼻孔里头藏世界。从教笑倒世间人。海晏侍者请。①

本朝名德赞是禅僧对日本国著名高僧和崇信、护持佛法的掌权者之画像所作的颂扬、赞叹之语，始于一山一宁。如一宁语录著录了"上宫太子""上宫太子见病达磨""弘法大师""最明寺""最胜园寺"五则歌颂

---

① 竺仙梵仙：《自赞》，《竺仙和尚语录》卷中。

日本国历史上与佛教关系密切的名人、大德。后来禅人将其归入佛祖赞，如《佛光国师语录》"佛祖赞"之《千光法师》《东福圣一和尚》等。

三、拈古·颂古、小佛事及其他

1. 拈古·颂古

拈古指拈出古则加以批评，这一批评往往要有超出古人公案的画龙点睛之处。《禅林象器笺》引雪峰慧空《东山外集》法语云："拈古之法，无他，只要眼正，有出古人手段。若只到古人田地，亦动他底不得。先德虽谓之公案，欲后人就其节文轻重而断之，使合其宜，然亦不只于此。"①这句话明白揭示出拈古"要眼正，有出古人手段"。拈古的重点在于批评，或抑或扬，或者以之为契机，发而为大机大用。

颂古指拈出古则公案，用简洁的偈颂演说其大义，是禅宗文学的一种。其始于汾阳善昭，《禅林宝训·下》云："卍庵曰：颂始自汾阳，暨雪窦宏其音，显其旨，汪洋乎不可涯。"《汾阳无德禅师语录》著录汾阳颂古一百篇，其《都颂》云："先贤一百则。天下录来传。难知与易会。汾阳颂皎然。空花结空果。非后亦非先。普告诸开士。同明第一玄。"②颂古的意图在于，讽咏吟颂之间深入体会古则之玄义。其重点在于颂扬、称赞，《禅林象器笺》云："颂名，本起于六诗（风赋比兴雅颂），歌诵盛德以告于神明者也。如禅家颂古则举古则为韵语而发明之以为人。亦是歌诵佛祖之盛德而扬其美，故名颂古。"③宋代汾阳善昭以后，禅林颂古创作臻于繁盛。其中，汾阳颂古、雪窦颂古、丹霞颂古、宏智颂古、无门颂古、虚堂颂古被称为"宋代六大颂古"。此外，还有大量的

---

① 无著道忠：《拈古》，《禅林象器笺》第十二类"垂说门"，《禅宗全书》第九十六册，北京图书馆出版社2004年版，第506-507页。

② 汾阳善昭：《都颂》，《汾阳无德禅师语录》卷中，《大正新修大藏经》第四十七册。

③ 无著道忠：《颂古》，《禅林象器笺》第二十一类《经录门》，《禅宗全书》第九十六册，北京图书馆出版社2004年版，第661页下。

颂古集流世，影响较大者如：法应集《禅宗颂古联珠通集》四十卷，子升、如祐集录《禅门诸祖师偈颂》四卷，投子义青之颂古集《空谷集》六卷，丹霞子淳颂古集之《虚堂集》六卷等。

宋元赴日禅僧"拈古""颂古"之作品数量有限，主要有兰溪道隆"颂古"十八则，一山一宁"拈古"六则、"颂古"十三则。拈古、颂古要求学者对古则公案耳熟能详，而且要具备深厚的禅学修养。但是，对日本禅僧之大多数人而言，语言首先是他们难以逾越的修学障碍，因此，"拈古""颂古"这一对禅宗历史和禅宗语言的理解要求很高的文学形式，较难在日本禅林形成规模。如竺仙梵仙《阅大梅皎首座拈古颂古寄之》诗云："已闻梅子熟多时，无数黄金缀满枝。可惜无人能下口，大堪止渴与充饥。"①竺仙指出拈古、颂古具有大机大用，在日本也有禅人创作，但是"可惜无人能下口"，日本禅人对此种禅宗文学形式难以活学活用。

关于拈古与颂古之异同，《碧岩录》云："颂古只是绕路说禅，拈古大纲据款结案而已。"颂古者，颂出古则之奥义，其中或扬或抑，虽涉言语却无斧凿痕迹。其语言如咬铁镂馅，意义艰深奥妙。拈古者，拈起古则加以批评也。其语言关涉理路，意味分明，不若颂古艰涩难懂。兹举例说明如下：

拈古首先举出古则公案的具体内容，云：

> 梁武帝问达磨大师。如何是圣谛第一义。磨云廓然无圣。帝云对朕者谁。磨云不识。

然后，对公案内容予以评点，云：

---

① 竺仙梵仙：《阅大梅皎首座拈古颂古寄之》，《四明竺仙和尚偈颂》，《竺仙和尚语录》卷中。

　　大小祖师。尽力道不得。未免麻缠纸裹。僧问谷隐慈照禅师。如何是道。照云。腊月三十日。①

　　颂古则不必拈出完整的公案，也可以是能够概括公案大旨的几句话或者几个字。如一山一宁《洞山麻三斤》，云：

　　铁蒺藜槌当面掷。忽忙回首已迟迟。春光满眼花含笑。问着东君总不知。②

　　又如兰溪道隆《马大师与西堂百丈南泉玩月》，云：

　　戏出一棚川杂剧。神头鬼面几多般。夜深灯火阑珊甚。应是无人笑倚栏。③

　　另外，除了古则公案之外，禅师也常常拈出佛经中的经典法语予以颂赞，开示众人，如一山一宁颂古《居一切时，不起妄念》。其诗题出自《圆觉经》："诸菩萨及末世众生，居一切时不起妄念，于诸妄心亦不息灭，住妄想境不加了知，于无了知不辨真实。彼诸众生闻是法门，信解受持不生惊畏。是则名为随顺觉性。"其颂云：

　　千峰雨过瞻寒翠。万木霜余看落红。饮啄随缘过时节。谁知身在太平中。④

---

① 一山一宁：《拈古》，《一山国师妙慈弘济大师语录》卷下。
② 一山一宁：《洞山麻三斤》，《颂古》，《一山国师妙慈弘济大师语录》卷下。
③ 兰溪道隆：《马大师与西堂百丈南泉玩月》，《颂古》，《大觉禅师语录》卷下。
④ 一山一宁：《居一切时，不起妄念》，《颂古》，《一山国师妙慈弘济大师语录》卷下。

从宗教文学形式上看，拈古的评语主要是法语，句式自由，用语随意，具有较强的口语性；而颂古是以诗偈的形式对古则、经文进行歌诵，其形式整齐，语言富丽，蕴藉含蓄，具有浓厚的文学色彩。

2. 小佛事

佛事指"托事开示佛法"之开光、安座、拈香、入牌、起龛、秉炬、下火、落发、授衣、付衣、付钵等佛教活动。上文已经介绍过拈香，这里我们来分析一下其他几种在赴日禅僧语录中的呈现，它们不同于拈香，主要以法语的形式存在。如《大觉禅师语录》卷下、《兀庵普宁禅师语录》卷下、《一山国师妙慈弘济大师语录》卷下、《佛光国师语录》卷四和卷九等专门设置"小佛事"类目，收录此类法语，兹举例说明。

开光指佛像落成后，择日致礼供奉，亦曰开眼、开光明，或曰开眼供养。《佛说一切如来安像三昧仪轨经》曰："复为佛像，开眼之光明，如点眼相似，即诵开眼光真言二道。"如无学祖元《开顶相光明》云：

> 身从无相中受生。犹如幻出诸形像。幻人心识本来空。幻化之中无实相。大众还会么。今日翻转七佛面皮。豁开摩醯正眼。双放双收全宾全主。便见。巨福山前斩新日月。瑞鹿峰顶特地乾坤。直得龙吟虎啸。凤翥鸾翔。大海腾波须弥作舞。正恁么时如何。毗婆尸佛到今日。宝印当空是正传。

安座即安置佛像时禅僧应请说法，开示众人的仪式。"不拘新像、古像，凡奉之安殿内时，请宗师家立地数语，此谓安座佛事。"①新佛像未开光点眼者，则可与安座佛事一起举行，因安座之法语中，具有此两种意义；或开光点眼与安座虽一起举行，然二者各请一师。如兰溪道隆

---

①　无著道忠：《安座》，《禅林象器笺》第十二类"垂说门"，《禅宗全书》第九十六册，北京图书馆出版社 2004 年版，第 513 页。

《寿福寺安圣僧》，圣僧指僧堂中央所设佛像之总称①，云：

> 面面相向。尺短寸长。眼眼相看。你坐我立。破颜微笑。其笑
> 有因。终日无言。其言不息。个里明得。不是迦叶波。亦非维摩
> 诘。体露堂堂。因甚无处寻觅。抚圣僧膝云。人若眼里有筋。一见
> 便知端的。②

入牌指示寂禅师、檀那等的牌位请入祖堂、祠堂时说法祭奠亡灵，
开示众人的仪式。挂真则指迁化尊宿之肖像，禅林中有两处可悬挂其肖
像：一为法堂，二为山门之首真亭。③ 如无学祖元《建仁长老入祖
堂》，云：

> 白云青山儿。青山白云父。白云去而青山随。青山走而白云不
> 住。义翁面目俨然。正是子归就父。④

又如《为最明寺殿法光寺殿入祠堂》，云：

> 眼横霄汉。肩耸须弥。大功不宰。盛德巍巍。号令一发兮，烟
> 尘扫迹。熙熙含笑兮，风雨顺时。卸下甲胄。披起衲衣。无影树头
> 千岁果。清风无限在孙枝。⑤

---

　　① 无著道忠：《圣僧》，《禅林象器笺》第五类"灵像门"，《禅宗全书》第九十六
册，北京图书馆出版社 2004 年版，第 173 页。
　　② 兰溪道隆：《寿福寺安圣僧》，《小佛事》，《大觉禅师语录》卷下。
　　③ 无著道忠：《挂真》，《禅林象器笺》第十九类"丧荐门"，《禅宗全书》第九十
六册，北京图书馆出版社 2004 年版，第 620 页。
　　④ 无学祖元，《建仁长老入祖堂》，《小佛事》，《佛光国师语录》卷第四。
　　⑤ 无学祖元：《为最明寺殿法光寺殿入祠堂》，《小佛事》，《佛光国师语录》卷第
四。

　　锁龛、起龛、秉炬、下火、转骨、起骨、煅骨、入塔等是禅门丧荐仪式。锁龛指迁化三日后，纳棺入龛，移至法堂进行加盖封闭之仪式。锁龛时由住持带领众僧举行锁龛佛事。起龛指由家出棺时之佛事。《敕修百丈清规》"送亡"曰："维那出烧香，请起龛佛事。举毕，行者鸣钹，抬龛出山门首。"①如无学祖元《晏监寺锁龛》，云：

　　　　圣箭子，当机疾。生死关中，破尘破的。赏不树，功不立。铁锁高垂古殿寒，从教大地生荆棘。②

　　又如《静上座起龛》，云：

　　　　静处闲浩浩，闹处静悄悄。一处不相当，两头俱失照。作么生。东海正潮生，人在长安道。③

　　秉炬、下火是赴日禅僧语录数量较多的佛事仪式，如兰溪道隆的《为晓首座秉炬》《为德智小师秉炬》《澄禅上人秉炬》《行贤老宿秉炬》《觉上座秉炬》《游岩上座下火》《禅意上座下火》《宗监寺下火》《为正真大师下火》等。葬仪中禅师秉炬，以之象征火葬亡者。旧说秉炬与下火、下炬同义，然据《禅林象器笺》所载，秉炬时所说法语较长，下火时所说法语较短；下火一人行之，秉炬则需数人行之。另外，秉炬、下火都以散行偶句为主，但两者在是否押韵上有较大差别，前者较少押韵，而后者一般押韵，有时通押一韵，有时换韵。兹举例如下：

---

　　①　百丈怀海：《敕修百丈清规》卷第六，《禅宗全书》第八十一册，北京图书馆出版社 2004 年版，第 87 页上。
　　②　无学祖元：《晏监寺锁龛》，《小佛事》，《佛光国师语录》卷第四。
　　③　无学祖元：《静上座起龛》，《小佛事》，《佛光国师语录》卷第四。

《行贤老宿秉炬》

　　勤行在躬，慕贤资志。藏拙众中，惟道是履。时来危坐便行，只以死生游戏。牢关瞥转，更须异类中游；大智洞明，切忌坐在这里。贤老宿，塞却耳根，听吾指示。以火打圆相云：火官头上打秋千，脱壳乌龟飞上天。①

通押一韵之"下火"，如：
《小师慧仙上座下火》

　　念汝求师明大事，半月识得主人翁。四蛇咬倒无根树，扑落虚空不见踪。通身富贵，彻骨贫穷。了无生灭法，烈焰亘天红。②

换韵之"下火"，如：
《定智大师下火》

　　千里寻师求一诀，便知有语非干舌。一条脊梁何太刚，生死到来拗不折。深得禅定，真智现前。掀翻窠臼，不堕盖缠。撒手便行，不思鹤发七旬之母；他日再聚，同结龙华三会之缘。毕竟以何为验，只今定智朗然。当炉莫避炎炎火，拶出乌龟飞上天。③

赴日禅僧语录中其他丧荐佛事著录较少，包括以下几种。
转骨，指入骨于塔时，由寝堂起骨向塔所，途中回转其位置使之向

---

① 兰溪道隆：《行贤老宿秉炬》，《小佛事》，《大觉禅师语录》卷下。
② 无学祖元：《小师慧仙上座下火》，《小佛事》，《佛光国师语录》卷第四。
③ 兰溪道隆：《定智大师下火》，《小佛事》，《大觉禅师语录》卷下。

里，并以茶汤供养亡者，称为转骨佛事。①　如《庵主转骨》，云：

> 竖指擎拳，机如掣电。出生入死，万化千变。换骨灵丹须九转。②

遗骨入塔时所行佛事称为起骨佛事。纳亡僧遗骨或全身于塔内时之仪式称入塔佛事，另外，僧侣称入塔，在家众称入骨。③《敕修百丈清规》卷六曰："鸣钟集众，请起骨佛事，送至塔所，请入塔佛事。"④《安危峰藏主起骨(中秋后)》云：

> 舌底卷风雷。胸中蟠锦绣。机轮转碌碌。古今都穿透。不堕常流。骨格浑别。独骑瘦马踏残月。⑤

《清圻二上座入塔》

> 二由一有。一亦莫守。抹过空劫前。超出涅槃后。搅不浊。澄不清。没圻岸。等空平。酌然双暗复双明。休认山河作眼睛。⑥

---

① 无著道忠：《转骨》，《禅林象器笺》第十九类"丧荐门"，《禅宗全书》第九十六册，北京图书馆出版社 2004 年版，第 624 页。

② 灵山道隐：《灵山和尚业识团》，附录于佐藤秀孝《靈山道隱と「業識團」について》文末，《駒澤大学佛教学部論集第二十八号》，1997 年 10 月，第 221 页。

③ 无著道忠：《入骨》，《禅林象器笺》第十九类"丧荐门"，《禅宗全书》第九十六册，北京图书馆出版社 2004 年版，第 627 页。

④ 百丈怀海：《敕修百丈清规》卷第六，《禅宗全书》第八十一册，北京图书馆出版社 2004 年版，第 88 页上。

⑤ 兀庵普宁：《安危峰藏主起骨(中秋后)》，《小佛事》，《兀庵普宁禅师语录》卷下。

⑥ 兀庵普宁：《清圻二上座入塔》，《小佛事》，《兀庵普宁禅师语录》卷下。

《藏上座入骨》

与汝往来者是藏。死语诳人成自诳。不往来者亦是藏。火乱灰飞收不上。收得上。与谁论。夜听岩溜响。朝看岭云屯。①

《镜书记锻骨》

十虚灵骨。廓无边透过。威音火劫前。毕竟红炉烹。不破听教。碧海浪滔天。②

落发指削发为僧之佛事。
《檀那法光寺殿落发》

了了知了了见。生灭根源一刀截断。斩新风月付儿孙。枝枝叶叶无边春。③

禅师赐衣服予弟子之仪式称受衣佛事。如《受衣佛事》,云:

若欲染色。先去尘垢。若要为僧。须去俗衣。俗衣去了。比丘相圆。通身不挂丝头许。蔷卜丛丛带露寒。④

《付衣一翁长老》

---

① 兀庵普宁:《藏上座入骨》《小佛事》,《兀庵普宁禅师语录》卷下。
② 无学祖元:《镜书记锻骨》,《小佛事》,《佛光国师语录》卷第四。
③ 无学祖元:《檀那法光寺殿落发》,《小佛事》,《佛光国师语录》卷第四。
④ 无学祖元:《受衣佛事》,《小佛事》,《佛光国师语录》卷第九。

佛佛授手。祖祖相传。堂堂密密。此土西天。一翁长老。一肩担荷求人去。更看花发菩提树。大法翁。既荷负千万流通。佛祖授受。间不容发。出纸索书。因书此。以示将来云。时弘安三年中夏。无学翁祖元书。①

3. 锁口诀

锁口诀是法眼宗为了阻断学人的取舍之心而常常采用的方式之一。当学人提出问题时，禅师采取箭锋相拄的锁口诀，将问题毫不容情地堵截回去，阻绝一切可能生起的非分妄想。最早关于锁口诀的记载见于《景德传灯录》，谓"潭州云盖山海会寺用清禅师作颂云：'云盖锁口诀，拟议皆脑裂。拍手趁玄空，云露西山月。'弟子问：'如何是云盖锁口诀？'答曰：'遍天遍地。'"锁口诀通篇运用四言，行文紧凑，环环相扣，一气呵成，如千丈瀑布直冲而下，让人无法介入理性思维；说理透彻明白，直截了当，具有缜密谨严的思辨性，而且没有法语隐晦曲折的特点。锁口诀还较多使用排比手法，在艺术上形成气势磅礴的雄健美，极富感染力，其目的亦是为了阻断理路，直悟当下。

如无学祖元《锁口诀》，先说佛法禅旨遍满十方三界，靡有孑遗。

> 诸佛妙门，列祖的旨。继继绳绳，贵在密契。尺围钥合，纲纽沉细。绵密无缝，隐括幽秘。远兮非遥，近兮非迩。措无所遗，举无不备。横亘十方，竖穷三际。

再言佛法乃"不二"之法，《大乘义章》卷一曰："言不二者，无异之谓也，即是经中一实义也。一实之理，妙寂离相，如如平等，亡于彼此，故云不二。"

---

① 无学祖元：《付衣一翁长老》，《小佛事》，《佛光国师语录》卷第九。

理外无事，事外无理。具一切相，含一切义。启无所开，阖无所闭。出无所从，入无所诣。二兮非一，一兮非二。用则双用，置则双置。随处即宗，如身影尔。

接着，叙述禅宗祖师谱系传承及其典型的禅法特色，将其禅法特色概括为"激扬铿锵，波流岳逝"。

世尊拈花，达磨分髓。曹溪，南岳，百丈，临济，杨岐，白云，圆悟，妙喜，洎至应庵，五十一世。或开或遮，或权或体，或逆或顺，或净或秽，或明或暗，或行异类。激扬铿锵，波流岳逝。如师子筋，如象王鼻，如天鼓声，如鸩鸟尾。

最后，揭示出禅宗普遍使用的说法方式是机缘问答和以偈印心。

百千机缘，河沙妙偈。出没卷舒，三昧游戏。深慈痛悲，布无缘施。绝见绝闻，绝情绝谓。曰放曰收，控恶马辔。曰错曰综，夺魔王帜。箭掷空鸣，风行尘起。龙蛇天渊，迷悟金屎。不入此宗，徒劳拟议。①

第四节　宋元时期赴日禅僧宗教文体之偈颂分析

偈颂一语最早出现于汉译佛典。《法华玄义》卷六将偈颂的生成背

---

① 无学祖元：《锁口诀》，《佛光圆满常照国师住大宋台州真如禅寺语录》，《佛光国师语录》卷第二。

景分为意、事、言三类。李小荣教授《汉译佛典文体及其影响研究》设专章探讨了早期汉译佛典之"偈颂"的类别及其文体性质。台湾学者李立信教授认为汉代佛经偈颂的内容可以分为说理、励志、告诫、叙事等四类。① 吴海勇教授指出偈颂的表达功能主要有七种：代言、写心、叙事、描状、引证、转承、评论等。② 李小荣教授则从阅读经验出发，列举分析了偈颂的十一种表达功能：说理、赞颂、叙事、描摹、抒情、言志、重复、引申、引证、讽喻、总括等。③ 这些著述主要以中古时期的汉译佛典为研究对象。

唐宋时期，中国传统文学瓜葛绵绵，禅宗也得到大发展，两者交融互涉，无论是宗教文学还是传统文学都产生了活泼泼的新气象。就偈颂而言，禅宗门人历来崇尚"以偈印心"、"以偈传法"，但只有到了唐宋时期，偈颂才真正成为了禅宗文学最重要的文体。某些用于传法、证道等特殊场合的偈颂形式逐渐固定下来，成为禅宗偈颂的典型，如悟道偈、传法偈、临终偈等。悟道偈始于六祖慧能，他凭借"菩提本无树，明镜亦非台。本来无一物，何处惹尘埃"一偈，受到五祖弘忍的认可，并获付禅宗衣钵。当然，除了这些被固定下来的主题形式之外，也新产生了大量的抒情言志偈，谈禅说理偈，赠答送别偈和题画偈等偈颂题材。

与中古时期佛经偈颂的多功能相比，唐宋禅宗偈颂具有如下特点：一是继承了早期偈颂侧重说理的教化功能，借物言禅和阐释佛教名相的偈颂占据较大比重；二是汲取了中国文学和佛经偈颂抒情言志的写作传统，更大限度地表达了偈颂的抒情性、艺术性和审美性；三是扩大了偈

---

① 李立信：《论偈颂对我国诗歌所产生之影响——以孔雀东南飞为例》，引自李小荣《汉译佛典文体及其影响研究》，上海古籍出版社 2010 年版，第 125 页。

② 吴海勇：《中古汉译佛经叙事文学研究》，学苑出版社 2004 年版，第 381 页。

③ 李小荣：《汉译佛典文体及其影响研究》，上海古籍出版社 2010 年版，第 126-146 页。

颂的主题和类别，借鉴诗歌的社会性，发掘出了偈颂的实用功能，将偈颂用于赠答、送别等交际活动中。故而，禅宗偈颂逐渐文学化、诗歌化，除了说理偈之外，还产生了抒情偈、言志偈、赠答偈、送别偈、题画偈等偈颂形式。偈颂样式的多样化也促进了偈颂内容的丰富。一方面，阐释佛教教义或禅宗宗旨的说理偈作为他们弘法传禅、倡道日本的文字载体仍然占据主流；另一方面，运用文字般若抒发幽微细腻、真切鲜活的人间情怀，表达"天地与我并生，而万物与我为一"、"一月普现一切水，一切水月一月摄"这一齐同万物、圆融无碍的宗教体悟，此类偈颂"得乎情之至，出乎物之表"①，具有独特的宗教诗学旨趣。接下来，我们就分析一下赴日禅僧所创作的偈颂作品如何展示出了禅宗文学的独特风格。

一、偈颂形式的多样化和内容的诗学化

偈颂"（杂名）梵语偈陀，此译为颂。梵汉双举云偈颂，吴音也。梵之偈陀如此方之诗颂，字数句数有规定，以三字乃至八字为一句，以四句为一偈。"偈是偈陀的简称，华译为颂，即略似于诗的有韵文辞，通常以四句为一偈。严格意义上的偈颂是指以阐发佛理、教义为主，字数固定，句式整齐，在外观上与诗歌相似的一种佛教文学形式。然而，唐以后尤其是在宋元时期，一向主张"不立文字"的禅宗，在事实上出现了"不离文字"的潮流，禅僧文士化倾向普遍。他们吸收、借鉴文人诗歌的形式和元素，出现了新的禅门偈颂形式。这主要表现在两个方面，一是偈颂形式多样化，二是偈颂内容诗学化。下面我们来具体地谈一谈这两方面的内容。

偈颂形式多样化。除了佛教传统的偈颂形式之外，宋元赴日禅僧还创作了句式整齐的律偈和古风类歌行体、古风体、赋体形式的散文偈。

---

① 荫木英雄：《中世禅林诗史》，笠间书院1994年版，第110页。

如，《五山文学全集》第三卷《明极楚俊遗稿》收录的偈颂便具体分为：偈颂古风类、五言律偈和七言律偈，这是一种有意识的分类，体现了偈颂范畴的延展及其内涵的文学化倾向。五言律偈如：

《赵推官舍人茶屋》：名贤襟度别，雅淡似僧家。自汲谷帘水，来煎日铸芽。

○脐汤奏味，瓯面雪呈花。屋以茶标额，真情不尚夸。①

七言律偈，如：

《灌顶寺》：闲登平顶峰头寺，六月松风健客吟。云白不迷樵子径，山青堪洗野人襟。

悬崖有瀑长飞雪，老树无枝可宿禽。我欲傍檐分榻住，世间多是重黄金。②

无论是平仄、押韵、对仗，还是辞藻、句式、构思、意蕴，都与标准的律诗无异，完全可以称为律偈。

再来看一下散文偈。古风类歌行体既有齐言形式的，又有杂言形式的。如，竺仙梵仙《南海歌》是齐言的歌行体，云：

阎浮提洲佛刹土，众流所归百川注。是中含灵固非一，逐浪随波何限数。迦文横身作船筏，一越三千济穷发。吐吞日月战雷霆，溟涨全潮涌还没。人言江汉皆朝宗，不知谁到龙王宫。为问当年善

① 明极楚俊：《赵推官舍人茶屋》，《明极楚俊遗稿》，《五山文学全集》第三卷，思文阁出版社1973年版，第2051页。

② 明极楚俊：《灌顶寺》，《明极楚俊遗稿》，《五山文学全集》第三卷，思文阁出版社1973年版，第2053页。

财子，百城烟水宁相似。①

杂言的歌行体如，明极楚俊《月江歌为巴禅人赋》，偈云：

> 秋江澄，秋月白。两物相资成妙绝。一江月印千江水，千江水
> 月一月摄。智者一见心花开，昧者昏濛无辨别。此时拾得与寒山，
> 对这光明说得别。说得别，见得彻。无物堪比伦，叫我如何说。②

古风体偈颂与古风类诗歌形式一样，仅句式整齐，而不严格规定对
仗、平仄和押韵，可以一韵到底，也可以换韵。如：明极楚俊《宿乌回
寺》偈，云：

> 暮投乌回山，石榻暂一借。化龙竹已苍，栖凤梧未谢。
> 月华照水明，洗我襟怀清。松头有白鹤，便欲翔青冥。③

"借"、"谢"押韵，"清"、"冥"各押一韵。

赋体偈颂数量较少，但是质量上乘，代表着赴日禅僧宗教文学创作
的最高峰。此类偈颂的典范作品当数无学祖元的《送云溪歌》，它借鉴
楚辞的经典艺术形式，书写送别之情和对友人的美好祝愿，辞藻华美，
"参错孔翠之萃菜，离合椒兰之芬芳"，写得十分典雅浪漫，真挚感人。
先后有二十一位方外名胜师表和韩巽甫、虞集两位名士为它写作题跋，

---

① 竺仙梵仙：《南海歌（并引）》，《天柱集》，《竺仙和尚语录》卷下之下，《大正
新修大藏经》第八十册。

② 明极楚俊：《月江歌为巴禅人赋》，《明极楚俊遗稿》，《五山文学全集》第三
卷，思文阁出版社1973年版，第1962页。

③ 明极楚俊，《宿乌回寺》，《明极楚俊遗稿》，《五山文学全集》第三卷，思文阁
出版社1973年版，第2047页。

盛赞"其辞怨而不怒，哀而不伤。读之亹亹情见，使人兴起不已"，"情辞雅淡见乎古风"且"别有清越之趣"，"无屈灵均别离之悲，而有晏平仲善交之叹"。歌曰：

> 梧桐生兮高冈，鸣凤鸾兮朝阳。哀吾生兮诞龙，猗若人兮圭与璋。故山兮瑶草芳，鞭螭虬兮绝大江。大江兮天长，望之子兮歌吉祥。安熙熙兮乐康，朝濯缨兮沧浪。折若木兮扶桑，洁尔佩兮穆芳。夕弭节兮望八荒，繁日星兮煌煌。览物化兮苍黄，萧萧兮自将，德音兮予所望。嗟人生之几何兮，毋消摇以相羊。①

偈颂内容的诗学化。上文所列举出的几则偈，在艺术形式和情感蕴藉这一诗学审美上，完全不亚于苏、黄等大文豪的诗歌作品。从艺术形式来看，僧诗自由地使用赋、比、兴的表现手法。如，明极楚俊《灌顶寺》诗通篇采用赋的手法。《送云溪歌》首句"梧桐生兮高冈，鸣凤鸾兮朝阳"化用《诗经·大雅·卷阿》"凤凰鸣矣，于彼高岗。梧桐生矣，于彼朝阳"句，采用了兴的表现手法，而且祖元有意地对调了原诗的词语位置，组成了新的句子结构，为诗句增添了新的意义。"梧桐生兮高冈"，高高的梧桐生长在山冈上，傲然挺拔，象征友人高洁伟岸的人格；"鸣凤鸾兮朝阳"，在晨光的映照下，凤凰琴瑟和鸣，声音清脆悠扬、婉转动听，凤凰是吉祥之物，以此象征对友人的美好祝愿，也体现出了两人之间情谊深厚。僧诗还采用中国文人诗歌经常使用的倒装结构，"云白不迷樵子径"是"樵子不迷白云径"的倒装，这样做也是为了与下一句"山青堪洗野人襟"构成对仗。同样地，"老树无枝可宿禽"句也使用了倒装结构。此外，上述几则偈无不表达了作者对世间万物由衷

---

① 无学祖元：《送云溪歌〈并序诸老题跋附〉》，《圆觉开山佛光圆满常照国师拾遗杂录》，《佛光国师语录》卷第九，《大正新修大藏经》第八十册。

的喜爱和禅悦之情。在禅僧眼中，"青青翠竹，都是真如。郁郁黄花，无非般若"。所以，他们在表达情感时，往往借景抒情，这就形成了禅宗偈颂情景交融的诗学风格和美学特点。如《灌顶寺》中间两联写景，叙说寺院环境云白山青、瀑飞枝老，一派清幽纯净、生机盎然；尾联通过对比寺院生活的悠然闲适和俗世生活的名利驰求，抒发了对出世隐居生活的喜爱之情，也可以看作是对世人汲汲于功名利禄的劝诫。

二、偈颂的类别

宋代高僧古林清茂、无准师范等的偈颂创作除了传统的说理、抒情题材之外，也出现了赠答偈、送别偈、题画偈等新类型，并且成为后来学人竞相模仿书写的宗教文学典型之一。宋元赴日禅僧中的多数人与古林茂、无准范有直接间接的师承谱系。兀庵普宁、无学祖元是无准范的直系弟子，竺仙梵仙是古林茂的直系弟子，在日本五山文学史上功勋卓著，其门徒几乎占据了五山文学的半壁江山，蔚然形成了"金刚幢"派。他在住持南禅寺期间曾校勘出版《古林清茂禅师拾遗偈颂》两卷，在日本禅林广为传阅。清拙正澄与竺仙梵仙既有同乡之谊，又一同赴日，情谊深厚而且诗文往来频繁。故而，赴日僧们的偈颂作品都存留着古林茂、无准范的影响痕迹。检视赴日禅僧语录可以发现，较早赴日的兰溪道隆、兀庵普宁、一山一宁等人留下的偈颂作品的数量和题材都颇为有限。无学祖元之后，明极楚俊、竺仙梵仙、清拙正澄等禅僧们文学素养深厚，而且宗教文学观念进步，创作了相当数量的偈颂作品，包括说理偈、抒情偈、言志偈、赠答偈、送别偈、开示偈、题画偈等。

1. 说理偈

说理偈是禅师采用诗歌的形式直接或间接地演说佛法、阐释佛理之作。具体来说，其言说路径包括以下几种：一是直接解说佛教名相，体悟佛法大意。如：

《铁船》：收拾六州顽与钝，泼天炉鞴巧镕成。乘时运济含灵去，不似华亭载月明。①

《铁牛》：骨格纯刚蹄角全，轩然鼻孔自辽天。不贪陕府栏边草，肯遍耕翻祖父田。②

《无相》：九十七种元非有，谁言千百亿分身。更于色后声前觅，舜若多神笑转新。③

《无象》：太平不用斩痴顽，鸡犬声中白昼间。四海只知天子贵，不知天子作何颜。④

二是活用禅门公案、文学掌故等表达佛理禅义，这为枯淡寡味的义理说教增添了审美趣味，使其变得典雅厚重、意味隽永。如：

无学祖元《颂世尊拈花迦叶微笑公案府中示众》：老夫一语直如弦，云扫长空雪后天。若也堕他声色里，瞿昙寂灭二千年。⑤

一山一宁《梦庵》：一枕萝窗万境间，槐宫元不异人寰。若于门壁书心字，又在黄粱未熟间。⑥

三是根据学人参禅学道时遇到的障碍以及各人资质的差异，因材施教，运用偈颂开示学人，指点禅人修学法门。如：

《示看藏经僧》：鸟啼鹊噪现成事，岭上山前语太明。大藏从

---

①　一山一宁：《铁船》，《偈颂》，《一山国师妙慈弘济大师语录》卷下。
②　兀庵普宁：《铁牛》，《偈颂》，《兀庵普宁禅师语录》卷下。
③　一山一宁：《无相》，《偈颂》，《一山国师妙慈弘济大师语录》卷下。
④　无学祖元：《无象》，《往来偈颂》，《佛光国师语录》卷第二。
⑤　无学祖元：《颂世尊拈花迦叶微笑公案，府中示众》，《偈颂》，《佛光国师语录》卷第八。
⑥　一山一宁：《梦庵》，《偈颂》，《一山国师妙慈弘济大师语录》卷下。

头翻转看，不知那卷是真经。①

《示愿西禅门》：父母虽亲不是亲，莫于境上觅声尘。若还要出涅槃路，识取拈匙放盏人。②

《与江田五郎》：勒起天聪事若何，风尘动处偃干戈。要为无上觉王将，先斩心中五阴魔。③

《示清上座》：未谙世法善求友，莫学猖狂人自瞒。万事欲为须守分，一身处众自然安。五常不缺尊卑备，三学无亏理事完。再四叮咛须听取，做僧容易守僧难。④

2. 抒情偈

不同于说理偈的超脱空灵、圆融无碍，赴日禅僧写作的抒情偈，旨在咏叹世俗的喜怒哀乐、生老离别，其内容情思深厚、情感真挚，而且往往采用情景交融的艺术手法。下面就来分析一下远赴异域弘法的禅僧们的人间情怀。

第一，赴日禅僧创作了较多的抒发羁旅之情、怀乡之思的偈颂作品，其具体内涵将在第三章展开论述，这里仅举例以作说明，如：

《雪夜作》：寒添少宫齐腰恨，冻结鳌山客路情。一夜打窗声淅沥，又因闲事长无明。⑤

《和一山和尚晴原春望韵》：穷郊雨歇暮天低，四野遐观绝町畦。宾雁尚留淮甸北，春阳只隔楚山西。摩空〇鹢迎风转，脱伍骒

---

① 兰溪道隆：《示看藏经僧》，《偈颂》，《大觉禅师语录》卷下。
② 无学祖元：《示愿西禅门》，《偈颂》，《佛光国师语录》卷第八。
③ 无学祖元：《与江田五郎》，《偈颂》，《佛光国师语录》卷第九。
④ 灵山道隐：《示清上座》，《灵山和尚业识团》，附录于佐藤秀孝《靈山道隱と「業識団」について》文末，《駒澤大学佛教学部論集第二十八号》，1997 年 10 月，第 217 页。
⑤ 一山一宁：《雪夜作》，《偈颂》，《一山国师妙慈弘济大师语录》卷下。

驹背日嘶。莫向东南送游目，神驰涉入恐成迷。①

《和唐小师等来上寿韵》：五年归梦落沧洲。甲子看看数到头。可是有心来日本。自惭无道化阎浮。不嫌临济参黄檗。却笑云门见睦州。舐犊老牛心尚在。吹毛分付与儿流。②

第二，怀念友人之作，如：

《寄石林和尚》：岁晚天寒信不通，上方应念白云穷。柴头米粒重敲点，细雨斜风满浙东。③

《海中夜泊怀仲举师兄》：破头船子打头风，咫尺仙凡信不通。偷眼几回着五两，夜潮谁在海门东。④

第三，抒发幽微的禅悟体验和禅悦之喜，表达对悠然闲适的出家生活的满足和喜爱之情。如：

《灌顶寺》：闲登平顶峰头寺，六月松风健客吟。云白不迷樵子径，山青堪洗野人襟。

悬崖有瀑长飞雪，老树无枝可宿禽。我欲傍檐分榻住，世间多是重黄金。⑤

《次韵无德西堂偶成五首》其一、其二：万事不如闲，一身天地间。岂能如磨蚁，扰扰自循环。

①　明极楚俊：《和一山和尚晴原春望韵》，《明极楚俊遗稿》，《五山文学全集》第三卷，思文阁出版社 1973 年版，第 1973 页。

②　无学祖元：《贺茂庙祈风》，《偈颂》，《佛光国师语录》卷第八。

③　无学祖元：《寄石林和尚》，《往来偈颂》，《佛光国师语录》卷第二。

④　无学祖元：《海中夜泊怀仲举师兄》，《往来偈颂》，《佛光国师语录》卷第二。

⑤　明极楚俊：《灌顶寺》，《明极楚俊遗稿》，《五山文学全集》第三卷，思文阁出版社 1973 年版，第 2053 页。

昨夜五更时，谁将玉管吹。万般嘉韵发，如各有攸司。①

3. 言志偈

尽管赴日禅僧东渡的背景和缘由各异，但是赴日后他们焰续佛法、弘扬禅宗的迫切心情是一样的。这种以光大佛门为己任的强烈责任感，在他们的诗偈作品中表露得十分明确。如：

《自述二》其二：人生天地间，光阴莫虚兢。与祖阐定光，与佛续慧命。头头总现成，一一皆超证。奉劝学道流，急急如律令。②

《贺茂庙祈风》：佛道如今已向东，王臣命我振玄宗。勿忘当日灵山嘱，惠我西南一掉风。③

另外，佛教的传承有赖于人才，但是贤才难觅。他们不时流露出对正人的渴求，希望能够"从今好握金刚杵，碎彼群邪混正流"④。如：《次韵无德西堂偶成五首》其四云：

弹铗叹无鱼，山僧竟不须。何当逢道者，可以付衣盂。⑤

《和唐小师等来上寿韵》：

---

① 竺仙梵仙：《次韵无德西堂偶成五首》，《四明竺仙和尚偈颂》，《竺仙和尚语录》卷中。

② 明极楚俊：《自述二》，《明极楚俊遗稿》，《五山文学全集》第三卷，思文阁出版社 1973 年版，第 2022-2023 页。

③ 无学祖元：《贺茂庙祈风》，《偈颂》，《佛光国师语录》卷第八。

④ 明极楚俊：《送无染林居士东归》，《明极楚俊遗稿》，《五山文学全集》第三卷，思文阁出版社 1973 年版，第 2052 页。

⑤ 竺仙梵仙：《次韵无德西堂偶成五首》，《四明竺仙和尚偈颂》，《竺仙和尚语录》卷中。

五年归梦落沧洲，甲子看看数到头。可是有心来日本，自惭无道化阎浮。

不嫌临济参黄檗，却笑云门见睦州。舐犊老牛心尚在，吹毛分付与儿流。①

他们还时时忧心佛祖慧命，殷殷嘱托禅人大化诸方、恢弘宗猷。如，明极楚俊《送竺禅人游方二》其二云：

祖道正荒凉，道场且激扬。话头休打失，语下便承当。

棒喝混闲事，钩锥著甚忙。箭锋相拄处，孰敢谩论量。②

又，《送人之建长》偈云：

太古清音久不作，祖庭秋晚荒苍苔。遂使丛林抱道士，甘以自为沟断材。

今君去作金陵游，霜台诸彦开青眸。风云际会定可拟，行看大化恢宗猷。③

他们还在上堂说法之时，屡屡述说贤才的重要性，殷殷期盼学人能够振兴纲纪。如一山一宁《谢新旧首座上堂》法语云："丛林纲领贵在得人，得人则宗风振正令行"④，又云："丛林得正人则振兴纲纪。"⑤

---

① 无学祖元：《和唐小师等来上寿韵》，《偈颂》，《佛光国师语录》卷第八。

② 明极楚俊：《送竺禅人游方二》，《明极楚俊遗稿》，《五山文学全集》第三卷，思文阁出版社1973年版，第2051页。

③ 明极楚俊：《送人之建长》，《明极楚俊遗稿》，《五山文学全集》第三卷，思文阁出版社1973年版，第2046页。

④ 一山一宁：《兼住相模州瑞鹿山圆觉兴圣禅寺语录》，《一山国师妙慈弘济大师语录》卷上。

⑤ 一山一宁：《住在城瑞龙山太平兴国南禅禅寺语录》，《一山国师妙慈弘济大师语录》卷上。

　　一方面，赴日禅僧踞坐高台，传持佛法；另一方面，他们又处处表露出对"荣辱升沉总不闻"、"结茅苍碧伴幽人"的山居生活的向往之情。后文将对这种归隐之心加以详细的论述，兹仅举例说明，如：

　　《借何山韵题希睦庵》：拟慕先贤养母亲，结茅苍碧伴幽人。磨砖乃祖自前哲，担版阿师吾后身。

　　暖足黑猫如朴渥，献花白鹿似麒麟。蒲鞋卖得钱多少，日逐无端走市尘。①

　　《山居》：幽居无出野僧家，白屋三间护紫霞。临涧掬泉闲嗽幽，傍篱拾竹自煎茶。

　　黑猿抱子坐闻法，青鹿呼群跪献花。寄语世途尘俗客，淡中滋味实堪夸。②

　　《友人居山》：荣辱升沉总不闻，藤萝为屋荜为门。团团心鉴秋蟾白，一个羲皇世上人。

　　菜叶随流出远溪，古今难泯是和非。荠芽烂煮门深掩，莫放幽香度翠微。③

　　《次韵送宗蕴道人隐居》：寓迹人间年又年。欲求一日静无缘。夜来紫诏从天下。争得随君枕石眠。④

---

　　① 明极楚俊：《借何山韵题希睦庵》，《明极楚俊遗稿》，《五山文学全集》第三卷，思文阁出版社 1973 年版，第 1971-1972 页。
　　② 明极楚俊：《山居》，《明极楚俊遗稿》，《五山文学全集》第三卷，思文阁出版社 1973 年版，第 1972 页。
　　③ 灵山道隐：《友人居山》，《灵山和尚业识团》，附录于佐藤秀孝《靈山道隱と「業識団」について》文末，《駒澤大学佛教学部論集第二十八号》，1997 年 10 月，第 214 页。
　　④ 竺仙梵仙：《次韵送宗蕴道人隐居》，《竺仙和尚天柱集后偈颂》，《竺仙和尚语录》卷下之下。

4. 赠答送别偈

赴日禅僧创作了大量的赠答送别偈，或劝慰、勉励他人毋忘修行、精进佛法，或表达思念旧友的深切情意，或流露出对送别对象的依依惜别之情。赠答送别的对象跨越僧俗两界，包括同侪友人、晚生门人和俗家居士。具体来说，此类偈诗的主要内容有以下几种：一是表达对友人的劝慰、惜别之情，如：

《送俭上人还乡》：特地今朝又问程，扶桑未必在东溟。南朝四百八十寺，那处春山草不青。①

《送旨颐上人之西都》：春天雨后百禽鸣，万叠青山入眼明。一掷乌藤聊赠汝，镇西且作月余程。②

《送章竺卿》：机先一探便抽兵。彼彼难揩古剑腥。吴楚尽头回首望。滹沱风急正流冰。

一语当头略不分。便将挂杖靠松根。山深自是多狼虎。未到黄昏着闭门。③

二是勉励外出游历参学的门人潜心佛法，期盼他们在游历中能够增长慧性、参悟佛旨。另外，也抒发了禅僧自己对昔日参学时光和壮美自然景色的怀念之情。如：

《送凤禅者南游》：我忆南方旧知识，梦寐只今忘不得。几宵携手入无何，白日堂堂睹颜色。

黏空碧海连三山，春焱吹暖晴波翻。我有怀思不解寄，无能为驾飞云轩。

---

① 一山一宁：《送俭上人还乡》，《偈颂》，《一山国师妙慈弘济大师语录》卷下。
② 无学祖元：《送旨颐上人之西都》，《偈颂》，《佛光国师语录》卷第八。
③ 无学祖元：《送章竺卿》，《往来偈颂》，《佛光国师语录》卷第二。

风兮风兮向南去，自与群飞不同趣。一鸣一止知几秋，为吾寄此无言语。①

《送人游台雁》：肩耸玉楼方广寺，眼横银海大龙湫。不知那里乖毫发，一握乌藤万里秋。②

《关禅人》：透得祖师关，十方恣来去。佛亦不奈何，觅甚闲言句。

富士山头雪千尺，苏公堤畔柳摇碧。阅尽中间来去人，不为沧波限南北。

作字送君行，问君作么生。春光正明媚，窗外啼黄莺。③

三是禅师在送人还乡时所作的诗偈，除了抒写赠别之意外，其主要目的是劝慰禅人莫被俗世情感所羁绊，勉励他们坚定修行，焰续佛灯，恢弘祖庭。如：

《送慧尧归乡》：千里投师事有因，空来空去始为亲。脚跟筑破通方眼，地阔天高一片云。④

《送人归四明省亲》：秋风高万山，瘦削复金飔。丹桂枝头脱金粟，苍松午夜翻鲸涛。秋风惊起，秋思摩云霄。侵晨江上租渔舠，十幅布帆轻鸿毛。鄞江水急声滔滔，到家有语休叨叨。双亲见了便回首，祖庭寂寞无今朝。

---

① 竺仙梵仙：《送凤禅者南游》，《四明竺仙和尚偈颂》，《竺仙和尚语录》卷中。

② 灵山道隐：《送人游台雁》，《灵山和尚业识团》，附录于佐藤秀孝《靈山道隱と「業識団」について》文末，《驹泽大学佛教学部论集第二十八号》，1997 年 10 月，第 212 页。

③ 竺仙梵仙：《关禅人》，《四明竺仙和尚偈颂》，《竺仙和尚语录》卷中。

④ 无学祖元：《送慧尧归乡》，《偈颂》，《佛光国师语录》卷第八。

5. 题画偈

题画偈的出现是宋元禅林文士化的表现之一，赴日禅僧将文士生活中的品画、题画之风融于禅院生活之中，并将这一文化传播至日本，影响了五山禅僧的偈颂创作。如，古剑妙快的《题春树暮云图寄海东故人》①、《题画竹二首》②，惟忠通恕的《题画二首》③、《题秋树暮钟图寄为霖濡侍者在天龙寺》④、《题画寄契智侍者》⑤、《题山斋读书图》⑥等。他们的题画偈重视画作的内容与寓意，根据内容的不同，分别从艺术鉴赏和历史文化的角度表达观感，同时对画中蕴涵着的禅理禅趣予以生发。如：

> 《题江村图》：潮落旧沙痕，幽哉断岸濑。乾坤一浮子，谁识弄竿人。⑦
>
> 《题猫儿扑蝶扇子》：静院六窗深，饥鼠久绝迹。闲拏蛱蝶吞，搅得花狼藉。⑧
>
> 《题王乔看棋图》：偶然携斧入深烟，看破仙翁一着先。个里转头红日下，不知尘世几何年。⑨

---

① 古剑妙快：《题春树暮云图寄海东故人》，《了幻集》，《五山文学全集》第三卷，思文阁出版社 1973 年版，第 2132 页。

② 古剑妙快：《题画竹二首》，《了幻集》，《五山文学全集》第三卷，思文阁出版社 1973 年版，第 2134 页。

③ 惟忠通恕：《题画二首》，《云璈猿吟》，《五山文学全集》第三卷，思文阁出版社 1973 年版，第 2431 页。

④ 惟忠通恕：《题秋树暮钟图寄为霖濡侍者在天龙寺》，《云璈猿吟》，《五山文学全集》第三卷，思文阁出版社 1973 年版，第 2431 页。

⑤ 惟忠通恕：《题画寄契智侍者》，《云璈猿吟》，《五山文学全集》第三卷，思文阁出版社 1973 年版，第 2432 页。

⑥ 惟忠通恕：《题山斋读书图》，《云璈猿吟》，《五山文学全集》第三卷，思文阁出版社 1973 年版，第 2464 页。

⑦ 无学祖元：《题江村图》，《偈颂》，《佛光国师语录》卷第八。

⑧ 无学祖元：《题猫儿扑蝶扇子》，《偈颂》，《佛光国师语录》卷第八。

⑨ 无学祖元：《题王乔看棋图》，《偈颂》，《佛光国师语录》卷第八。

《题竹画(四)》：

叶叶战西风，萧郎笔扫空。一声雷电里，龙去不知踪。

湘岸绿猗猗，湘波弄夕晖。美人天共远，独自立多时。

一雨一番新，萧萧入座频。香严犹自可，多福更愁人。

晓露日欲上，岚光一半收。休听竹枝怨，孤桌在东洲。①

6. 咏物偈

赴日禅僧笔下的物象，不论是有生命的，还是无生命的，都有一种活泼泼的可爱的生趣，蕴涵着空灵超脱、圆融无碍的禅机。如《咏雪》偈不仅写出了雪的色泽、形状，还以禅者的眼光和情怀，道出"一夜铺成银世界，不知明月落谁家"之圆融无碍的华严妙境。偈云：

玉楼起粟雕云合，秀气飘空六出花。一夜铺成银世界，不知明月落谁家。②

又如《日本扇》：

金银徒把炫人眸，大抵还他朴实头。孰谓开遮无秀气，临时应用也风流。③

《芦雁》(二首)：

七八叶芦秋影动，两三双雁水痕多。老僧倚杖看不足，万里衡阳几日过。

① 无学祖元：《题竹画》，《偈颂》，《佛光国师语录》卷第八。
② 兰溪道隆：《咏雪》，《偈颂》，《大觉禅师语录》卷下。
③ 兰溪道隆：《日本扇》，《偈颂》，《大觉禅师语录》卷下。

悠悠云水两依依，恰称长空自在飞。望断衡阳秋色里，目前饮啄已忘机。①

《荷鹭》：

沙头立孤鹭，荷露晓风吹。一棹渔舟去，水天清浅时。②

再如：《栗鼠》偈四则托物言志，运用比兴的艺术手法，借松鼠的不同生活习性来象征参禅悟道的不同境界。偈曰：

疏影动昏黄，风吹度暗香。鼠欺僧不在，跳踯过萧墙。
卢橘尚青酸，挽先夺我餐。鼠粘真可怪，虚却待宾桦。
饥火苦相侵，秋风出远林。栗蓬吞得下，方是饱参寻。
冻锁千株，何地无雪。就餐一口，聊止饥渴。③

《芦雁》四则同样借物言禅，从动和静两个角度刻画出了雁的形态，并用"雁过长空远，云行水底天"写出了万法圆融的华严境界。其中第三则描绘出一幅芦雁图，"沙头两三雁，波面几茎芦"，运用芦和雁两种意象阐释了"一花一世界，一叶一如来"的妙悟禅境。

雪苇冷相依，江湖自在飞。东西随饮啄，慎莫下渔矶。
彭蠡明朝去，衡阳几日过。睡翘霜下足，莫是夜寒多。
沙头两三雁，波面几茎芦。此意无人会，空传入画图。

① 无学祖元：《芦雁二首》，《偈颂》，《佛光国师语录》卷第九。
② 无学祖元：《荷鹭》，《偈颂》，《佛光国师语录》卷第九。
③ 无学祖元：《栗鼠》，《偈颂》，《佛光国师语录》卷第八。

雁过长空远，云行水底天。天衣看不破，空坐钓鱼船。①

7. 悼亡偈

赴日禅僧创作的悼亡偈用于祭奠、怀念友人，对象主要是相知甚深的道友。如，竺仙梵仙《悼明极和尚》，云：

少林叶落夜飞霜。达磨孙枝扫地亡。不识归根何似样。海云千里暗扶桑。②

无学祖元《悼净慈断桥和尚》云：

去年一语不相当，几度思量再绝江。忽报藕丝牵玉象，乌藤摩埒又深藏。

祖父田园实可怜，不知契券落谁边。断桥流水无人到，松竹凄凉又一年。③

另外，赴日禅僧在日本受到幕府的大力扶持，与多位幕府掌权者私交颇深，出于现实和情感的需要，他们还作文悼念幕府执权，如无学祖元《悼法光寺殿》六则曰：

远佩迦文肘后方，重寻鹤肋贵传芳。感公西望焚香立，故我迢迢出大唐。

---

① 无学祖元：《芦雁》(四)，《偈颂》，《佛光国师语录》卷第八。

② 竺仙梵仙：《悼明极和尚》，《竺仙和尚天柱集偈颂》，《竺仙和尚语录》卷下之下。

③ 无学祖元：《悼净慈断桥和尚》，《往来偈颂》，《佛光圆满常照国师台州真如禅寺语录》，《佛光国师语录》卷第二。

　　　　自说工夫未彻头，一拳之下辨金鍮。从兹放却闲驴马，海晏河
清七十州。

　　　　吃了拳头拔本难，请师塔样太无端。灼然一点难名邈，直入无
生国里看。

　　　　赏公百计解咨参，得路行时越放憨。自笑户门无锁钥，不知偷
入老僧龛。

　　　　黄金城郭吾为主，不奈被君先手何。留得老夫看破屋，风前不
觉笑呵呵。

　　　　故园田地已荒芜，浊世非吾可久居。剩欲追君便行上，念君孤
寡没人扶。①

　　祖元盛赞时宗乃在世释迦，"感公西望"、"剩欲追君"流露出深切
的感恩、眷念之情。"赏公百计解咨参，得路行时越放憨。自笑户门无
锁钥，不知偷入老僧龛。黄金城郭吾为主，不奈被君先手何。留得老夫
看破屋，风前不觉笑呵呵。"这已经超越简单的君臣、主客关系，而是
一种知音、道友之间的惺惺相惜之情。

第五节　宋元时期赴日禅僧偈颂的文学旨趣

　　佛经云："青青翠竹，都是真如。郁郁黄花，无非般若。故水声风
音，悉示法身说法之化仪。山河大地，并显内证毗卢之相海。若尔者，
妄情分别，念念忆想，不出自心实相。肉眼所对，一一事法，岂隔内证
境界耶。"外物乃心、意的实相呈现，这与传统诗歌情景交融、借景抒
情的艺术手法，在本体和现象上都具有异曲同工之妙。下文就从情与意
的层面，探析赴日禅僧偈颂蕴涵的羁旅情愁和隐居情怀。

---

　　① 　无学祖元：《悼法光寺殿》（六），《偈颂》，《佛光国师语录》卷第八。

一、得乎情之至，出乎物之表——宋元赴日禅僧偈颂中的羁旅情愁

赴日禅僧们离乡背井、远赴重洋，这使他们也如尘世间的羁旅客子一般，涌现出浓浓的乡愁。在异国他乡，他们既面临着语言不通、习俗相异的隔阂，还要遭受来自日本旧佛教界和对手的攻击和谗害，此情此境，不由地使他们生发出人生如梦、世事无常的无奈和叹息。另外，他们孤身天涯、亲旧难逢、道友难觅，故而时时流露出知己难逢的寂寞、凄凉之感。下文就从以上三个层面，分析一下赴日禅僧的羁旅情愁在诗偈中的诸种呈现：

一是慨叹人生如梦，世事无常。无学祖元云："昼骑黄鹄度关山，不觉茅茨日已阑。戏入大槐看斗蚁，一声鸡唱五更残。"①化用文学典故，表达世事变幻无常、人生如梦境般转瞬即逝的喟叹。竺仙梵仙云："何处来飘风，万事如转蓬。乾坤亦不定，道路成汗隆。"②除了感叹生命无常外，他们还否定达摩传禅的意义，认为"西来祖师意，总是一虚舟"。③无学祖元《夜怀初祖》偈借禅宗初祖达摩菩提的故事，抒发自己传禅的情感体悟，云："烟雨蒙蒙古渡头，不堪回首是凉州。西天此土共明月，几处笙歌几处愁。"④同时认为他们自己赴日传禅的生命经历，也只是苏轼笔下"飞鸿踏雪"的写照而已，《四郎金吾求偈》云：

　　秋入扶桑海国寒，白苹红蓼接沙滩。夜来添得孤鸿迹，留与人间作画看。⑤

---

①　无学祖元：《梦庵》，《偈颂》，《佛光国师语录》卷第八。
②　竺仙梵仙：《拟古三首次中岩首座韵》，《竺仙和尚天柱集偈颂》，《竺仙和尚语录》卷下之下。
③　无学祖元：《平金吾乞语》，《佛光国师语录》卷第八。
④　无学祖元：《夜怀初祖》，《佛光国师语录》卷第八。
⑤　无学祖元：《四郎金吾求偈》，《佛光国师语录》卷第八。

无学祖元的《自悼》七首，可以看成是赴日禅僧们复杂人生体验和生命感悟的一个缩影。偈云：

> 颓然齿豁又头童，一息青山万劫空。后二千年云水客，是谁来此吊孤踪。
>
> 为法求人日本来，珠回玉转委荒苔。大唐沈却孤筇影，添得扶桑一掬灰。
>
> 的的由来没可名，水中沤沫镜中形。劫初田地谁为主，沧海波涛夜不停。
>
> 七尺棱层侪狗身，一堆红焰作飞尘。白云流水寒溪曲，青草年年补烧痕。
>
> 本无生灭是真常，暂出阎浮借路行。更听老夫真实说，一函白骨乱纵横。
>
> 灼然悲愿示无穷，是处青山有古松。有舌不谈无舌句，朝朝呵雨又呵风。
>
> 学翁睡熟正悠哉，花木堂前万象开。毕竟分身谁是伴，牛头去了马头回。①

既有身世之叹，"大唐沈却孤筇影，添得扶桑一掬灰"，离乡背土多年，即将埋骨他乡，却不知"后二千年云水客，是谁来此吊孤踪"，思及此，不禁兴起无限的哀思；亦有对大业未成身已衰的悲叹，本是"为法求人"而来到日本，转眼间却已经"珠回玉转委荒苔"；更多的则是对生灭无常、天道轮回、色空不二的慨叹，"本无生灭是真常，暂出阎浮借路行"，"毕竟分身谁是伴，牛头去了马头回"，"白云流水寒溪

---

① 无学祖元：《自悼》(七)，《佛光国师语录》卷第八。

曲，青草年年补烧痕"。

二是他们孤身天涯，深刻体会到知己难逢的寂寞、凄凉之感，"天寒孤客眼青寒，常忆知心竟杳然"①。他们独居异国，时时怀念故国，思念旧友，但是，他们也清醒地认识到现实中的故国已然物是人非事事休，"归心半落水云边，又看巴江江上猿。一声啼断碧天莫，回首何人在故园"②，进而发出了"乡关梦冷乡音少，地阔天遥可奈何"③的沉重叹息。

三是赴日禅僧萦绕于心的归乡之念。禅僧们东渡之后，面对的是全然陌生的人、事、物，语言有障碍、弘法受阻甚至还会遭遇缧绁之灾。在这样一种陌生而不安的环境中，其内心的归乡之念和故国之思比其他的天涯游子来得更为深沉而热烈。因此，一方面，他们直抒胸臆，明言对故国家乡的思恋，期盼早日归国。如，无学祖元诗偈中多次出现"故园""归"等词汇，《辞檀那求归唐》云："故园望断碧天长，那更衰龄近夕阳。补报大朝心已毕，送归太白了残生。"④《杜工部》偈云："晚眺独依依，寒江一蹇驴。故园归未得，斜雁落平芜。"⑤《慧龙求语归乡》偈云："藤花落地满池香，一阁清风赠子行。归到故园重检点，莫言无物献尊堂。"⑥这首偈语既是对慧龙的劝慰，也表露出了自己对父母的殷切思念之情。

另一方面，赴日禅僧的归乡之念还反映在他们对故国山河美景和自然风物的无限怀念上。此类诗偈情景交融，他们虽然身处异域，但是描写的自然景物如在目前，玲珑剔透，不可凑泊。他们最常怀恋的是太

---

①　无学祖元：《招照禅人》，《佛光国师语录》卷第八。
②　无学祖元：《画猿》，《偈颂》，《佛光国师语录》卷第九。
③　清拙正澄：《和白云庵寄谢圣福石梁和尚韵》，《禅居集》，《五山文学全集》第一卷，思文阁出版社1973年版，第464页。
④　无学祖元：《辞檀那求归唐》，《偈颂》，《佛光国师语录》卷第八。
⑤　无学祖元：《杜工部》，《佛光国师语录》卷第八。
⑥　无学祖元：《慧龙求语归乡》，《偈颂》，《佛光国师语录》卷第八。

湖、西湖、太白山等名胜，如：

> 《怀太湖》：万里江湖锦作堆，绿蒲红芰映亭台。淡烟半落孤山后，一抹斜阳镜面开。①
>
> 《怀太白》：秋光瑟瑟漾勾丝，水碧沙明眼似眉。夜静不知沧海阔，几随宿鹭下烟碛。②

他们在上堂时也会运用西湖、太白等意象，阐述佛理，开示大众。如：

> 别山断桥二法兄讣音至，上堂：南山白额虫，撞倒太白峰。直得西湖彻底枯竭，东海怒浪翻空，安汉圭峰拊掌，天台尊者槌胸郎忙。日本国里打鼓，大唐国里撞钟。何也？兄弟添十字，此意孰能穷。拍膝一下，嘘一声，下座。③

此外，赴日禅僧的归乡之念与道业无成、佛法无可传持的喟叹交织，使得他们的羁旅情愁更加深沉、更加复杂。宋光宗绍熙三年（1192）临济宗传入日本，宝庆三年（1227）曹洞宗传入日本。至兰溪道隆赴日的1248年，日本禅宗仅仅发展了半个多世纪，禅法尚未被普遍接受。虽然禅宗受到了幕府和武士的拥护，但是天台宗、真言宗等日本旧佛教宗派势力依然强劲。他们有心传扬正法，导正日本禅林的种种乱象，但是面对现实的重重阻碍，深深感到力不从心。而且，他们在日本的传法环境并不乐观，有时候甚至会遭遇被流放的厄运。这种情绪在他们的作品中表露颇多。一山一宁《自赞》可以说是他"有心归唐土，无意

---

① 无学祖元：《怀太湖》，《偈颂》，《佛光国师语录》卷第八。
② 无学祖元：《怀太白》，《偈颂》，《佛光国师语录》卷第八。
③ 兀庵普宁：《住巨福山建长兴国禅寺语录》，《兀庵和尚语录》卷中。

留扶桑"之心境的独白，称自己"佛法不会，宗说岂通。怀藏短拙，卖弄赤穷"，"无佛法可传持，世事不能料理"，"既是无禅无道，何用逾海越漠"，"西来无法可传持，合向深云遁过时。强据胡床扫禅病，累他佛祖暗攒眉"，"明明无法教人，只有嗔拳热喝"，"无禅可谈，无法可示"，否定自身的佛法修行。另外，一山一宁还说自己"必有恶业缘，远来扶桑地"，"合死唐土，错来海东"，"唐土不终老，海东被驱到"，再三表明来到日本实非自己所愿，彻底否定东渡的因缘和意义。无学祖元《和唐小师等来上寿韵》说：

> 五年归梦落沧洲，甲子看看数到头。可是有心来日本，自惭无道化阎浮。不嫌临济参黄檗，却笑云门见睦州。舐犊老牛心尚在，吹毛分付与儿流。[①]

二、天地闭作吾幽居，纵横出没绝踪迹——宋元赴日禅僧偈颂中的隐居情怀

现实中举步维艰的传禅经历与佛教崇尚归隐的文化心理，造就了宋元赴日禅僧以"天地闭作吾幽居"，"纵横出没绝踪迹"为志向的隐居情怀。宋代禅僧东渡之时，南宋朝廷已然风雨飘摇，岌岌可危，到了元代，东渡禅僧们又被烙上了"遗民"的身份。这一忧患意识和身份认同感既是促使他们背井离乡、独处异国以"振玄宗"为己任的心理动机，也是导致他们时时眷念祖国、忧虑民族未来的现实原因。而且，虽然受到幕府和天皇的大力赞叹和扶持，但是他们在日本禅林的弘法实践并不是一帆风顺的，反而经常受到来自日本旧佛教和敌对势力的阻挠、攻讦。另外，佛经讲"道法隐处乐众非道"，崇尚归隐、歆羡山居生活可

---

① 无学祖元：《和唐小师等来上寿韵》，《偈颂》，《佛光国师语录》卷第八。

以说是禅林悠远的文化传统。赴日禅僧偈颂作品中崇尚归隐的意涵体现在两个方面。

其一，书写佛教隐居生活的山居诗是世人津津乐道的经典诗歌主题之一，赴日禅僧继承了山居诗的写作传统和文化好尚。此类诗偈往往流露出远离尘世间的荣辱升沉和纷繁扰攘的迫切愿望，如《寄明首座》偈云：

> 闻说蒙山去独居，我方逐队竟何如。乾坤只作一间屋，那得诛茅别置庐。①

称赞明首座蒙山独居，是与天地为一的大化之行；同时，反思自身逐物迷人，沉沦世事。通过归隐与入世的对比，鲜明地表露出了作者的好尚。《次韵送宗蕴道人隐居》更为直接地说出了禅僧疲于应对人间事，向往枕石而眠的隐居生活，偈云：

> 寓迹人间年又年，欲求一日静无缘。夜来紫诏从天下，争得随君枕石眠。

赴日禅僧理想中的隐居生活是"天地与我并生，而万物与我为一"，是"把茅高结白云层""荣辱升沉总不闻"的恬淡闲适，是"临涧掬泉闲嗽幽，傍篱拾竹自煎茶""或时游赏吟且哦，或时宴坐还婆娑"的任运自在，是"妙转化权归象外，万灵千圣总虚名""纵横出没绝踪迹，天地万物如吾何"的妙化象外。

其二，赴日禅僧继承了"道法隐处"的禅宗思维，和儒道两家之高

---

① 竺仙梵仙：《寄明首座》，《竺仙和尚天柱集偈颂》，《竺仙和尚语录》卷下之下。

尚隐士的精神追求，即"密藏深处道方高"的文化传统，一起丰富了"隐"的形式和内涵。无学祖元《随隐》序称："天地闭，贤人隐。吾道亦犹是欤。然古之言夫隐者亦多矣。而随之一字犹罕且至也。又吾所谓隐者，岂世间退遁其身，不事王侯高尚其事，可同语哉。"然后，吟咏出了与天地共生，与万物悠游逍遥的隐居生活情状，表露出作者对隐居的理性认知。偈云：

> 潜藏之道无所拘，天地闭作吾幽居。天高地厚同尔汝，天翻地覆长如如。在一切处谁解见，但觉眼随天地转。卷而怀之亦在我，一切摄归成一片。或时游赏吟且哦，或时宴坐还婆娑。纵横出没绝踪迹，天地万物如吾何。①

赴日禅僧的"隐"思想，往往通过具象的物呈现出来，如岩、松、云、梅等自然之物。它们作为"隐"的载体，使隐居超越了精神追求的层面，而具有了现实的意味。一般文士的隐居追求处江湖之远，而禅僧的隐居主张吾心安处即是家，在这个层面上，禅僧的隐居情怀蕴藉了浓厚的禅宗思想。兹举数例如下：

> 《隐岩》：幽棲峭壁意无他，石屋玲珑好住家。莫谓生涯常欠足，年年春雨长苔花。②
> 《松隐》：万本苍官绕屋○，幽居静室分应甘。直饶宣赐黄麻诏，紧上柴扉不放参。③

---

① 竺仙梵仙：《随隐》，《竺仙和尚天柱集偈颂》，《竺仙和尚语录》卷下之下。
② 明极楚俊：《隐岩》，《明极楚俊遗稿》，《五山文学全集》第三卷，思文阁出版社1973年版，第1988页。
③ 明极楚俊：《松隐》，《明极楚俊遗稿》，《五山文学全集》第三卷，思文阁出版社1973年版，第2018页。

《梅隐》：千树琼英绕砌开，肯容花片点苍苔。逋仙不善藏行迹，吟出暗香疏影来。①

《云隐》：极到无心万里空，山川犹隔几千重。有时挂在青天上，转脑回头没讨踪。②

综上，本章从宗教文学和宗教诗学的视阈，对宋元时期赴日禅僧及其宗教文学作品进行了初步考察。基本上厘清了宋元赴日禅僧的生平及其著述情形。重点分析了他们创作的宗教文学作品的经典文体形式及其宗教文学特质，一是语录，一是偈颂。一方面，结合《禅林象器笺》和《敕修百丈清规》等禅宗文献关于佛教垂说、经录类别及其仪式的记载，梳理、论述了宋元赴日禅僧语录所包括的文体类别及其文学性。另一方面，分析了偈颂作品形式的多样化和内容的诗学化特点，并对偈颂的题材作了分类解说，在此基础上，又从天涯游子的羁旅情愁和出世间的隐居情怀两个层面，论述了偈颂的文学旨趣。

---

① 明极楚俊：《梅隐》，《明极楚俊遗稿》，《五山文学全集》第三卷，思文阁出版社1973年版，第2027-2028页。

② 清拙正澄：《云隐》，《禅居集》，《五山文学全集》第一卷，思文阁出版社1973年版，第436页。

第三章　阳明心学与明代后期八股文

八股文是明代科举考试的重要文体，通称"制义"，此外还有制艺、经义、时文、四书文等名称，以四书五经和程朱传注为命题和作答范围。八股文兴盛于明代，至清末随着科举制度的废除而湮没，对明清社会各方面有空前的影响，是了解明清文学与社会不可缺少的论题。

以往的八股文研究，主要有两个方向。一是面向新文化运动以来否定八股文的立场，探讨八股文的渊源、体式，并对八股文的价值做正反两方面的讨论；二是从文学立场出发，探讨八股文与明清文学的关系。这两方面的研究都出现了一系列的代表著作。

然而应该特别注意的是，八股文在明清是一种极为重要的文体和文学现象，它依附"科举"，以儒家经典为范围，构建了当时社会的主流意识形态，对士人的精神生活保持着深远影响。在这一视野下，引入八股文与明代社会思想文化的关系的研究，就显得格外必要，这也是对现有的八股文研究的补充。

阳明心学是明代社会产生重大影响的儒学思潮，兴起于八股文鼎盛的正德、嘉靖时期，王阳明倡导的"格物"、"知行合一"、"致良知"和"人人皆可为圣贤"等对程朱传注有了大胆的新变，开启了儒学的新时代。明代后期，阳明心学取代程朱理学成为思想界的主流，建立在程朱理学基础上的八股文必然会向阳明心学倾斜。

本章着眼于"阳明心学"与"明代后期八股文"之间的内在关联，旨在分析阳明心学对明代后期八股文总体风貌的形塑，探析明代后期八股文所受阳明心学的影响，希望能对明后期八股文有更为准确的把握。

第一节　国家意识形态禁锢下的阳明心学与八股文坛

自明太祖初设科举及明成祖颁布三部《大全》，程朱理学便成为八股取士的唯一标准，士子作文谨遵传注，无丝毫逾越。这个现象一直持续到明中期。阳明心学兴起于八股文的鼎盛期，王阳明倡导的思想对程朱传注有了大胆的新变。阳明心学对程朱理学的修正以及它本身所具有的进步意义使它风靡明中后期的思想界，程朱理学的地位逐渐发生动摇。正德、嘉靖年间，由于朝廷对于阳明学说的禁令，士子尚不敢在八股文中公然体现出心学思想。但是实际上，这时阳明心学的追随者越来越多，其中甚至不乏身居高位者。在他们的努力下，隆庆元年，王阳明的死后恤典被追回，王学得到官方承认，心学空前扩展。隆庆二年会试，主考官李春芳在其程文中引阳明语录。自此，阳明心学逐渐渗入八股文。

一、程朱理学是八股取士的钦定标准

明朝沿用元朝的取士制度，于立国之初兴科举，就四书五经取题，以程朱之学作为八股取士的标准。明太祖在洪武三年初设科举时，规定了科考的文字程式，考生作文可选用古注疏或程朱注疏。洪武十七年，正式颁布科举程式，明确规定《四书》要以《朱子集注》为标准，《诗》《易》只能依程朱传注，已然有以程朱理学为尊的趋势。

这一趋势由明成祖继承并确认。永乐十二年，明成祖令儒臣集诸家传注、周程张朱诸君子性理之言，编三部《大全》。《五经四书性理大全》以程朱理学为主解释儒家经典，书成之后，于永乐十五年颁行天下，目的在于统一学术及士人思想，以兴教化、正人心。这三部《大全》的颁行意味着程朱理学已占据明朝官方的思想统治地位，士子作八股遂依程朱传注，古注疏逐渐遭到抛弃。

由于明代科举考试从四书五经中取题，且主考四书文，五经只取其一门即可，而四书必须参以朱熹集注，因此朱学更成为八股文的绝对正宗。

四书重于六经，而又以朱注为尊，由此，程朱理学尤其是朱学，完全成为八股取士的标准。士子自小学习举业，饱受程朱思想的浸淫，行文谨遵程朱传注。弘治年间，即便是王阳明本人的八股文也谨遵朱注。

明成祖之后，程朱理学地位越趋权威化。程朱之学不单只是科考标准，更成为明王朝官方的思想形态。永乐二年的朱季友事件，明显地体现了明王朝以程朱理学为规矩，来控制士人的思想。永乐二年，朱季友热心向朝廷献书，其结果却是灾难性的：明成祖重惩朱季友，以儆效尤。朱季友此时已年届古稀，却仍遭押解还籍，杖责示罚以及当众焚书。朱季友事件只是私人解经与官方思想控制的冲突的开始。终有明一朝，此类事件并未断绝，而朝廷对私人解经的打压也愈加严厉。

一般而言，朝廷对这些试图修正或者反对程朱的士人，都会处以"焚书"、"押遣还乡"、"夺官"等惩罚，与秦始皇"焚书坑儒"之举，程度不同而用意一致：以官方思想排拒私人学说，巩固皇权的地位。在皇权加持之下，程朱之学于相当长的时期，都轻易地击退了来自私人著述的挑战。皇权与士人之间的关系，首先集中表现为科举制度，明朝科举以八股为宗，那么依傍皇权的程朱理学，自然被设立为八股取士的标准。程朱理学与作为国家取士制度的八股文，是典型的共生关系。

程朱理学成为八股取士的标准的过程，同时也是它成为明朝官方统治意识形态的过程。无论是八股取士，抑或是作为八股取士标准的程朱理学，都是为培养明朝官方所需要的人才而服务的，二者交互贯通，推动了彼此在有明一朝官方地位的确立，是明朝社会长期稳定发展的保障。

二、阳明心学对钦定程朱理学的冲击

自明初至成化百余年间，程朱理学占据主流地位，深得官方青睐，成为当时学术和思想的权威。一方面，朝廷以程朱理学为唯一标准，士人一旦有对经书的独立见解，便会受到严厉惩罚；另一方面，士子埋首于程朱传注以期取得科考功名，程朱理学逐渐八股化、程式化、功利化，因而流弊渐显。王阳明批判程朱理学在学术和思想上的弊端，认为士人对程朱传注的条分缕析，只是"记诵辞章"、因袭摹拟，会造成思想、学术的僵化和支离破碎。

八股取士制度愈趋成熟，程朱理学随之日益僵化，势必导致士人试图在思想和学术上另辟蹊径；而明中期的政治腐败、宦官佞臣横行，又在客观上催促一种新思想的产生，以满足士人在精神上的自我安顿与情感慰藉。早于王阳明的陈献章，就为明代士人的精神安顿指示了新的方向。

陈献章，主要活动于景泰、成化、弘治年间，世称白沙先生。陈献章疏离程朱理学，倾向陆九渊心学，强调"本心"、"自然"，有"天地我立，万化我出，而宇宙在我"的明确主张；在个人处世的选择上，也更亲近山林，亲身实践着"自然"、"自得"的生活方式，致力于授徒讲学。凡此，都在混乱的明朝政治现实之外，提供了更安定、更自在的精神空间。陈献章的白沙心学，影响深远，启发了包括湛若水、王阳明在内的一批士人。阳明心学舍弃程朱，延续陆九渊、陈献章的心学脉络，在更为严酷的政治和文化现实背景里应运而生。

阳明心学兴起于八股文的鼎盛期。王阳明倡导的思想对程朱传注有了大胆的新变，开启了儒学的新时代。王阳明曾论及自己对朱子学说不认同的原因，称"我说的话和朱熹说的话有时候不一样，这是因为我们对一个观点理解的切入点有所不同，我们不得不进行分辨。但是我和朱子的心，并没有不同。若其余文义解得明当处，如何动得一字"？①　正德十三年，王阳明《古本大学》刻录成书。该书是其对程朱理学所依据的主要经典的重新诠释，是"首次公开而正式地反对朱子的学说"，"象征一个对立于程朱官学之阳明学派的成立"。此后，阳明心学被士人广泛接受，信徒遍及各地。

阳明心学对程朱理学的修正以及它本身所具有的进步意义吸引了士人对它的追求。儒者由笃信程朱而信奉阳明，蔚为风气。

然而阳明心学的发展并不顺利。它在思想和立场上，都与官方意识形态格格不入，直接威胁程朱理学的地位，也就必然招致官方打压。朝廷严令禁止阳明学说，认为心学是"伪学"、"异说"。早在阳明心学还未全面蔓延开来的嘉靖初年，朝廷为了严格控制士人思想，便已有明确程朱理学为"正学"、以程朱理学独尊之谕，规定举子学作八股、朝廷八股取士务必依程朱之言。

廷臣与皇帝的言辞之间，所谓"取陆九渊之简便，惮朱熹为支离"，所谓"时弊"，所谓"习多诡异"、"叛道不经"，都是在以冠冕的语气指向阳明心学。不直指其名而从侧面道出，更表示了对阳明心学的漠视。

此后，官方对阳明心学的打压一步步激化：嘉靖二年，会试策问第二题以"心学"发问，甚至说到要焚书禁学，以此排斥、压制阳明心学。嘉靖七年，明世宗明确表示对阳明学说的不满，他把王阳明的战事胜利的报告给手下的杨一清等人看，说王守仁夸耀功绩和他的学术思想。②嘉靖八年，王阳明卒，朝臣向朝廷控告王守仁做事不遵循古道，说话也不自称老师，想以异端思想成名，但又不是朱子之论，他还写了《朱熹

---

① （明）王阳明《传习录》卷上98，见陈荣捷《王阳明传习录详注集评》，华东师范大学出版社2009年版，第70页。

② （清）夏燮著，沈仲九标点：《明通鉴》卷五四，嘉靖七年闰七月，中华书局1980年版，第2028页。

晚年定论》这本书，让他的学生们相互唱和学习。① 王阳明生前的文治武功已为他取得相当高的政治地位，而他死后却被削爵位、无恤典赠谥；同时朝廷还下禁伪学诏，官方宣布阳明心学为"邪说"、"伪学"，认为阳明心学诋毁先儒、坏人心术，不准士人传习。自此，明世宗对阳明心学的禁锢越发严密，王门弟子纷纷被贬官治罪。

在这种情况下，尽管阳明心学发展迅速、从者众多，阳明弟子及心学追随者也不敢明目张胆地以心学入八股，士子作八股文仍多依程朱理学。在八股文这一"前沿阵线"，程朱理学仍然维持了上风。但是，随着阳明心学的猛烈冲击，程朱理学作为八股取士唯一标准的地位必然会产生动摇。

三、阳明心学与嘉靖年间的八股文

嘉靖一朝，明世宗专制独裁，对士人进行政治压迫和思想控制。"大礼议"事件②后，明世宗确立起绝对皇权，自此，倘有士人不合其心意，即遭贬入狱。③ 守道谏君的正直臣子遭贬获罪，阿谀奉承的小人却受到重用，这就导致嘉靖中后期官场争权夺利、贪污腐败的风气愈加严重。政治的黑暗使得身处官场的士人们进退两难，而阳明心学的某些内容正迎合了这一群体。嘉靖元年，王阳明归越讲学，讲学规模"可谓自孔子以来所罕有"，阳明心学在士人中迅速传播。嘉靖六年，王阳明殁。尽管阳明学说屡受朝廷禁止，其影响却空前扩大。

整个嘉靖朝，许多中试举子乃至通过科考层层筛选出来的朝廷官

---

① （清）张廷玉等撰：《明史·王守仁传》。

② "大礼议"即指朝廷如何对待世宗生父兴献王之称呼与地位的争论。明武宗死后无子嗣，世宗为其堂弟。世宗即位后，以大臣杨廷和为主的文官主张世宗以兴献王为"皇伯考"，而世宗为兴献王独子，如此一来便绝兴献王之嗣。最终世宗获胜，得以尊其父为兴献皇帝。后来，反对派多遭杖死或流放。

③ （清）张廷玉等撰：《明史·余珊传》。

员，都是阳明心学的信徒，其中唐顺之、茅坤、薛应旂、瞿景淳、许孚远等更是当时的八股文大家。他们的八股文与阳明心学的兴盛有密切关系。

唐顺之（1507—1560），人称"荆川先生"。嘉靖八年（1529）会试第一，廷试二甲第一。他是"明代举子业最擅名者"①。唐顺之受阳明弟子王畿的影响很大，他的学术思想从王畿那里承继得比较多，只是没有拜王畿为师而已，因而被黄宗羲列入《明儒学案》之"南中王门学案"。唐顺之一生致力于八股制艺，即便是取得功名后也坚持写作。唐顺之在教导诸生作八股文时，即已表现出心学思想。

唐顺之认为，决定士子走向"义途"或"利途"的关键在于心之所向。即使表面上是借举业求取功名，但只要有"万物一体之心"，就不会妨碍行义之路。无论是教导举业还是古六艺，心之所向都非常关键，必须去除"干名好进"、"争能务胜"之心。

唐顺之不仅信奉和推崇阳明心学，而且将心学思想融入八股文，因而他的八股文创作较同时代的人更为自由灵活，这尤其表现为他"以古文为时文"的主张。所谓"以古文为时文"，即在不违背"代圣贤立言"的根本宗旨下，将古文的风格气韵、创作法度融入八股文，吸收古文的内容和语言特点，不拘泥于僵硬呆滞的八股文程式和程朱理学的束缚。《钦定四书文》选录唐顺之八股文共21篇，在明代仅次于陈际泰、归有光、金声诸人，方苞评其《此之为絜矩之道合下十六节》一文云："贯通章旨，首尾天然绾合，缘熟于古文法度，循题腠理，随手自成剪裁"。②唐顺之的八股文有经史的韵味，长于议论；采用古文的章法技巧，股法富于变化，显得抑扬顿挫、气势恢弘。唐顺之的"以古文为时文"之风

---

① 《明史》将唐顺之与王鏊、胡友信、归有光并列为"明代举子业最擅名者"。（清）张廷玉等撰：《明史·胡友信传》。

② （清）方苞编，王同舟、李澜校注：《钦定四书文校注》，武汉大学出版社2009年版，第101页。

气使当时的八股文坛面貌为之一新，对明中后期的八股文产生全面而深刻的影响。

此期"以古文为时文"风气的另一位代表，是名家茅坤。和唐顺之相似，茅坤也与阳明心学颇有渊源。茅坤，嘉靖十七年（1538）进士，工制义。虽然茅坤并不被视作王门后学，但是他的思想和创作却与阳明心学密不可分。茅坤非常推崇王阳明，折心唐顺之，与唐顺之、蔡白石、王宗沐、许孚远等心学人物交游甚密，常有书信诗文往来。因此，茅坤难免会接触到心学思想，其八股文创作也随之受到影响。俞长城谓茅坤："茅坤对于经典古籍非常熟悉，善于吸收古人的奥义，在明代的古文中，擅长取法王守仁，在八股文中，则学习唐顺之。"茅坤学习唐顺之"以古文为时文"，他说："吾为举业，往往以古调行今文。"他的八股文清空疏逸、古雅温醇，方苞评其文云："鹿门深得古文疏逸处，涉笔便尔洒然，如此典重题，落落写意，已领其体要"。① 除去自己亲身创作八股文之外，茅坤更以评点八股文的口气，评选唐宋八大家的古文。

薛应旂，嘉靖十四年（1535）进士，为明代制义四大家之一。他学宗王守仁，曾受阳明弟子欧阳德指点，与王门其他门派人员均有往来。但薛应旂有自己的心学见解，他认识到以王畿为首的王门弟子援佛入儒、放纵清谈的弊端，"置龙溪于察典"，以致王门后学不许其称王门中人。然而黄宗羲却认为他其实是借此以正学术，因而将他和唐顺之同列入"南中王门学案"。② 薛应旂对阳明心学的接受，尤其表现在教诲诸生时并不强调谨遵朱注③，这使两浙文风自此一振：

---

① （清）方苞编，王同舟、李澜校注：《钦定四书文校注》，武汉大学出版社2009年版，第174-175页。

② （清）黄宗羲：《明儒学案》，中华书局1985年版，第592页。

③ "诸儒之说有足以发明孔孟之真传，而订正朱子之所未尽者，诸生能阐发其旨，即文不甚工，亟置高等，不然，弗录也。"

辛亥薛仲常自南考功督两浙学政,初考湖州,出"及其至也虽圣人亦有所不知焉",所奖者皆不依朱注"问礼"、"问官"解。考嘉兴,出"居敬而行简二节",诸生凡用"仲弓未喻夫子可字之意"解者,厉声叱其浅陋,且以臆见辩驳数百言。夫乡之士大夫方趋"致良知"之新说,而使者又厌薄先儒,助之淈泥扬波,《桑柔》之五章,当时亦有为薛氏赋者乎?

薛应旂并不是有意反对朱注,而是在阳明心学的影响下发挥自己的独到见解。由于他贯通六经、精于史学,且对程朱理学造诣颇深,故其文既能符合程朱传注,又能时出新意。薛应旂曾经对陆与中说过一段话:"做人作文,皆以求放心为急。心是一身之主,百骸万应,靡不关焉。此心常在腔子内,则动而应事,必中规矩,下笔为文,定然可观。"①这一说法与阳明学说如出一辙,是心学思想在举业作文中的反映。薛应旂坚持以此种方法为文,故其文常能出奇制胜。李光地评薛应旂《赐也女以予为多学而识(一章)》这篇八股文说:"汉唐以下,学不知本,故所谓心学云者,往往为异氏所冒。知天下之大本而立之,则所以贯天下之道者此矣,文能见大意。"②薛应旂的八股文有着直抒胸臆、言为心声的特点,因而在阳明心学席卷思想界之际,更加得到士人们的推崇。

唐顺之、茅坤、薛应旂三例,反映了嘉靖时期阳明心学的发展与八股文的契合。他们的八股文被后人奉为圭臬、争相模仿,透过他们八股文中的心学思想亦可推出明中后期八股文的写作潮流和方向,因而阳明心学广泛渗入明代后期八股文也就不足为奇了。

---

① (明)袁黄撰,黄强、徐珊珊校订:《〈游艺塾文规〉正续编·方山薛先生论文》,扬州大学 2008 年硕士论文,第 183 页。
② 田启霖:《八股文观止》,海南出版社 1994 年版,第 414 页。

四、阳明心学广泛渗入明代八股文

早在阳明心学发展之初，士子作八股文便已徘徊在阳明心学与程朱理学之间。正德十一年，就有八股文隐晦抨击程朱理学，但这些都被考官定为离经叛道之语；但同年，也有士子以阳明心学的内容进行对策，却被主考官录取。① 嘉靖二年会试策问有诋毁阳明之意，一些王门弟子怫然而去，而王阳明的门徒欧阳德和魏良弼冒险以其所学进行策问对答，幸而登第。② 这说明，阳明心学已开始动摇程朱理学作为八股取士唯一标准的地位，并得到了朝廷的认可。嘉靖年间，"四书评注也反应出以王学新说代程朱正统阐释的倾向"，如徐旷《四书初闻》举阳明"良知"学为理解四书的关键，王阳明的心学思想在试子中蔚然风行。

受阳明心学影响，正德、嘉靖以降，八股文中甚至出现诸子百家之语，屡屡违反以程朱理学为尊的规定。从嘉靖十一年礼部颁布的禁令即可看出此阶段八股文的变化。在遭受朝廷打压最为严厉的嘉靖时期，阳明心学更是一度流行于京师，其信奉者不乏擅长八股文的翰林院编修。

由此可见，许多朝廷官员都成为阳明心学的追随者，他们甚至在禁学的情况下定期聚集讲会，形成了不小的规模。嘉靖二十六年，阳明弟子徐阶入阁为首辅，欧阳德、聂豹、程文德身居显位，他们大倡心学，甚至云集千人于灵济宫进行讲学活动："赴者五千人。都城讲学之会，于斯为盛。"③灵济宫讲会的与会人员多为位高权重的官员及参加会试的各地举人，这一带有半官方性质的讲学活动使得阳明心学的影响进一步扩大。其后，李春芳、赵贞吉等阳明心学的追随者也占据朝中高位，阳

---

① "正德十一年，湖广乡试，有司以'格物致知'发策，先生(冀元亨)不从朱注，以所闻于阳明者为对，主司奇而录之。"(清)黄宗羲：《明儒学案》卷二十八，中华书局1985年版，第635页。

② "欧阳德，字崇一，泰和人。甫冠举乡试。之赣州，从王守仁学。不应会试者再。"(清)张廷玉等撰：《明史·儒林传》。

③ (清)张廷玉等撰：《明史·儒林传》。

明心学在朝廷中取得相当的地位。朝廷官员的公开倡导和推广阳明心学，使心学的影响日益深入人心。而这些朝廷官员多担任科举乡试、会试的主考官，在很大程度上决定了科考的录取，他们的心学思想直接影响了明后期的八股文写作。

除此之外，阳明弟子中有相当多的人担任各地高级官员，他们纷纷利用自己的政治优势宣扬心学思想，在地方广建书院、聚徒讲学。更有阳明弟子王畿、钱德洪、邹守益、王艮等四处游历讲学①，各地的书院、学校纷纷举行讲会，发展到小会上百人、大会上千人。阳明心学的影响遍及全国，以朝廷无法遏制的势头风靡嘉靖朝乃至明中后期的思想界。

隆庆元年，身居高位的阳明弟子联名上疏，为王阳明夺回身后恤典，并建议王阳明从祀文庙②，阳明心学初获明朝官方首肯。隆庆二年，会试主考官李春芳在科举程文中引用阳明语录，阳明心学渗入八股文，并一发不可收。科举主考官公开向天下举子宣扬阳明心学，公然违反作八股只可依程朱理学的规定。主考官态度的变化势必导致士子写作八股文态度的变化，因而程朱理学之外的庄子之言、释老之说等也相继进入八股。

万历年间，随着越来越多包含阳明心学思想的四书文集的出版，佛道思想更多地渗入四书传注和士子的八股文中。万历五年，禅学也开始进入八股文。万历十二年，明神宗下令王阳明从祀孔庙，阳明心学在儒学中的地位得到官方的正式认可。由于朝廷态度的转变，阳明心学迅速风靡开来。此后，八股文更是佛经道藏、诸子百家之语无所不用，礼部关于八股文的奏言更趋频繁。

———————

① 四处讲学的阳明弟子，仅据黄宗羲的《明儒学案》列名记载，就有六十七人之多。

② "隆庆初，廷臣多颂其功。诏赠新建侯，谥文成。二年予世袭伯爵。"（清）张廷玉等撰：《明史·王守仁传》。

万历二十二年八月癸丑，礼部上言：

> 今科取士，专以纯粹典雅、理明词顺为主，如有掇拾佛老不经之谈及怪句险字混入篇内者，定勿收录，俟朱墨卷解部，本部及科臣详阅，有违式者遵旨除名。①

万历二十九年六月，礼部奏云：

> 宋儒传注，我朝所颁，以正士习。乃近日每遇一题，各立主意，愈新愈怪，大可骇人。以后务照传注，止宗一说，其偏诐之甚，至于传注皆戾，叛道不经，本部查系房考某官，同主考官一并参治。又查二十八年题准，迩年文体日益险怪，至于悖朱注、用佛语、讽时事，尤离经畔道之最者。如科场解到试卷有犯各款者，部、科尽数摘出，题参斥革，仍将主考及本房分别降罚。屡旨严切，永宜遵守。②

尽管万历年间朝廷一再试图重新恢复程朱理学的独尊地位，但收效甚微；其后的天启、崇祯年间，八股文仍不乏出入经史百家之语，八股文文风更加偏离朝廷的控制。

由此可见，明代后期程朱理学作为八股取士标准的地位，以及它在学术界、思想界的统治地位，在很大程度上受到了阳明心学的猛烈冲击。程朱理学的权威性土崩瓦解，建立在其基础上的八股文必然会受到影响，恪遵传注的功令必然会被冲破，八股文变革在所难免。至此，阳

---

① （明）黄儒炳：《续南雍志》卷六《事纪》，台湾伟文图书出版社有限公司1976年版，第390页。

② （明）王圻：《续文献通考》卷四十五《选举考·举士三》，现代出版社1986年版，第679页。

明心学广泛渗入明后期八股文。

第二节　明代后期八股文所见阳明心学

明朝前期程朱理学是八股取士的唯一标准，士子作文谨依程朱传注，不能有丝毫逾越；长此以往，士人专注于背诵经文传注并因袭模拟，程朱理学流弊渐显。这时，阳明心学倡导的"格物"、"心即理"、"知行合一"、"致良知"和"人人皆可为圣贤"等受到明中后期士人的追捧，并取代了程朱理学成为思想界的主流。程朱理学失去其权威性，建立在其基础上的八股文内容必然产生变革。明代后期，考生作文开始不依程朱传注，而以心学思想和自己的独到见解书写八股文，并得到了考官的欣赏。阳明心学主要来源于儒家学说，尤其注重对孟子思想的继承和发展，又吸取佛、道人生态度及心性论等方面的内容，体现了三教合一的倾向，因而受到士人的广泛推崇。阳明殁后，其弟子分而讲学，使得心学、佛老思想盛行。受阳明心学影响，明代后期八股文的内容有了显著的变化。

一、明代后期程墨所见阳明心学

科举时代，官方和坊间会刊刻科考的程文、墨文①以供天下举子作为范文进行参考，程墨反映了八股文的写作潮流和方向。历科的乡试、会试程墨代表着主考官的录取喜好，这势必会让天下士人云从响应。嘉靖以后，许多朝廷官员乃至乡试、会试的主考官不少为阳明后学，应试高中的举子中也不乏阳明心学的追随者。"王学的深入人心，改变了人的观念，把八股文从经史义理的学问由外在的探讨转入对内心的探求。

---

①　程文，指主考官依该科考题所做的八股文；墨文，指被录取的士子中试时所作的八股文。

不像以前那样纯依传注枯讲道理，而是抒写性灵，以灵心来参经义。"明代后期，士人的八股文不恪守程朱理学，而是从心学的观点出发，对经义形成自己的独到见解，甚至大胆阐发心学以及佛道老庄思想，一时蔚为风气。

　　以隆庆二年（1568）会试程墨为例，此科李春芳、殷士儋为会试主试，录取会元田一㒞等四百名。阳明心学的追随者李春芳出题"由诲汝知之乎（一节）"，引发举子以心学思想入文。李春芳所作的会试程文，全不依朱注，反而以老庄之语入八股。这一节题文出自《论语·为政》，全文为："由，诲汝知之乎！知之为知之，不知为不知，是知也。"朱熹集注对此节的解释云："我教女以知之之道乎！但所知者则以为知，所不知者则以为不知。况由此而求之，又有可知之理乎？"以往的八股文都是从朱注进行阐发，李春芳在此却敢于指出朱注不对，认为如果说"由此而求之，又有可知之理"，那么前面所说的知之外就有更别有知。李春芳在自己的程文中用"真知"来表述他对本段话的理解，他对众考试官说"知不论多寡，只论真妄，举知与不知而皆无自欺，只此便是真知，此知之外，更无知矣"①。李春芳的这段话简明、精准地阐释了题文中的义理，只是他援用了一个超出四书五经范围之外的"真"字，因此引起了广泛关注。顾炎武曾论及"真"字出处，以及李春芳程文对八股文内容的影响：

　　　　《五经》无"真"字，始见于老、庄之书。《老子》曰：其中有精，其精甚真。《庄子·渔父篇》：孔子愀然曰："敢问何谓真？"客曰："真者，精诚之至也。"《大宗师篇》曰：而已反其真，而我犹为人猗？鬼，归也，归其真宅。《汉书·杨王孙传》曰：死者，终生之

————————

①　陈文新、何坤翁、赵伯陶：《明代科举与文学编年》，武汉大学出版社2009年版，第2510页。

化，而物之归者也。《说文》曰：真，仙人变形登天也。徐氏《系传》曰：真者，仙也，化也。从匕，匕即化也，反人为亡，从目，从匕，入其所乘也。以生为寄，以死为归，于是有真人、真君、真宰之名。……隆庆二年会试，始明以《庄子》之言入之文字。自此五十年间，举业所用，无非释、老之书。①

李春芳"黜旧闻而崇新学"，即推崇当时风靡朝廷内外的阳明心学。受阳明心学影响进而喜爱老、庄，他在破题时云"圣人教贤者以真知，在不昧其心而已"，首开老庄之语入八股之风气，这句破题也恰恰暗合王阳明"知是心之本体"。然而"真知"的说法并非李春芳首创，王阳明在论及"知行"关系时就曾明确提出"真知"这一概念，阳明云"真知即所以为行，不行不足谓之知……求理于吾心，此圣门知行合一之教"。可见，李春芳的破题句与阳明心学如出一辙。

由于会试主考官对阳明心学的推崇，他们在科考阅卷录取时自然也会偏向于崇尚心学的八股文。这一年被录取的考生的同题墨文文段，带有明显的阳明心学痕迹：如"盖心者，知之管也"，"心之神明，不可欺也"，"理之在物者，不能一一而明诸心，吾力之所限，吾自量之而已；知之在我者，不能一一而遍乎物，吾分之所至，吾自安之而已"，"心者，理之会，而是非不出于一念之中；知者，心之明，而真知不在乎见闻之迹"等，诸如此类的心学文句不胜枚举，而当年科考榜首的会元田一儁的同题墨文更是句句充溢着阳明心学：

　　夫人心自有真知固也，知与不知而皆无自欺焉。知之之道岂外是哉？故夫子呼而教之曰，君子之学，莫先于知，而真知之道，不

---

① （清）顾炎武著，黄汝成集释：《日知录集释》卷十八《破题用庄子》，上海古籍出版社2001年版，第1056-1057页。

越于心。由之从事于知久矣，吾其诲女以知之之道乎？是非以理之在物者尽知于心，而后谓之知也；亦非以知之在心者必遍乎物，而后谓之知也。惟于斯理，有反观自信而为已知者焉，亦有察识未至而为不知者焉。此皆女之独觉于心而不容昧者也，则以吾心真实之明，而不欺吾心独觉之隐。或知其理之所当然者，固以为知矣，而苟心有未信，则直言夫不知，而不自以为讳也；或知其理之所以然者，固以为知矣，而苟心有未通，则自处于不知，而不以为愧也。斯则有知有不知，而于天下之理固未能周知；而不遗然为知为不知，而于此心之明则有以昭晰而不眩。知之者固其知于理也，不知者亦未始不知于心也，内境极其常明，而虚伪之不杂者，谓非灵明之不牿者乎？而天下之真知，固不越此存主之间矣；为知者固其理之明也，为不知者亦未始非其心之明也，本体极其昭融，而私意之不留者，谓非大观之不蔽者乎？而天下之贞明，固不出此念虑之内矣。况夫由此而求之则知者，将益进于知而未知者，亦不终于不知，子惟以此为知，则知即在是矣，又何必强所不知以为知哉？①

田一儁此文主旨"圣人教贤者以知，惟不欺其心之明而已"，与王阳明"只要解心。心明白，书自然融会。若心上不通，只要书上文义通，却自生意见"的说法一致，都是强调心的明白通彻。田一儁的墨文中也大胆地使用了"真知"的说法，且多次论证阳明心学所强调的"心"与"理"的关系，认为只要保持"心"的内境常明，便可获得"真知"；这在以往的考试中是不被允许的，考生不仅不会被录取，反而有可能遭到惩罚。然而这一年（隆庆二年）的情况却大有不同，这是因为隆庆元年，王阳明的身后恤典被追回，阳明弟子更是向朝廷进言王阳明从祀文

---

① 引自田启霖：《八股文观止》，海南出版社 1996 年版，第 528-529 页。

庙①，阳明心学获得明朝官方认可。这篇文章兼具天时地利人和的优势，正合主考官公开向天下举子推重阳明心学的心意，因而被列为榜首。主考官和考生在会试中敢于摒弃程朱传注，畅言"真知"、"心"与"理"等阳明心学的思想，反映出八股文在内容上的变革。自此以后，八股文内容愈发超出四书五经的范围，阳明心学思想广泛入文。

随后的几场会试，阳明心学入八股也始终占据优势。隆庆五年（1571），会元邓以赞为江右王门学派，状元张元忭为浙中王门学派②，王门后学多有高中者，反映了当时的录取倾向。万历二年（1574），"学如不及（二句）"会元孙矿破题云"圣人论学者之心，敏于求而犹自歉也"，通篇墨文在"心"上做文章。万历五年（1577），阳明后学杨起元以禅入制义，并被录取为进士，佛经开始进入八股文。其后各科会试试题如万历八年"如有王者（一节）"、万历十一年"吾之于人也（全章）"、"颜渊问仁（全章）"等，都有利于考生心学思想的发挥。

万历十二年，明神宗下令王阳明从祀孔庙，明言王阳明所说的致知是从《大学》中演变而来的，他说的良知则是出自《孟子》，阳明心学在儒学中的地位得到官方的正式认可。由于朝廷态度的转变，阳明心学的思想在八股文中运用得更趋平常。此后，八股文更是佛经道藏、诸子百家之语无所不用。万历十四年，袁宗道因与王学左派交游密切，以其八股文风格峭峻而成为会元，该科考试在八股文演变史上被视为风会转移之关键。万历十五年，礼部争相进言八股文之变，但当时的风气便是崇尚新奇，不再遵守明朝前期的规则，以士子喜欢的文章风格为趋势，不遵守官方的指示。③ 在阳明心学的影响下，八股文内容的变革已不可

---

① "隆庆初，廷臣多颂其功。诏赠新建侯，谥文成。二年予世袭伯爵。"（清）张廷玉等撰：《明史·王守仁传》。

② 由于王阳明一生学说几经变化，其弟子对阳明学说的吸收各有侧重，因而阳明死后，学说呈现出不同的面貌。

③ （清）张廷玉等撰：《明史·选举一》。

阻挡。

万历十七年(1589)会元陶望龄被黄宗羲列为王门泰州学派，并说"陶望龄的学识，多从周海登那里学来，但是受到很多方外人士的欢迎，他们以为程明道、王阳明与佛教有着密切联系，有很多相似的道理。"①他痴迷于阳明心学和佛教思想，常与焦竑、袁宗道等人聚谈禅学，看了很多阳明后学的著书。陶望龄总结自己儒佛并学的原因："今之学佛者，皆因良知二字诱之也。"②因此，陶望龄对四书五经的理解不局限于程朱传注，而是时时体现出他对心学及佛禅的偏爱，他的墨文《出门如见(四句)》便是明证：

> 圣人与贤者论仁，惟有其心而推之也。夫敬以存心，恕以推心，合之则仁也。故知为仁在事心矣。夫子告仲弓若曰：人惟一心，不可令一息不在我，又不可令一念知有我，惟以吾心与天下相操持，而以天下与吾心相流通，则仁矣。何也？恒情处之以非常，即怠者皆能自饬，及常行而习见，鲜不易虑焉。投之以非愿，即愚者皆知自谋，及物交而私隔，鲜不易施焉。夫仁者纯心而可以敬肆，人已二之耶？故见大宾，至肃也。起居晏闲，最心志所不及检，而俨然玉帛在陈，介绍在列，置一身于礼法森严之中，而唯恐失坠者，则不以一出门而失祗肃之常也。承大祭，至严也。临驭号令，尤耳目之所易玩，而恍然神明临之，祝史相之，措一身于陟降昭格之地，而惟惧渝敬者，则不以一使民而忘精严之体也。至欲恶施受，本无两心，则合宇宙之分愿，酌之于我，而推一人之意欲，偏置之于人，又不愿即勿施焉。盖形骸渐彻，而元气旁通，斯又所称强恕之术也。心本内敛，必戒其外驰，合大小而一于敬者，所以

---

① (清)黄宗羲：《明儒学案》卷三十六，中华书局1985年版，第868页。
② (明)陶望龄：《歇庵集》卷十六，伟文图书出版社1976年版，第261页。

防此心之出人，而联其无间之真纯。心本外通，心怯其内蔽，合施受而行以恕者，所以平此心之感应，而融其有间之物累。皆以事心，皆以成仁也，雍也勉之。①

《出门如见（四句）》，题文出自《论语·颜渊》："出门如见大宾，使民如承大祭。己所不欲，勿施于人。"陶望龄的墨文紧承朱注而发，却又时刻不离心学思想。其一，他的破题句"圣人与贤者论仁，惟有其心而推之也"言明文章主旨，关键词乃是"仁"与"心"，这都是阳明心学所论述的重要范畴。其二，承题句虽从朱注的"敬"、"恕"出发，对题旨进一步阐明："夫敬以存心，恕以推心，合之则仁也。故知为仁在事心矣。"但字字句句都以"心"为落脚点。其三，全文也并不仅仅按照朱注阐发，更多地是抒发自己的理解。阳明云"夫圣人之心，以天地万物为一体……"②陶望龄"至欲恶施受，本无两心，则合宇宙之分愿，酌之于我，而推一人之意欲，偏置之于人，又不愿即勿施焉"一句似是据阳明心学而阐发的妥当解释。其四，陶望龄的起讲句"人惟一心，不可令一息不在我，又不可令一念知有我，惟以吾心与天下相操持，而以天下与吾心相流通，则仁矣"，其中"一念"的说法起于《老子》"一念之善，则可以改过"，后被佛教广泛使用。而王阳明的心学思想出入儒释道之间，自然少不了"一念"的说法。阳明弟子王畿更是专门强调"一念之微"的重要性："千古圣学，只从一念灵明识取。……随事不昧此一念灵明，谓之格物；不欺此一念灵明，谓之诚意。"③陶望龄在墨文中使用"一念"定非偶然为之，乃是他多年来受到心学、禅学思想浸染的结果。

---

① 见龚笃清：《明代八股文史探》，湖南人民出版社 2005 年版，第 489—490 页。
② （明）王阳明《传习录》卷中 142，见陈荣捷《王阳明传习录详注集评》，华东师范大学出版社 2009 年版，第 115 页。
③ （清）黄宗羲：《明儒学案》卷十二，中华书局 1985 年版，第 251 页。

陶望龄的墨文一出，其奇矫文风便受到士人追捧。万历二十年（1592）会试，吴默继其风格夺得会元。吴默（1554—1640），字言箴，一字因之，吴江人。吴默的八股文不循程朱传注，而是以己意揣测题文，讲究顿悟，追求新奇。吴默每每作文，便"终日兀坐一室，而神游天表，至废忘寝食"。王阳明指导弟子徐爱作八股文的方法便是"你每天坐着无聊的时候，所有的事物纷纷扰扰，而我独自沉默，内心才是有真正的快乐，这是因为我超越了世俗的尘垢而与天地一起遨游。"①由此可见，吴默的作文方法实乃承自阳明。其墨文《知及之（一章）》也体现了阳明心学的影响：

圣人于知及者而责以仁守之全功焉。夫道以仁守，极于动民之礼，斯全也，必如是而后为真知也已。尝谓：学者不患识见之未融，而患体验之未至。善体验者出身加民，其精神无所不贯，故称全德焉。由今观之，世有大知，固未有不兼乎仁者也；学有真得，亦未有患其或失者也。惟知而不继以仁，则得而必终于失，人道者可以无实之虚见自谓已至哉？乃所谓仁守，亦不易言矣。人之心，非必独知之境所当操持，即一威仪、一振作，皆吾心出入存亡之会；人之学，非必本原之失乃为人欲，即失之威仪、失之振作，亦此心理消欲长之时。天下有称为"仁知合一"者，而自弛其庄临之度，则我实先天下慢，而期民之作敬，弗得矣；天下又有称为"内外兼修"者，而阔略于动民之礼，则我实示天下疏，而以称曰尽善，弗得矣。夫庄，非故为矜持也，是学问之中宜有此检束也，此而不能守，则所贵于"仁者之容"谓何，而知及之时所究析于动容周旋之道者，竟何为也？礼，非故为粉饰也，是学问之中宜有此节

① （明）王阳明撰，吴光、钱明、董平、姚延福编校：《王阳明全集》卷二十四《示徐曰仁应试》，上海古籍出版社2011年版，第1004页。

文也，此而不能守，则所贵乎"仁者之化"谓何，而知及之时所研审于化民成俗之方者，竟何为也？专事于仪文度数之末，固为徇迹而遗心；徒守其空虚无用之心，亦且以外而病内。仁知相成者，其知之？①

该题题文出自《论语·卫灵公》："知及之，仁不能守之；虽得之，必失之。知及之，仁能守之。不庄以莅之，则民不敬。知及之，仁能守之，庄以莅之。动之不以礼，未善也。"此篇墨文与阳明心学的契合之处如下：第一，吴默不拘泥于程朱理学，经过自己的思考独拈"仁"字联贯全篇，强调"心"的重要性："人之心，非必独知之境所当操持，即一威仪、一振作，皆吾心出入存亡之会；人之学，非必本原之失乃为人欲，即失之威仪、失之振作，亦此心理消欲长之时。"第二，吴默在八股文写作上大胆跳出以前的八股文套路，随题转换、随心而为，为阐明义理服务。其文后部分连续三次发问，为阐明仁知关系的议论说理增添了气势，就如同他平日里所说"平淡题亦须反复论得痛快，然后看者触目。大凡平淡题目，自有精深议论，非必每题另出一见然后动人。"②第三，不同于隆庆二年李春芳首次援用"真知"所引起的轩然大波，吴默的这篇墨文写于万历二十年，此时在八股文中"真知"已变作平常之语。除此之外，吴默还使用了"全德"一词，云："学者不患识见之未融，而患体验之未至。善体验者出身加民，其精神无所不贯，故称全德焉。""全德"见于《庄子·德充符》，这里是用庄语解读孔子，体现了阳明心学影响下《庄子》入墨文的普遍性。

由于科举中有"元脉"之说，连续两届会元都以其文新奇、其思另

---

① （清）方苞编，王同舟、李澜校注：《钦定四书文校注》，《钦定隆万四书文》卷三，武汉大学出版社2009年版，第288-289页。

② 《时文小题约钞》卷首"论文"，转引自孔庆茂《八股文史》，凤凰出版社2008年版，第166页。

类而高中，他们的墨文引发举子争相仿效。其后，阳明心学影响下的明代后期八股文更趋变幻，礼部屡屡上言治异端之说，不许有悖程朱传注、滥用佛老之说的离经叛道之语。然而心学、佛老庄禅以及诸子百家之语入八股文已经成为常态，士子们平日习作时即遍观充溢着这些思想的程文、墨文，因而明代后期八股文总体上仍是无法恢复到前期的以四书五经和程朱理学为作答标准。

二、明代后期士子习作所见阳明心学

明代后期阳明心学深入人心，造成科举程文、墨文内容的变化。限于八股取士的国家功令，程、墨需要符合科举的衡文标准，因而大肆背弃程朱、脱离孔孟的离经叛道之言还比较收敛。相比之下，士人的日常习作相对更加自由灵活，更能反映出一个时代八股文内容的变革。受八股文体用排偶、代圣贤立言等"硬性指标"的规定限制，士人们并不能在八股文中尽情表现阳明心学对他们的影响，历代的八股选家们也对不遵程朱理学的文章作了删改淘汰，但我们仍旧能从现存的八股文中发现他们心学思想的痕迹。①

明代后期的八股习作受阳明心学影响的比比皆是，即使是后来收入清朝官方文献《钦定四书文》的八股文，也不免留有阳明心学的思想痕迹。隆、万年间的胡友信，是明代四大举业家之一，隆庆二年（1568）进士。胡友信并非阳明后学，他受儒家思想影响很深，为文理真义精。尽管如此，他的八股文也难以脱离阳明心学风靡文界的时代风气影响，有时也不再恪遵传注，而是代以己意，甚至暗合阳明心学。如这篇《参乎吾道一以贯之（一章）》，该文在明代就已被奉为上乘之作，后收录于《钦定四书文》"钦定隆万四书文"卷二，得到了清人的赏识和仿效。"吾之道，非事事而求其端也，万事一理，吾惟主一理以平施之，而随事制

---

① 参见孔庆茂《八股文史》，凤凰出版社 2008 年版，第 170 页。

宜，机之所以神也；亦非物物而为之所也，万物一理，吾惟贞一理以顺应之，而因物异形，用之所以妙也。涵其一于心，非有所存而不忘；通其一于外，如有所理而不乱。……夫子之道非他，忠恕而已矣。以尽己之心求之，可以得一贯之体；以推己之心出之，可以识一贯之机。……在夫子虽曰情顺万事而无情，在吾人则以一人之情为千万人之情，理无上下，沉潜之而已矣。"①胡友信的这篇习作只是暗合阳明心学，此时更有甚者，直接在八股文中明言阳明心学。如隆庆五年（1571）进士钱岱《民可由使之（一节）》一文，收录于《钦定四书文》"钦定隆万四书文"卷二。该题文出自《论语·泰伯》："民可由使之，不可使知之。"朱熹对此集注云："民可使之由于是理之当然，而不能使之知其所以然也。"②钱岱这篇八股文较为短小，寥寥数言便言明题旨，可谓字字珠玑，有评家称此为"短章仅见之作"。该文直言"天下之可以由而亦可以知者，道也；君子之使人由而亦使人知者，心也。顾知行合一，在贤智斯无可无不可；而材智有限，在凡民则有能有不能"。③ 是直接在八股文中借用阳明心学所倡导的"知行合一"，以此来加强论证，说明"知"与"由"的关系。

上述两例习作只是略有阳明心学的思想痕迹，而《钦定四书文》中也不乏全篇充溢着心学观点的八股文。以潘士藻《告子曰不得于言无暴其气》习作为例，该文收录于《钦定四书文》"隆万文"卷五。潘士藻，万历十一年（1583）年进士。黄宗羲将其列入王门泰州学派。他的同题八股文抛弃朱注，大胆使用阳明心学阐明《孟子》中的义理：

---

① （清）方苞编，王同舟、李澜校注：《钦定四书文校注》，《钦定隆万四书文》卷二，武汉大学出版社 2009 年版，第 261 页。

② （宋）朱熹撰，《四书章句集注》，中华书局 2014 年版，第 105 页。

③ （清）方苞编，王同舟、李澜校注：《钦定四书文校注》，《钦定隆万四书文》卷二，武汉大学出版社 2009 年版，第 270-271 页。

大贤述时人强制之言，而断之无一可者也。夫言与气俱本于心，而欲遗之以求不动，是强制而已矣。此孟子断之以为均不可也。想其述以告公孙丑，意谓：等之不动心也，善事心者有以养之而能不动，不善事心者有以制之而亦不动，则其道异焉。吾观告子之能先我不动心也，非其心之无所疑而然也，但曰"不得于言，勿求于心"而已矣；又非其心之得所养而然也，但曰"不得于心，勿求于气"而已矣。夫告子之所重者心也，其有所舍而勿求也，凡以求心之不动也。以心之故而舍气，气虽失矣，而不害为持吾志，吾犹以为可焉；以言之故而舍心，心则失矣，而安在其为不动也，则尚得为可乎哉？要之，言与气皆非心外物也，心无内外者也；失夫言而不得与遗夫气而不求，皆非善事心者也。心贵交养也，试观吾心之气，有不赖志以为帅者乎，而志其至矣；试观吾心之志，有不赖气以为充者乎，而气其次矣。形神相资以成能，而宰于中者与辅于外者均所重；故敬义交修以为功，而直乎内者与方乎外者兼所急。向使惟其志之足恃也，遂任其气之暴焉而不顾，虽有主帅，其谁辅之？而安能强之使不动也哉？以是知告子之言无一可者也。

【原评】此文高处，一在替告子重提"心"字，得旁门宗旨。若太浅视之，则不得要领，而无所施吾摧陷之锋矣。一在于"不得于心，勿求于气"内便看出"持其志"三字。盖不得于心，则便强制其心，是亦告子之"持志"也。又如"言与气皆非心外物"、"敬义交修"等语，于名理皆造其巅。①

《告子曰不得于言无暴其气》，题文出自《孟子·公孙丑上》："告子曰：'不得于言，勿求于心；不得于心，勿求于气。''不得于心，勿求

① （清）方苞编，王同舟、李澜校注：《钦定四书文校注》，《钦定隆万四书文》卷五，武汉大学出版社2009年版，第328页。

于气，可；不得于言，勿求于心，不可。夫志，气之帅也；气，体之充也。夫志至焉，气次焉。故曰：'持其志，无暴其气。'"阳明心学主要来源于儒家学说，又尤其注重对孟子思想的继承和发展，《传习录》中有诸多论及孟子思想的语段，因而四书中关于《孟子》的试题就更加便于诸生抒发心学思想，更有利于他们摆脱程朱理学的桎梏、发挥自然本心的理解。

潘士藻这篇八股文与阳明心学的契合之处主要有以下几点。一是在于频繁提及"心"字，这是由于他信奉阳明心学，"心者身之主也"，句句无法脱离心学范围。因此他对题文中"言"、"气"、"心"关系的理解是："心"是万物之本体，"言"和"气"都是本"心"而生。二是对题文"持其志"的理解，朱熹认为"气"次于"志"，虽然人要敬守其"志"，但前提必须是要养"气"。王阳明则反对朱子之说，曰："'持其志'，则养气在其中。'无暴其气'，则亦持其志矣。"①潘士藻明弃朱注，采用阳明的说法，写出"以心之故而舍气，气虽失矣，而不害为持吾志，吾犹以为可焉"之句。三是潘士藻云"要之，言与气皆非心外物也，心无内外者也"，与朱注"谓不得于言而不求诸心，则既失于外，而遂遗其内，其不可也必矣……盖其内外本末，交相培养"②相违背，而是出自阳明心学"夫圣人之心，以天地万物为一体。……天下之人心，其始亦非有异于圣人也"。③ 王阳明强调心无内外，人之心与圣人之心一样，都无内外之分。四是王阳明在论及告子此段时说"告子助长，亦是他以义为外。……自然是是非非，纤毫莫遁。又焉有'不得于言，勿求于心；不

---

① （明)王阳明《传习录》卷上73，见陈荣捷《王阳明传习录详注集评》，华东师范大学出版社2009年版，第60页。
② （宋)朱熹撰，《四书章句集注》，中华书局2014年版，第232页。
③ （明)王阳明《传习录》卷中142，见陈荣捷《王阳明传习录详注集评》，华东师范大学出版社2009年版，第115页。

得于心，勿求于气。'之弊乎?"①"孟子却是集义到自然不动。"②潘士藻的后二股"形神相资以成能，而宰于中者与辅于外者均所重；故敬义交修以为功，而直乎内者与方乎外者兼所急。"是朱熹"敬守其志"与阳明"集义"说的完美结合，借阳明心学深入阐明了题文中的义理。故其文虽用"旁门宗旨"，仍被奉行"清真雅正"的方苞选入《钦定四书文》，并给予"于名理皆造其巅"的高度评价。

再以潘士藻同年进士邹德溥《非礼勿视(四句)》一文为例。邹德溥，阳明后学、正德六年会元邹守益之孙。万历十一年(1583)会试第二。邹德溥的这篇习作，是万历年间格式相对完备的八股文，为便于行文，现将其文按格式录之如下：

圣人于大贤详示以己之当克者焉。(破题)

盖视听言动，本乎心者也，于其非礼者而克之，而仁无遗蕴矣乎。(承题)

夫子语颜渊以克复之目也，意曰：天下未尝有心外之感也，为仁者安能遗感以事心哉？(起讲)

随其所感而无失其心之则焉，如是而已矣。(入题)

盖自物之感于心也，而所谓视听言动者缘心而起矣，是心之所不能无也；自心之涉于感也，而所谓非礼者缘视听言动而起矣，是心之所不可有也。(起股)

心之神常聚于目，而使非礼之色入之，可乎，吾举吾之视而归于礼，毋使非礼者得而淆吾视也，以是养其所以视者；心之虚常通于耳，而使非礼之声入之，可乎，吾举吾之听而归于礼，毋使非

---

① (明)王阳明《传习录》卷中187，见陈荣捷《王阳明传习录详注集评》，华东师范大学出版社2009年版，第159页。

② (明)王阳明《传习录》卷上81，见陈荣捷《王阳明传习录详注集评》，华东师范大学出版社2009年版，第63页。

礼者得而淯吾听也，以是养其所以听者也。（中股）

　　天下未有言而不出于思者，吾惧言之失而因累其所以言者也，则于言之非礼而禁焉，要使言与礼俱，斯已矣；天下未有动而不出于谋者，吾惧动之失而因累其所以动者也，则于动之非礼而禁焉，要使动与礼协，斯已矣。（后股）

　　天下之物日与吾心交，而常以其心宰之，故物至而心不累；吾之心日与天下之物交，而常以理御之，故物化而理自融。（束股）

　　其斯以为仁乎？盖惟视听言动之用在己，故可以决为仁之机；惟视听言动之感通乎天下，故可以必归仁之效。回也，毋亦是务哉！①（大结）

　　《非礼勿视（四句）》题文出自《论语·颜渊》。② 朱注云："非礼者，己之私也。勿者，禁止之辞。"程子则云"四者身之用也。由乎中二应乎外，制于外所以养其中也"，又分别对视听言动作了具体的解释。③

　　然而邹德溥的习作却没有从程朱传注出发，而是句句受阳明心学影响所作。第一，邹德溥全文没有就朱熹"胜私复礼"之说展开论述④，也没有根据程子的内外之说来阐释义理，而是本自阳明心学而阐发：全文以"心"为出发点，归结于"仁"。第二，只有王阳明曾明确强调视听言动是据心而发："须由汝心。这视听言动，皆是汝心。……若无汝心，便无耳目口鼻。所谓汝心，亦不专是那一团血肉。若是那一团血肉，如

---

　　① （清）方苞编，王同舟、李澜校注：《钦定四书文校注》，《钦定隆万四书文》卷三，武汉大学出版社2009年版，第278页。
　　② 全章内容为：颜渊问仁。子曰："克己复礼为仁。一日克己复礼，天下归仁焉。为仁由己，而由人乎哉？"颜渊曰："请问其目。"子曰："非礼勿视，非礼勿听，非礼勿言，非礼勿动。"颜渊曰："回虽不敏，请事斯语矣。"
　　③ （宋）朱熹撰，《四书章句集注》，中华书局2014年版，第133页。
　　④ 王阳明也曾对朱熹观点进行了心学的阐释："胜私复礼，即心之良知，更无障碍。"（明）王阳明《传习录》卷上，见陈荣捷《王阳明传习录详注集评》，华东师范大学出版社2009年版，第23页。

今已死的人，那一团血肉还在。缘何不能视听言动？所谓汝心，却是那能视听言动的。这个便是性，便是天理。"①观邹德溥习作，与阳明此语一脉相承：阳明首先说视听言动须由心而发，能视听言动的心才能生性生理，也就是所谓的"仁"；邹德溥承题便云"盖视听言动，本乎心者也"，并点名题旨乃是要归于"仁"。第三，邹德溥起讲句"天下未尝有心外之感也，为仁者安能遗感以事心哉"，是本自阳明"无心外之理，无心外之物"②以及"仁者以万物为体。不能一体，只是己私未忘。全得仁体，则天下皆归于吾仁"③的思想而发。第四，文章主体八股部分更是句句不离阳明心学。起股二句进一步强调视听言动是缘心而发，非礼者是缘视听言动而起。中股二句论述严明，言"心"聚于目、听于耳，需要养视、养听，才能杜绝非礼者。这一说法也不是邹德溥在程朱之外的独立见解，而是对阳明"心者身之主宰。目虽视，而所以视者心也。耳虽听，而所以听者心也。……主宰一正，则发窍于目，自无非礼之视。发窍于耳，自无非礼之听"④之说的精准提炼。后股二句分别以"天下未有言而不出于思者"、"天下未有动而不出于谋者"起句，仍是沿用王阳明"心者身之主宰"之意，强调要言与礼俱、动与礼协，才能做到非礼。束股二句"天下之物日与吾心交，而常以其心宰之，故物至而心不累；吾之心日与天下之物交，而常以理御之，故物化而理自融"重申"心"的重要性。大结收束全文，总结视听言动是发于"心"，归结于"仁"。由此，邹德溥此文确是句句承自阳明，并写得有理有据、令人

---

① （明）王阳明《传习录》卷上 122，见陈荣捷《王阳明传习录详注集评》，华东师范大学出版社 2009 年版，第 87 页。

② （明）王阳明《传习录》卷上 6，见陈荣捷《王阳明传习录详注集评》，华东师范大学出版社 2009 年版，第 21 页。

③ （明）王阳明《传习录》卷下 285，见陈荣捷《王阳明传习录详注集评》，华东师范大学出版社 2009 年版，第 202 页。

④ （明）王阳明《传习录》卷下 317，见陈荣捷《王阳明传习录详注集评》，华东师范大学出版社 2009 年版，第 220 页。

叹服。

明代后期，以阳明心学代替程朱理学来阐释四书五经中的义理，成为八股文的写作趋势。相反，以程朱传注书写八股文的考生竟屡试不第：万历朝中期的时候，阳明心学非常流行，但是截取了孔孟的经义，掺杂了佛学，标榜自己继承了孟子的良知说。我的父亲却坚守经学的本义，遵奉程朱理学，因此七次参加科举都落榜了。① 在这种风气的影响下，诸生明弃程朱传注，更以佛老庄禅、诸子百家之语来抒发自己对题旨的理解，陈函辉《〈奏雅世业〉序》云：“万历己卯、壬午之后，士之攻制义者，不翅如唐文之三变，日新又新。至天启甲子来，几不知向之传注为何物，向之师说为何语，不复可以常理常法论。先进遗风，虽欲从之，而未觌矣。然其间制义家，颇能举异传百家，往往纵横于笔端，以八比而敷陈其经济之学，有足多焉，士由此故，咸置力于经书义，而翻于二三场。”②到晚明时期，即使是力倡八股文谨遵程朱传注、力图恢复程朱理学地位的八股文大家陈际泰，其习作也不免受阳明心学改变八股文写作这一趋势的影响。他自言文章经历了几次变化，但用意都是以自己精妙的八股文，显示古代圣贤的宗旨奥义。③ 但其《君子质而已矣（二句）》一文却多用《庄子》《老子》的思想，被方苞评为“佛家精妙的语言，都是从庄子、列子那里窃取的。这里又是暗用异端宗旨，作墨守也”。④ 这一事例说明，阳明心学对八股文内容的影响之大是不可逆转的。

---

① （清）王夫之：《船山全书》第 15 册，《姜斋文集》卷二《显考武夷府君行状》，岳麓书社 2011 年版，第 111 页。

② 陈函辉《〈奏雅世业〉序》，转引自《明代科举与文学编年》，武汉大学出版社 2009 年版，第 2646 页。

③ （清）梁章钜：《制义丛话》卷七，见陈水云、陈晓红校注：《梁章钜科举文献二种校注》，武汉大学出版社 2009 年版，第 149 页。

④ （清）方苞编，王同舟、李澜校注：《钦定四书文校注》，《钦定启祯四书文》卷四，武汉大学出版社 2009 年版，第 454 页。

纵览明代后期的程文、墨文以及士子习作，其内容大多脱离不开阳明心学的影响。明代后期举子对阳明心学的广泛接受，使八股文的内容跳出了程朱理学的藩篱，产生了不可逆转的变化。这一变革违背了八股文初创时的各项要求，导致明后期八股文内容的改变：从不遵守程朱传注，到以阳明心学阐释题文、大胆抒发个人见解，再到以佛老庄禅、诸子百家思想入文。阳明心学对明代后期八股文内容的影响不容忽视。

第三节　阳明心学在明末的兴衰与八股文风之变迁

阳明心学的思想风靡于明代后期，由此带来反对程朱理学、尊重个性解放的自由之风盛行。明代后期士人对阳明心学的广泛接受，使八股文的内容跳出了程朱理学的藩篱，士子作文不依程朱传注，反以阳明心学阐释题文、大胆抒发个人见解，甚至以佛老庄禅、诸子百家思想入文。这一变革违背了八股文初创时的各项要求，对明代后期八股文产生了广泛而深刻的影响，八股文的文风为之一变。在阳明心学的影响下，明代后期八股文的语言、风格和形式等都追求标新立异，八股文坛繁盛一时；而阳明心学末流思想盛行，又使八股文流于空疏怪诞、陷入危机，因此导致晚明复兴儒学正统运动的兴起与八股文清真雅正之风的倡导。

一、阳明心学与明代后期八股文风的标新立异

明代前中期，八股文用语谨遵程朱传注，风格典雅醇厚，形式上讲究对偶、股对。一篇上乘的程式完备的八股文，建立在程朱理学的基础之上，需要遵循以下几个要点：只能用程朱传注来阐明四书五经中的义理，行文需要揣摩古代圣贤的口吻和思想，篇章的结构分为题前和正文的股对部分等，风格须典雅端庄、平实阔大，字数和文章篇幅也有一定的限制等。而王学的风靡，瓦解了程朱理学的权威性，建立在程朱理学

基础上的八股文也因此产生变革。明代后期八股文在语言、风格和形式上都有了重大突破，八股文走上标新立异之路。

1. 广泛吸纳诸子及释道语汇

明朝立国之初的科考程式规定八股文的语言要依据四书五经、代圣贤立言，因而明初的八股文以阐发义理为主，严格遵从四书五经及其传注，模仿圣贤的语气行文，用语平实简朴。到明代中期，这些典籍及其注疏中的语言已被反复多次使用于八股文中，新意全无。嘉靖年间，心学思想的盛行让士人敢于突破明初的八股程式，采用四书五经和程朱传注之外的语言来阐释题文中的义理。与此同时，"以古文为时文"运动的兴起，为八股文的语言增添了活力，《左传》《史记》《汉书》等书中的词语进入八股文。由于阳明心学儒释道三教合一的倾向，以及阳明后学对释道的过于推崇，明代后期八股文语言充满禅语庄说。

隆庆二年，会试主考官李春芳首次在程文中使用《庄子》和阳明心学推重的"真知"一词，开启庄子之语入八股的先例，"自从这以后的五十年，制义考试用的参考书，不过就是佛经、老子之类的"。[①] 万历五年会试，阳明后学杨起元首以禅宗之说入制义："以禅入儒，自王龙溪诸公始也，以禅入制义，自杨贞复起元始也。贞复受业罗近溪，辑有《近溪会语》一书，故其文率多二氏之言。"[②]主考官和举子公开在程墨中运用庄、禅之语解释经文，引起天下举子争相效仿。

这些用语超出国家规定范围之外的八股文，被朝廷视为"诡僻"、"舛驳"。官方多次明令禁止诸子、佛道之语进入八股文，但明代后期八股文却是"大家都推崇浮躁华丽的文体，风气很盛，他们的文章跟经史无关，也不是韩愈、柳宗元等人的笔法，但是他们都是朝廷大臣，从

---

① （清）顾炎武著，黄汝成集释：《日知录集释》卷十八《破题用庄子》，上海古籍出版社2006年版，第1057页。

② （清）梁章钜：《制义丛话》卷五，见陈水云、陈晓红校注：《梁章钜科举文献二种校注》，武汉大学出版社2009年版，第85页。

殿试到各省地方的科举生员，都有他们的座师在上面倡导这种风气，于是生员们的回响也就越来越多。最近的十八房稿尤其是这样。于是八股文里，大家都开始采用俚俗的语言，而摒弃了先贤的教导"。① 可见，在阳明心学的影响下，万历年间八股文的语言更趋于自由灵活，由此带来的后果是：士人作八股文重视遣词造句，追求语言华美绮丽，普遍采用佛经道藏、诸子百家，甚至市井里巷之语入文。

而我们现在能见到的八股文，大多是经过奉行程朱的选家们挑选、甚至删改后留存下来的，其语言大多受到程朱理学的"净化"。但由于明代后期八股文的语言变化是大势所趋，我们仍旧能从现存的文章中看到八股文语言的明显变化。以明代四大制义家之一的胡友信为例，其《天地位焉(二句)》一文，收录于《钦定四书文》"隆万文"卷四。题文出自《中庸》："致中和，天地位焉，万物育焉。"正文股对部分如下：

> 彼天地无心而成化，无心之妙，即中之所存也，而吾未发之中，实自此得。虽判形于天地，而流通之机，未始不潜孚于其际也。故君子能致吾心之中，则澄然而静虚者预有以统天之元气也，凝然而贞静者预有以统地之元形也。虽不期天地之于我位，而易简成能，自不爽其贞观之度；清宁奠位，自各循其法象之常。天职生覆，地职形载，其对待之位成列而不毁也；天道下际，地道上行，其流行之位相禅而不息也。位上位下，乾坤之故物也，若不赖于君子建中之功，然至于三光明焉，五岳奠焉，谓非成位乎中者之有其人不可得也。然则吾心之中，其辟乾转坤之机乎？而君子之所以务戒慎以立天下之大本者，此也。

> 万物并育而不悖，并育之真，即和之所在也，而吾已发之和，

---

① (明)艾南英：《序王子巩观生草》，《明文海》卷三百十二《时文序》，转引自龚笃清《明代八股文史探》，湖南人民出版社2005年版，第400—401页。

实与之通。虽分形于万物，而应感之精，未始不流通于其表也。故君子能致吾心之和，则肺然其浑厚者已立乎群生之命也，怡然而发舒者已毓乎群动之元也。虽不期天地之于我育，而含气之属，自各足其生成之实；有生之类，自各完其保合之真。老有所终，幼有所养，而鳏寡孤独无不获其所也；形者自形，色者白色，而昆虫草木无不若其性也。以生以息，万物之常理也，若不赖于君子导和之力，然至于民不夭札，物无疵厉，谓非茂对其间者之有其人不可得也。然则吾心之和，其陶钧爕理之地乎？而君子所以务谨独以行天下之达道者，此也。①

该文极其重视遣词造句，几乎无一字无来历，其言更是多有老庄、诸子之语。股对部分起首句"天地无心而成化"，语本程颐《经说》卷一："天地无心而成化，圣人有心而无为"，而随后的"无心之妙，即中之所存也，而吾未发之中，实自此得"是对阳明心学的化用。"清宁奠位，自各循其法象之常"，语本《老子》"昔之得一者，天得一以清，地得一以宁"和《易·系辞上》。"天职生覆，地职形载，其对待之位成列而不毁也"更是对《列子·天瑞》的直接引用。"天道下际，地道上行"出自《易·谦》："天道下济而光明，地道卑而上行。""有生之类，自各完其保合之真"出自《易·乾》："保合太和，乃利贞。""老有所终"一句本自《礼记·礼运》，"形者自形"一句出自《列子·天瑞》"自生自化，自形自色"，是对湛若水《重刻白沙先生全集序》的运用。"然至于民不夭札，物无疵厉"语本《左传·昭公四年》"疠疾不降，民不夭札"和《庄子·逍遥游》。与明代前期八股文滞重僵化的语言相比，胡友信旁征博引，不少语言出自《庄子》《老庄》《列子》等，这就使文章显得理气充沛、清隽

---

① （清）方苞编，王同舟、李澜校注：《钦定四书文校注》，《钦定隆万四书文》卷四，武汉大学出版社 2009 年版，第 299 页。

灵动，而无丝毫"逾矩"之感。

明代后期受到"官方认证"的八股文语言尚且无所不用，那么其他未入选《钦定四书文》的八股文，便更加肆无忌惮地表现出浓烈的释氏、老庄色彩。明末曹溶《诗云鸢飞戾天》言"然而天之内有物焉，天不能绝物以空奇，则必有其烂熳之情物，不必附天，以援引而尝得其神明之托"，语本《庄子·齐物论》；短短一篇八股文，被金圣叹批点出七个"语语妙悟"、五个"妙悟奇奇"，可见其文得之庄子之处甚多。

叶灿《弋不射宿》一文则更是明证。叶灿，明万历四十一年（1613）进士。其文如下：

> 圣人与鸟，忘焉而已。（破题）
>
> 夫人之于鸟，不如鸟之于人，弋不射宿，而人鸟两忘矣。（承题）
>
> 且一天地，而人鸟并处其中，则并处其中已矣。（入题）
>
> 必欲别鸟于人，而人之鸟之，又别鸟于鸟，而取之置之，是为天地大而人小也。夫子之弋不射宿，岂如是哉。（起讲）
>
> 芸芸万物，动即为危，静即为安。委消息与无心，聊以乘大化之无穷也。浩浩大空，动自取危，静自取安。付恩怨于不有，所以销万物之有憾也。（提比）
>
> 理之所尽，天地圣贤，亦听莫逃之分，何独于鸟而不然乎。（出题）
>
> 弋者，偶也。受弋者，亦偶也。子与鸟相遇于偶而已矣。境之所止，造化人事，并有受福之宜，何意于宿而有会乎。（中比）
>
> 鸟冥然也，不射亦冥然也。子与鸟并值于冥然而已矣。（过接）
>
> 非徒存鸟之有余，济弋之不足，正其仍不废弋，而独留旷荡之襟，以对此无情之物。非徒不以我之善伏，制鸟之善藏，正其并不自知不射，而岂惧难明之心，或犯彼幽冥之忌。（后比）

　　总之，不知鸟在天地之中，不知鸟在圣人之中，亦不知鸟在鸟之中。抑不知圣人生鸟于天地之中，不知天地生鸟于圣人之中，亦不知鸟自生于鸟之中。（束比）

　　天地也，圣人也，鸟也，并忘而已。① （大结）

　　《弋不射宿》题文出自《论语·述而》。朱熹集注云："然尽物取之，出其不意，亦不为也。此可见仁人之本心矣。待物如此，待人可知；小者如此，大者可知。"②这是一篇万历年间少有的格式完备的八股文，但是作者受时代风气影响，行文完全抛弃朱熹集注，根据己意着眼于"忘"。全文自破题至大结，句句如同庄语禅说，臻于庄子"物我两忘"之境，被金圣叹称赞为"天花乱坠之文"。此文因用庄语而显得文风冲淡自然、清新雅致，极有韵味。叶燦用语细致凝练，似不着笔墨又写尽圣人，既阐明题旨义理，又于题旨之外发明议论。

　　由此亦可得出，佛老、诸子等语入八股文并不像统治阶层认为的那样只有弊端。语言上的突破、出新，可以丰富八股文的语汇，有利于士人在新的语境下发掘文题中的义理。清代梁章钜曾对阳明心学影响下佛道之语入八股文有一个公允的解释："万历之末，异学横行，二氏浮词尽入文字，理既不实，语又不驯，不师其意而师其词，未有能传者也。夫《南华》之美在奇变，《楞严》之美在妙悟，有是二美，而原本于经、史，折衷于程、朱，然后可传。"③佛教、道教之语本各有其美，如果能深入理解《南华》《楞严》的奇变、妙悟，再与经史之奥义、程朱之传注相结合，必能写出传世八股文，受后人景仰。而明代后期的士人多受王学末流空谈佛道的影响，写作八股文时往往流于表面，为求新而新。他

---

　　① （清）金圣叹著：《小题才子书》，万卷出版公司2009年版，第79页。

　　② （宋）朱熹撰，《四书章句集注》，中华书局2014年版，第99页。

　　③ （清）梁章钜：《制义丛话》卷八，见陈水云、陈晓红校注：《梁章钜科举文献二种校注》，武汉大学出版社2009年版，第175页。

们只顾一味援用二氏浮词，甚至引入市井里巷之语，不仅未能将题文的义理阐释清楚，反而显得语言驳杂不醇、理气不足。在这种情况下，八股文的语言无所不用便极易受到世人诟病。

2. 形式灵活多变、骈散结合

明朝八股文经过发展并完成定型之后，一篇形式完备的文章包括题头部分和股对部分。其中股对部分为文章主体，每比由互相对偶的两股组成，共八股；提比后又有出题，中比、后比间有过接，束比后有大结。① 而明代后期，受阳明心学的思想解放潮流等因素的影响，士人不遵守程朱理学、多按己意灵活行文，因而士人更加追求形式上的出新出巧。此外，再加上"以古文为时文"之风大炽，明代后期制义的形式多有突破：篇幅超出限制，为了说理的完整性，八股文普遍篇幅变长、股对变长；极少使用传统的八股格式，常仅将文章按己意分成两三部分来阐释；打破"体用排偶"的规则，常化比偶句为单行，有的甚至全篇使用散体。八股格式的全面突破导致士人行文更加无所拘束，"自八股而外，为两平、三平、四平，为前后截，为散体"②。晚明时期，八股文的形式灵活多变、骈散结合，与古文相差无几。

以明末江西四大家之一的艾南英《民为贵(一章)》一文为例，这一篇八股文篇幅明显较长，带有典型的明代后期八股文特色，即篇幅动辄六七百字甚至更多。艾南英是明末的八股文选家和批评家，他以振兴八股文为己任，力图恢复程朱理学的地位，并以王鏊制义为尊。但是他的八股文也不可避免地受到了晚明风气的影响，对八股文的形式与作法均有突破。

《民为贵(一章)》题文出自《孟子·尽心下》。艾南英此文全用古文笔法写就，题前部分使用散体，点名题旨。文章主体部分则骈散结合，

---

① 格式完备的八股文，参见本章第三节第一小节所引，叶燦《弋不射宿》一文。

② 龚笃清：《明代八股文史探》，湖南人民出版社 2005 年版，第 510 页。

错落有致，排偶句有长有短，显得灵活多变。而虚词的大量使用，使文章显得活泼舒畅，极具清古之气。全文按天子、诸侯、大夫、社稷的顺序展开行文，以"民心"为全文的落脚点，突出"民为贵"的主题。方苞评谓"步步为营，其中宾主轻重、次第曲折、起伏回旋，古文义法无一不备。五家中，人皆谓艾之天分有限，然此种清古之文，风味犹胜于黄、陈，则读书多、用功深之效"。可见艾南英八股文之笔力深厚。

万国钦的《舜其大孝也与(一章)》是明代后期非常少见的一篇短小凝练、说理透彻的八股文。万国钦，字二愚，江西新建人。万历十一年进士，与汤显祖、叶修、邹德溥为同科进士，时称"江西四隽"。有《万二愚稿》，俞长城题识云："二愚先生文，简而又简，一以当百。盖轻捷如史公，凝练如班掾，庆、历名家中自立门户者。"该文如下：

圣孝之大，一德之所致也。夫诸福咸备，事亲如舜，至矣，非有圣德，孰能受命而臻此乎？且帝王之孝与士庶不同，人莫不以为天之所助，而不知圣人之事亲，即其所以事天者，盖亦有人道焉，何也？

古今之言孝多矣，而以"大"称者，其惟舜也与？继往开来，既以躬上圣之德矣，而且贵为天子，尊莫尚焉，抚有四海，富莫加焉。以之追崇，享宗庙矣；以之垂裕，保子孙矣。此岂不塞乎天地，通乎神明，位与禄而并隆，名与寿而俱永耶？受命之符，可以见矣。

然非天地之私厚于舜也，亦非舜之私受于天也。栽培倾覆，天于凡物皆然，而况于人乎？且《诗》有征焉。谓"假乐"而"宜民"、"宜人"，纪显德也；谓"受禄"而"保佑"、"申之"，纪成命也。其承借也厚，则其收效也必巨；其凝聚也固，则其发祥也必长。大德受命往往如是，又何疑于舜乎？

是故德之大者，所以成其孝之大也。彼不论其本末，而概谓舜以天下养也，天与之过矣。①

《舜其大孝也与(一章)》题文出自《中庸》："舜其大孝也与？宗庙飨之，子孙保之。……《诗》曰：'嘉乐君子，宪宪令德。宜民宜人，受禄于天。保佑命之，自天申之。'故大德者必受命。"万国钦此文和明初的八股文篇幅长短一致，用短短三百余字，便将这一章题文中的义理阐发得酣畅淋漓。全篇打破常规的八股作文模式，采用散体，以汉人笔意阐发议论，犹如史书中的"论"、"赞"两种文体。明末艾南英评谓："随题叙置，而其剥落呼吸，掉折渡落处，时文中史、迁也。"②方苞评谓："他行文的起承转合、气势的雄浑，就好比杜甫的七言诗句。文章的开头、结尾以及中间的衔接手法都变幻莫测，但又让读的人觉得心旷神怡，根本无从知晓这篇文章是他苦心经营的结果。"③这篇文章的章法乍一看似是随手为之，但细细读来却是用心经营：主体部分并不是常见的排偶股对，而是很明显的分为两截。正文前半部分为通篇文字立案，是用散句按题文顺序作出阐述，用"受命之符，可以见矣"与后文形成照应；再以"然非天地之私厚于舜也，亦非舜之私受于天也"自然过渡到后半部分阐释下节题文；最后用"大德受命往往如是"点名题旨、呼应题前部分。整篇八股文形式上虽趋于散文，但结构绵密、气势雄浑，堪称为佳作。

明末八股文大家黄淳耀《庄暴见孟子曰(一章)》，更是纯以古文笔法写成，形式错综变化、气势纵横：

① （清）方苞编，王同舟、李澜校注：《钦定四书文校注》，《钦定隆万四书文》卷四，武汉大学出版社2009年版，第303页。
② 见《明文钞五编》该文评语，转引自龚笃清《明代八股文史探》，湖南人民出版社2005年版，第425页。
③ （清）方苞编，王同舟、李澜校注：《钦定四书文校注》，《钦定隆万四书文》卷四，武汉大学出版社2009年版，第303页。

乐无古今，惟同民者为能好也。盖先王乐民之乐，故其乐至今传也。如齐王之所好，与独乐何异？

昔齐自敬仲奔齐，《韶》乐在焉，至宣王之世犹存。孟子之齐，与王论政者屡矣，无一言及于古乐，以为仁义不施，则虽日取先王之乐而张之于庭，无益也。

一日庄暴以王之好乐语孟子，有疑辞焉；及孟子以庄子之语诘王，有愧辞焉。彼特以古乐在齐，而耽此敫辟骄志之音为非宜尔，虽然，王果以昔日之乐为足以治今日之齐乎哉？

夫国不期于大小，期子好乐；乐不期于今古，期于同民。今也知独乐之不若与人，知少乐之不若与众，是天下之知乐者莫如王也；知与人之为乐而故独之，知与众之为乐而故少之，是天下之不好乐者莫如王也。王之心必曰：吾何独矣，吾不有妾御乎哉？吾何少矣，吾不有便嬖乎哉？嗟夫！此王之所以为独，此王之所以为少也！

今夫临淄之中不下十万户，王之妾御、便嬖不过数百人。王日与此数百人者鼓乐、田猎之是娱，而此十万户中耳不绝悲叹之声、目不绝流离之状。此虽伶伦复作，仪舞再来，民亦必疾首蹙颁，以为安得此亡国之音也，况世俗之乐乎？

然则好乐之甚者可知已。欲民之乐闻，莫如发德音；欲民之乐见，莫如下膏泽；欲民之善颂善祷，莫如播仁声。至于德洋恩普，收六国而臣之，击壤有歌，殿屎不作，则王之乐亦洋洋乎来矣，后世闻之，以为此非东海之风而王者之作也，岂不盛哉？

言至此，则王必动容而思已，吾故曰天下之知乐者莫如王也；言至此，则王必敛衽而退矣，吾故曰天下之不好乐者莫如王也。①

---

① （清）方苞编，王同舟、李澜校注：《钦定四书文校注》，《钦定启祯四书文》卷七，武汉大学出版社 2009 年版，第 546 页。

《庄暴见孟子曰(一章)》题文出自《孟子》，文题内容繁多，篇幅长达四百余字。黄淳耀以古人理念为文，行文结构精巧，完整地阐释了题文中的义理，并切中天启、崇祯年间的时事，抒发他对国家的关切之情。他并没有遵循八股格式，而是以"同民"为经，以"古乐今乐"、"同独"、"众少"、"好"、"不好"为纬，循题节次而一一阐发。此文全用古文义法，被评为"纵横出没，自成一则古文。其中有提掇，有顿挫，有驾驭，皆有法度可循"，"置题入阵，弄题如丸，意度波澜，自然入古，而无抚古之迹，纯是一片神力酝酿而成"。① 文章笔势雄浑、苍劲有力，散句和排偶句交互穿插、错落有致，不受八股程式的限制，体现了明后期八股文形式的变化。

明代后期八股文的形式灵活多变，虽然离不开"以古文为时文"之风的影响，但也与当时阳明心学的盛行密不可分。士人受阳明心学影响，偏向于在文中自由地抒发己见，因而需要摆脱刻板严苛的八股程式的束缚。士人作文普遍背弃程朱传注，以己意行文，甚至常借八股文发表议论。这就必然需要士子依照题旨，灵活变换文章形式，也只有这样才能写出有真知灼见的好文章。八股文形式的灵活多变、骈散结合赋予其以新生，是明代后期八股文得以繁盛的重要条件。

3. 风格追新求奇、流派林立

明朝前中期，八股文以发挥义理为主，风格庄重质朴、理真气足，经书气息浓厚。嘉靖之后，阳明心学的迅猛发展突破了八股文的功令限制，使士人敢于在八股文中抒发自己独立的思想和新颖的见解，士人作文用语趋于自由灵活。明代后期，举子为使自己的文章更加吸引考官注意，往往在风格上追新求奇，并由此形成了众多风格迥异的八股文流派。《制义丛话》曾对明朝制义的风格有过总结：

---

① 龚笃清：《明代八股文史探》，湖南人民出版社2005年版，第627页。

万历癸未以前，会元墨卷多平淡之篇。平淡而兼深古，惟成、弘以上有之。……癸未以后，或太露筋骨，或太用识见，一时得之，似诚足以起衰懦、破雷同，然于平淡两字相去已远矣。①

以上文字特别指出万历十一年（1583）癸未科会试，在八股文风演变史上值得关注，自此以后八股文风格与"平淡"相去甚远：万历十四年（1586）王锡爵主试，力求峭刻之文，会元为独抒性灵的袁宗道；万历十七年（1589），阳明后学陶望龄以奇矫之风夺得会元；万历二十年（1592），吴默继其风格成为会元。陶望龄深受阳明心学及阳明后学李贽的思想影响，为文常能出奇创新。他的奇矫文风代表作《子问公叔文子(一章)》被评为"认题点题的手法非常高超，还有一股峭拔之气蕴含其中"。② 吴默《故大德(二节)》则被人称为"忽掷笔空中，布虚景映衬，势如垂天之云，波澜绮丽"。③ 此后八股文奇矫之风大炽，天下举子作文皆求新求异。

谭元春是天启年间风格独树一帜的八股文家，与钟惺共同创立"竟陵派"，影响深远。他的古文标举性灵、反对摹古，提倡幽深孤峭、艰涩险僻的写作风格。他非常擅长以古文为时文，因此他的八股文也具有其古文的风格，为文力求与众不同、标新立异。谭元春《道并行而不悖》一文源心而发，见解迥异于常人，被王步青称赞道"无限神奇，都在里间。后生妙解此诀，安得不心花瓣瓣开"。④ 他的《曾皙嗜羊枣(一章)》是一篇翻案文章，极富新意；文中更有几处直称"孟子"、"曾子"，打破八股文入口气的功令；全文使用散体，不顾制义"体用排偶"

① （清）梁章钜：《制义丛话》卷十二，见陈水云、陈晓红校注：《梁章钜科举文献二种校注》，武汉大学出版社2009年版，第279-280页。

② （清）方苞编，王同舟、李澜校注：《钦定四书文校注》，《钦定隆万四书文》卷三，武汉大学出版社2009年版，第283页。

③ 转引自龚笃清《明代八股文史探》，湖南人民出版社2005年版，第409页。

④ 转引自龚笃清《明代八股文史探》，湖南人民出版社2005年版，第555页。

的规定。这篇文章带有鲜明的谭元春特色，金圣叹收此文入《小题才子书》，并评论说"吾烧灰读之，犹能辨是先生之笔"，"清言低转"，"耐人千思百思"。① 此文亦被方苞选入《钦定四书文》，评曰："作文好翻案，原非正轨。但果有一段议论发前人所未发，足使观者感动奋兴，亦不可以常说相拘执。"②可见谭元春确是笔力不凡。但钦定本中的文字与《小题才子书》略有不同，如金圣叹本为"公孙丑之未尝为人子也"，显得言辞犀利；钦定本则改为"公孙丑之未尝为浅人也"，语气较为柔和，符合朝廷选本的标准。由此看来，其中的字句不同或是方苞为此文所做的删改。虽然谭元春为文追求奇特，言语甚至有不合乎"清真雅正"之处，其文仍有两篇入选《钦定四书文》，在明代后期八股文史上占有一席之地。

谭元春之外，更有以"文奇"被奏参的制义高手刘侗。《四库全书总目》说"刘侗原本是楚地的人，身上沾上了竟陵派的习气，他的文章风格都是缠绵悱恻，纤弱诡异"。刘侗为文领异标新，风格奇僻古雅，如其《送往迎来》一文多用古文词，被评为"古雅而不入情，繁芜耳；入情而不古雅，鄙俚耳。此文又入情，又古雅，寒俭者挹其风华，华赡者师其刻划"。该文起讲云："盖所谓经也者，天下国家之常也。亦以有常待无常也。是故束带有常职也，经费有常数也，冲僻有常所也，虽播迁流寓，适而往，适而来，处之若素焉。不然，而途有不速之客，国无即次之旅，即诸侯且不宜若是，岂先王之纲纪四方者，而忍出此哉。"③开头部分连用六个"也"字，显得独出新意，文章通篇多用短而奇的句式，以两大股来阐发题文，风格奇拗古拙。他的《孽子》一文更堪称"文奇"之典范：

---

① （清）金圣叹著：《小题才子书》，万卷出版公司 2009 年版，第 194 页。
② （清）方苞编，王同舟、李澜校注：《钦定四书文校注》，《钦定启祯四书文》卷九，武汉大学出版社 2009 年版，第 640 页。
③ 引自龚笃清《明代八股文史探》，湖南人民出版社 2005 年版，第 660 页。

同为子而独难，是又子之仅也。

夫人尽子也，而吾独孽，吾敢不为子乎？吾敢遂为子乎？孟子曰：臣与臣言臣，子与子言子，此亦人世之大凡也。乃有时臣不敢与臣言臣，子不敢与子言子，而此一臣与此一子，不幸而两不相值耳。设幸而相值，而此臣正欲诉之此子，而此子亦正欲诉之此臣，则岂非臣固孤臣，而子又即孽子乎？

夫子亦何尝之有父母爱之，家之祯祥也；父母恶之，即家之妖孽也。即孽亦何常之有，我生不辰，天作之孽也。我罪伊何，自作之孽也。于是而不谓所遭之是子也，而谓之孽子。是不谓所遭之实孽也，而犹称子。

父兮生我，母兮鞠我，独我子也乎哉。至父不嗟予子，母不嗟予子，而子道曲折甚矣。亦属于毛，亦离于里，夫非尽人之子哉。至不以我为子，不以我为人，而子身频死屡矣。

朝廷远而家庭近，世有吊孤忠者矣，未有吊孤孝者也。独至孽子而家更之远竟若朝廷。君后严而家人亲，世有未被君恩者矣，无有未被亲恩者也。独至孽子而二人之威侔乎君后。

故将谓不肖子不孽，圣子独无孽乎？幸为文，不幸为舜，其子而圣，文所同也。舜而孽，圣所独也。将谓顽父有孽，慈父独无孽乎？幸为曾，不幸为闵，其父而慈，曾所同也。慈而孽，闵所独也。又将谓余子有孽，嫡子独无孽乎？幸为周襄，不幸为晋共，其孽而嫡，襄所同也。嫡而终孽，共所独也。

嗟哉！孽子也，骨肉奇而险阻备。幸哉，孽子也，天伦迫而鬼神通。[1]

---

① （清）金圣叹著：《小题才子书》，万卷出版公司 2009 年版，第 190 页。

《孽子》选自金圣叹《小题才子书》，被评为"奇文快论，汹汹涌涌，令人望洋惊叹"。该题文出自《孟子·尽心上》。朱熹集注云："德慧者，德之慧。术知者，术之知。疢疾，犹灾患也。……孤臣，远臣。孽子，庶子。皆不得于君亲，而常有疢疾者也。达，谓达于事理，即所谓德慧术知也。"[①]朱熹解释"孽子"为非嫡妻所生的庶子，而刘侗却抛弃朱注，全篇并不从庶子方面给出阐释，而是把"孽"字的落脚点放在"独"上，认为"父母恶之，即家之妖孽也"，"我生不辰，天作之孽也"。刘侗敢于发常人所不敢发之议论："圣子独无孽乎？幸为文，不幸为舜，其子而圣，文所同也"；"余子有孽，嫡子独无孽乎？""嫡而终孽，共所独也"。这些句子推翻朱注，从新的视角来阐释"孽子"的内涵，读之令人瞠目，因而有人称此文"字字奇，字字快，字字险"[②]。与同一时期八股文家喜作长篇股对有所不同，刘侗为文通篇句式短而奇，笔势急促有力，说理推陈出新。因此，他的八股文以鲜明的奇拗之风，在明代后期八股文坛上别开生面。

明末的诗人兼书画家李流芳延续八股文出新出奇的风格，其《五就汤五就桀者伊尹也》一文被金圣叹连以九个"奇"字冠以"此文真天下之奇"："开时不从伊尹起，却从伯夷起，便欲注射何必同句，一奇也。将夏商不足当伊尹眼中一抹，伊尹眼中单见有仁，二奇也。公然取汤与桀，置之等盘中，算其孰与仁便，三奇也。就汤是聘，就桀是进，百忙中写得最明画，四奇也。整整齐齐，一似呆人数簧，排列出汤五就、桀五就来，不顾人笑，五奇也。五段都是先就汤，后就桀，并不曾误倒，六奇也。五段第一段详，后四段皆从略，七奇也。汤曰四套之，桀曰终套之，算得最精细，八奇也。直写到不疑不讳田地，九奇也。"[③]此文可

①　(宋)朱熹撰：《四书章句集注》，中华书局 2014 年版，第 361 页。

②　见《明文小题穿薪》，转引自龚笃清《明代八股文史探》，湖南人民出版社 2005 年版，第 664 页。

③　(清)金圣叹著：《小题才子书》，万卷出版公司 2009 年版，第 184 页。

谓将八股文追新求异之风发挥到了极致。

明代后期八股文的总体风格是在阳明心学的直接影响下，敢于打破常规、追新求异。不少人因文奇而取得功名，亦有相当一部分人因文章独特而在八股文史上留名。士人争相于程朱理学之外抒发自己的新奇见解，给明代后期八股文注入了生机与活力。

受阳明心学影响，明代后期士子作八股文往往不遵从程朱传注，而是以自己对经义的理解来书写八股文，八股文的语言、形式、风格都有了不同层面的变化。在此基础上，依照行文语言、风格、技巧等方面的区别，八股文坛呈现出百花齐放、流派林立的场面：隆庆、万历年间"除了正嘉时代的以古文为时文的唐宋派外，还出现了受王学影响的以佛老心学入八股的理学派；陶望龄、袁宏道、王思任为等代表的奇矫派；有汤显祖等学魏晋风格的才情派；董其昌等以技巧取胜的机法派；以八股文为清议讽喻现实的东林派，等等"。① 天启、崇祯年间则主要有"江西派的章世纯、陈际泰、罗万藻、艾南英，云间派的陈子龙、夏允彝，娄东复社派的张溥、张采，以及金声、黄淳耀等"。② 这些派别有些是受阳明心学影响、为抒发性灵而产生，有些则是为肃清阳明心学末流给八股文带来的流弊而产生，共同构成了明代后期八股文的繁盛局面。

然而，由于明代后期阳明心学流派众多，阳明后学对师说的接受和理解不同，导致心学在传播过程中不可避免地滋生流弊、走向衰落，这对八股文也产生了很大的消极影响。明代后期八股文陷入空疏怪诞、驳杂不醇的危机之中。对于明代后期八股文的消极状况，天启年间的礼部尚书朱国祚曾有过具体描述。③

这是因为，受心学影响的士人，对儒家经典的造诣和理解程度各有

① 孔庆茂：《八股文史》，凤凰出版社 2008 年版，第 129 页。
② 孔庆茂：《八股文史》，凤凰出版社 2008 年版，第 207-208 页。
③ 龚笃清：《明代八股文史探》，湖南人民出版社 2005 年版，第 390 页。

高低，这使得他们的写作水平参差不齐：才力高者得益于心学解放思想以及八股文语言、形式和风格的多变，写出观点新颖独特、理气充沛的好文章；才力低者只能盲目地受心学末流影响，为求新奇而跳离八股文的功令限制，写的文章徒有形式、杂乱恶俗，令人不忍卒读。阳明心学推翻了程朱理学在八股取士中的权威地位，进而导致八股文的语言、文风和体式都向着空疏庸腐的方向发展，这是明代后期八股文陷入危机的重要原因。

首先，从八股文的语言方面来看。虽然阳明心学为明代后期八股文引入禅语庄说，在一定程度上开拓了语境；但阳明末流对佛、道的过度追捧，又导致八股文的语言驳杂不醇、空谈老庄之风盛行。王阳明本身的思想就出入儒释道之间，他自己也曾说过自己年轻时候准备科考，沉心在诗词歌赋上。后来认识到要投身于正统的经学，但是面对纷杂的各种学说，不知道怎么开始，于是转向佛学和老庄，觉得心有戚戚，认为圣贤的要义就在这里了。但是（佛学和老庄的学说）和孔子的学说常常发生抵牾，应用在日常生活里，又总是不合适，就这样反反复复，半信半疑。（《朱子晚年定论序》）王阳明的一些语录记载了他曾与弟子畅谈佛道，有些心学思想甚至与释道有异曲同工之妙。阳明殁后，其弟子王畿（龙溪）、王艮（泰州）广收弟子进行讲学，在传播心学的过程中逐渐偏离阳明本旨而陷入狂放空疏，阳明心学逐渐流于狂禅。正如黄宗羲总结的："王守仁的学说，因为有王畿、王艮而被广泛接受，也因他们二人而逐渐偏离原有的学说。王畿、王艮常常不赞同王守仁的说法，又发现了瞿昙的奥秘因而尊之为师，这样就把王阳明的学说沦为了禅学。"[1]因此，明代后期阳明末学的八股文又普遍背弃师说，代以佛氏、禅宗之玄虚，为文空疏而无实理。

---

[1]　（清）黄宗羲：《明儒学案》卷三十二《泰州学案序论》，中华书局1985年版，第703页。

一些阳明后学崇尚佛老甚于心学，佛老思想在士人间广为流行，给明后期八股文造成了恶劣的影响，因而明后期不少学者对此展开批判。王夫之《船山遗书·噩梦》提到万历朝中期，遵奉阳明心学的人开始兴起，他们照搬佛家的顿悟说，舍弃经义，导致正统典籍被扔在一旁，文章也乏人问津，互相只切磋诗词歌赋。考官也是才疏学浅，只看第一场考试的文笔是不是浮夸华丽，士人的风气就糟糕到这种无以复加的程度。① 阳明后学只是剽窃禅宗之"悟"，将经书传注束之高阁，只是一味模拟前人的作品，崇尚辞藻、为文空疏。再加上取士的试官也多崇尚浮华、追新求异，因此导致明后期的士风更为低下。

在此基础上，不遵依程朱理学的文章逐渐得到主试官的偏爱和士人的推崇，士子为了让自己的见解更吸引人，必然讲究文辞华美，这就导致一些才气平平的人只注重堆砌词藻，而无法驾驭词句以阐释义理。王夫之针对这一弊端曾云："隆庆、万历年间时，文风变得靡弱。用阳明及诸子语录代替古文，用自己胡乱造的语言代替实实在在的讲述，认为杜撰的言论风格清新，用俚俗的语言来写文章，用挑和撮的手法来使文章显得工整。就好比黄贞父、许子逊这样的人，他们的文章如同鸲鹆学语，却受到广泛喜爱，因此使文人的好文章几十年都不受重视。"② 士人对于辞藻的追求变得弱靡奇僻，语录、填词入文，甚至杜撰、生造之语也进入八股文，八股文陷入俚俗庸腐之境。

其次，从八股文的文风上来看，受阳明心学影响的士人在写作八股文时，完全不依程朱传注、注重抒发个人见解，八股文中弥漫着追新求奇的风气。士人过分讲究文章的灵变、奇矫，常常不顾题旨，以己意代替经文和程朱传注，以便文章出奇出新。而文才低下者更是为求新奇而新奇，文句经不起考证，极易造成八股文的空疏之风。吕留良说："以

---

① （清）王夫之：《船山全书》第12册，《噩梦》，岳麓书社1996年版，第569页。
② （清）王夫之：《船山全书》第15册，《夕堂永日绪论外编》，岳麓书社1996年版，第849页。

前的学者精通理学，常有所顿悟，虽不遵守训诂，但又暗合程朱传注的精妙。自从嘉靖、隆庆之后，邪说逐渐占据上风，背离了正统的学说。就算是有所顿悟，那一定是背离程朱，还不如墨守传注好。"①明代后期受阳明心学影响，士人作八股文为了"有所发明"，往往违背程朱传注、处处离经叛道。这些八股文凌驾于题旨之上，显得空疏庸腐，远比不上墨守成规和适当"发明"之作的理气充沛、义理精妙。

最后，从八股文的形式上来看，阳明"心即理"、"致良知"注重从本体功夫着眼，取代了朱熹从下学功夫着眼的格物穷理说，造成士人过度关注自然本心的作用，而不去学习经史理义；进而导致八股文只从形式上着眼，套用陈词滥调，而无实在内容。如孙鑛所云："夫吾等往日业举子时不甚避时套乎？时套非恶，以其工之者至而庸众袭之，遂成套，所谓神奇化而为腐臭也。"②士人争相揣测程墨的行文方法，割裂甚至抛弃传注，只求文章技巧机法的圆熟、奇巧，八股文渐入空疏俗调。

由此可见，尽管明代后期八股文的繁盛得益于阳明心学对语言、形式和风格的积极影响，其全面衰颓和陷入危机亦离不开阳明心学衰落带来的消极影响，可见阳明心学对明后期八股文的影响不容忽视。

二、复兴儒学运动与清真雅正之风的倡导

阳明心学强调人的内心体验，改变了士子作八股文的观念，全面突破了八股文的程式规定，导致明代后期八股文各方面都标新立异：一方面给明代后期八股文带来了生机与活力，促进了八股文的繁荣；另一方面阳明心学末流对八股文的消极影响，以及士人过度地滥用语言、求新求异和追求形式化，又使八股文流于空疏怪诞、陷入危机。

晚明时期，阳明心学流弊渐显，不可避免地走向衰落，学术界和思

①　《吕晚村先生论文汇钞》转引自孔庆茂：《八股文史》，凤凰出版社 2008 年版，第 133 页。

②　王孙荣编著：《孙月峰年谱》，大众文艺出版社 2009 年版，第 187 页。

想界开始深刻地反思心学带来的弊端：针对阳明心学及其末流，八股文大家们积极组织文社展开复兴儒学正统的运动，力图肃清心学流弊、恢复程朱理学的地位；针对阳明心学及其末流影响的八股文风，则有艾南英等倡导的八股文"清真雅正"之风。

1. 复社、几社等以复兴儒学正统为旨归

明代后期，八股文受阳明心学及其末流影响，陷入空疏怪诞、驳杂不醇的危机之中。为肃清心学流弊、复兴儒学正统，一些八股制度和程朱理学的拥护者积极展开振兴八股文的运动。正如明末八股文大家艾南英所云："夫文章之道，始而质，终而文，然后盛极而衰。迨衰矣，又有维且挽之者而复盛。"①在振兴八股文的运动中，文社首当其冲，其中最为突出的便是复社、几社等。复社、几社等是针对明后期八股文的种种弊端而形成的，为纠正阳明心学末流的空疏和士人的孤陋不学而兴起，他们提倡实学，掀起经世、复古思潮，显得异常繁盛。复社、几社等文社的成员遍及全国，他们对学风的反思，在晚明引起了复兴儒学正统的社会思潮。

复社成立于崇祯二年，是明末最大的文社联盟，"复"即是"复古"、"兴复绝学"之意，代表人物有张溥、张采、钱禧、吴伟业等。张溥认为八股文应该仿秦汉之气，遵循四书五经中的义理。几社则是由陈子龙、夏允彝等人发起成立，"几者，绝学有再兴之机，然后得几其神之义也。"②陈子龙在选编八股文时的宗旨是"文当规摹两汉，诗必趣宗开元，吾辈所怀，以兹为正，若晚宋之庸沓，近日之俚秽，大雅之道，吾知免矣。"③可见，二社的共同点乃是恢复被阳明心学所遮蔽的儒家正统

① 艾南英《文定序上》，转引自龚笃清《明代八股文史探》，湖南人民出版社 2005年版，第 561 页。

② 杜登春《社事始末》，转引自龚笃清《明代八股文史探》，湖南人民出版社 2005年版，第 568 页。

③ 陈子龙《壬申文选·凡例》，转引自龚笃清《明代八股文史探》，湖南人民出版社 2005年版，第 568 页。

学说，学习秦汉的文章风气，希图以此振兴八股文。

他们复兴儒学正统的举措主要有二：一是集会切磋；二是编选范本。

复社、几社等文社的成员多由各地的生员组成，他们为研习八股文、取得科考功名而相互结为社团，定期举行聚会探讨《四书》《五经》，习作合乎程朱理学的八股文。崇祯年间，复社就多次于乡会试前后举办规模空前盛大的集会，为举子提供互相切磋八股文的机会，如崇祯二年的尹山大会，崇祯六年的癸酉虎丘大会等。这些集会是时人重要的文化思想交流活动，承载了复兴儒学正统的寄托和志趣。同时，士子们往往以"时文"的方式来切磋义理文章，八股文在复兴儒学正统的思潮下，面貌悄然改变。

为了对抗庸腐的坊刻程墨时文选本，发扬文社复兴儒学的八股文理念，复社、几社等文社成员们积极编选成弘、化治以来的名家名作，以及社员的程墨、社稿，以供士子学习，向举子提供符合程朱理学标准的八股文范本。如复社选有八股文集《国表》，其成员钱禧、杨廷枢共同选评了《皇明历朝四书程墨同文录》，畅销天下；几社则编选陈子龙等人的八股文、刊刻成《几社会义》，这些八股文集本自儒家正统，满足了士子们的科举应试需求，受到举子们的追捧。

由于这些文社以复兴儒学正统为旨归，他们写出的八股文自然更贴近统治阶层的意愿，因此复社、几社等文社成员的录取率也是相当之高。仅就复社而言，共历经崇祯朝的五次会试，取得了不凡的成绩：据统计，这五次科考共录取进士1906人，其中复社成员就有193人，占进士录取总数的10%，复社更有6人问鼎一甲前三名，录取质量也是很高的；而复社总成员共2000余人，其进士中试率为9%，举人中试率更高达19%。① 文社成员们在科举上的巨大成功吸引了更多士人的加入，

---

① 参见朱子彦《论复社与晚明科举》，《社会科学》，2009年第3期。

文社的力量因此更为壮大，其复兴儒学正统的理念也在更大程度上得以弘扬。

复社、几社等文社成员的八股文，与受到阳明心学影响的时文有很大的区别。以几社领袖陈子龙的八股文为例，他共有11篇文章入选《钦定四书文》，体现了清朝统治阶层对其文章的肯定。陈子龙非常擅长在八股文中发明议论，其《孟子之平陆（全章）》虽是以古文笔法写就，但议论极其有力。其《能尽人之性（二句）》一文被评谓："杂引而不病于腹中，有浩气行乎其间。故英词奥理皆为我驭。""不独浩气足以行之于圣人，知明处当意，却无一处不贯串也。此种在昔人本非上乘，聊使空疏者知不可无学耳。若不求理之是、气之充，而但竞富有，未有不入于昏浮滞塞者。"①陈子龙的八股文不同于受阳明心学影响的空疏之文，而是用语严格符合儒家正统，以真才实学来说理，因此有浩然之气蕴于其中，显得理真气足。

天崇年间，陈子龙、夏允彝、张溥等以其八股文长于议论、清隽藻丽、贴近现实而名垂文史，金声、黄淳耀等以其八股文理气充沛、笔势雄浑而备受推崇。这些明末的八股文大家们结成文社，自发地摆脱阳明心学及其末流的消极影响，试图重新恢复起程朱理学的儒学正统地位，提倡格物致知、上学下达的实学，确立起新的学风、文风。由于晚明的复兴儒学、振兴八股文运动的兴起，八股文坛一扫空疏庸腐、驳杂不醇的风气，转而复归程朱理学、向清真雅正方向发展，为明代八股文史留下辉煌的一页。

2. 艾南英等力倡清真雅正之风

晚明时期，复社、几社、豫章社等文社，以复兴儒学正统为宗旨，抗衡阳明心学及其末流；而因这些文社对八股文的风格取向偏好不同，

---

① 龚笃清《八股文汇编》，岳麓书社2014年版，第706-707页。

又形成了娄东派、云间派和江西派三大八股文流派鼎力的局面。① 其中由豫章社发展而来的江西派，是晚明影响最大的八股文流派，其成员艾南英等针对阳明心学及其末流影响的八股文风，积极展开振兴八股文的运动，倡导清真雅正之风。

江西派同样是针对明后期八股文的种种弊端而形成的，为纠正阳明心学末流的空疏和士人的孤陋不学而兴起。江西派的主要人物有艾南英、陈际泰、章世纯、罗万藻等，他们被称为"江西四大家"或"豫章四子"，又与杨以任并称"江西五子"。他们的文章都是以经史诸子学问为根底，经过自我的思想陶铸而阐发出新意，虽援用前人注疏和诸子之语却又与文章融为一体，令人耳目一新，如：

> 天、崇之间文体败坏已极，一时转移风气，豫章诸君之力居多。陈大士文最奇横，如苏海韩潮；章大力幽深劲鸷，如龙盘蛟起；罗文止清微淡远，如疏雨微云；杨维节缠绵精采，如剑气珠光；至于艾千子则所谓公输运斤指挥如意、师旷辨音纤微必审者也。②

艾南英等强调要靠读书穷理去达到对四书五经的理解，"以一己之精神透圣贤之义理"，不盲从传注，要有真才实学。艾南英等人的八股文，对明末乃至清朝"清真雅正"的文风产生了巨大的影响，他们的八股文被清朝官方所推崇，占据《钦定四书文》"启祯文"数量的半数以上。而清朝的衡文标准即是"清真雅正"，江西派中艾南英对于这一文风的树立出力最多。

---

① 参见孔庆茂《八股文史》，凤凰出版社 2008 年版，第 216 页。

② 郑灏若《四书文源流考》，转引自孔庆茂《八股文史》，凤凰出版社 2008 年版，第 227 页。

八股文的"清真雅正"主要包括两个方面：内容宗程朱，风格宗成弘。

艾南英是程朱理学坚定的维护者。为重新确立起八股文中程朱理学的独尊地位，艾南英提出了明确的写作理念，认为八股文应当"遵奉《大学》《中庸》《论语》《孟子》等书，用朱熹的章句来断句，以此裁剪成为考题，写明其中的奥义，就像圣人亲口说的那样。"①艾南英更致力于八股文选本与八股批评，以此来拥护程朱理学。他通过为八股文选本撰写序言来表达自己的写作理念和作文主张，并先后编选了《明文定》、《明文待》等，以评点文章来表达他复兴儒学正统的观念。艾南英试图借此肃清阳明心学及其末流给八股文风带来的弊端，恢复程朱理学在科举考试中的地位。

艾南英赞赏成弘、化治年间质朴古拙的文风。针对阳明心学造成的文风轻佻空疏、"以俚谚为丰华"，艾南英主张"人以华，吾以朴；人以浮，吾以奥；人以俚语，吾以经术"。②　他的八股文《心之官则思（二句）》、《民为贵（一章）》等便是明证，风格朴质刚健、清古坚辣，于朱熹集注中求理，因题而展开，常有独到之处。

与此同时，艾南英还对不合乎"清真雅正"这一标准的八股文展开了抨击，他的《历科四书程墨选序》《再与周介生论文书》《陈兴公湖上草序》等篇章都表现出对诸子佛禅进入八股的不满。他的《增补文定待序》谓："十几年前，士人谈论经义就鄙薄程朱，写作八股文就骂古代的贤人。但是把百家之言、六朝的琐语，和郭象、王弼等人的句子奉为圭臬，而今却被大家唾弃。"③而这些诸子佛禅之语受到士人推崇，进而广

---

①　艾南英《明文定序上》，转引自龚笃清《八股文汇编》，岳麓书社 2014 年版，第 601-602 页。

②　（明）艾南英《天傭子集》，戊辰房书删定序（卷一），道光十六年家塾藏本。

③　（明）艾南英《增补文定、待序》，转引自龚笃清《明代八股文史探》，湖南人民出版社 2005 年版，第 576 页。

泛渗入八股文，实乃受阳明心学的影响。由此可见，艾南英批判的正是阳明心学及其末流影响的八股文风。

艾南英甚至对同为江西派的陈际泰、章世纯也毫不留情，这是因为陈、章二人接受心学思想，在八股文中时有心学及佛禅的见解。由于他们的时文在当时被广为流传、仿效，八股文也就更加偏向阳明心学、更加偏离清真雅正的轨道。为此，艾南英专门刊选《四家合作摘谬》，对包括自己在内的江西四家的八股文中不合圣贤之道的地方作出批评，体现了他践行程朱正统、倡导清真雅正文风的坚定决心。

除此之外，与艾南英同时代的有识之士也积极选刊八股文集，力图肃清心学流弊，为八股文清真雅正标准的确立作出了贡献："张天如选《五经文字》，郑墨阳选《四十名家》，韩乌程选《文在》、《文室》、《文闲》，顾九畴《文传》，陈溧阳选《名家制义》"①等。一些八股文大家们还纷纷刊刻自己的八股文，如艾南英有《艾千子稿》、陈际泰有《陈大士近稿》、金声有《金正希近稿》等。他们以自己的文章为表率来振兴八股文，后人对此给予高度评价："故其名家之杰特者，融经传而抒性灵，雄奇奥衍，郁勃淋漓，可兴可观，光气不得泯没。其至者直凑单微，几令圣贤馨咳如闻。思力所造，途径所开，实多前辈所不能到。"②

艾南英等希图以这些符合儒家正统思想、文风清雅、语言质朴、体式标准的名家作品，来抵抗阳明心学及其末流所影响的八股文风，恢复八股文的"清真雅正"。正是在艾南英等八股文大家的全力攻击下，阳明心学及其末流所影响的八股文风走向了衰落。

阳明心学改变了士子作八股文的观念，全面突破了八股文的程式规定，导致明代后期八股文各方面都标新立异，一定程度上促进了八股文

①　(清)阮葵生撰，李保民校点：《茶余客话》卷十六，上海古籍出版社2012年版，第377页。

②　杨懋建《四书文源流考》，转引自孔庆茂《八股文史》，凤凰出版社2008年版，第205页。

的繁盛。比如诸子及释道语汇的纯熟运用，自由灵活骈散句式的灵活使用，以及各种全新八股文风和流派的形成，都改变了此前八股文千篇一律的古板面貌，构成了八股文历史的灿烂篇章。然而，任何一种风格或流派的生命力都是有限的。受阳明心学及其末流影响，晚明士子们过度地受心学影响、追求自然本心，又导致八股文陷入空疏庸腐、驳杂不醇的危机。八股文风的标新立异，最终走向了与阳明心学后期发展相对应的"空疏"、"支离"等流弊中。

阳明心学在儒学史上的发展轨迹，到了明末这个特殊的节点，已经明显式微。晚明更加严酷的社会政治现实，又推动着当时的士人从思想层面来反拨阳明心学。由于文化思想和文体风格的紧密联系，我们看到：在文化思想一面，针对阳明心学及其末流，有复社、几社等积极展开复兴儒学正统的运动；在文体风格一面，针对阳明心学及其末流影响的八股文风，艾南英等八股文大家积极倡导清真雅正之风。随后，这一"清真雅正"的标准更是被清朝官方所继承，并被确立为衡量八股文优劣的重要指标，对清朝的八股文风产生了重大影响。

本章就"阳明心学与明代后期八股文"之关联从不同层面作了初步研究。通过以上研究，本章得出如下结论：

其一，科举制度是阳明心学与八股文产生关联的前提。明初的科举考试推崇程朱理学，并对作答文字有严格的规定，这就导致了八股文风的僵化。由于八股文是士人进行儒学探讨和切磋的重要文体，八股文风的僵化也从侧面反映出儒学本身的僵化。阳明心学在明中后期适时出现，构成儒学内部的新思潮，就必然会影响到"科举"这个文化阵地的面貌，必然会带来八股文的革新。

其二，阳明心学的发展虽历经曲折，不断受到官方的打压，但因这一理论具有内在的合理性，有助于社会问题的解决和士气的发扬，所以终能突破重围，广泛渗入到明中后期的八股文中。嘉靖朝的几位八股文大家如唐顺之、茅坤、薛应旂等已经在八股文中表现出心学倾向，隆庆以降，不少推崇心学的官员主持会试并公开宣扬阳明心学，明显带有心学倾向的士子频繁高中，这些都证明了阳明心学在科举和八股文中的影响力。明代后期的程文、墨文以及士子的习作，集中表现出阳明心学的存在，士人甚至明弃朱注而代以心学思想来阐释儒家经典，八股文的内容灿然一变。

其三，阳明心学给明代后期八股文带来了生机与活力：广泛吸收诸子及释道语汇，不再局限于程朱传注；形式自由灵活、骈散结合，而不是恪守股对格式；风格追新求奇、流派林立，不再千篇一律。但由于阳明心学的三教合一倾向，其末流甚至流入狂禅、空疏，这加重了明代后期士人对心学理解的偏差。士子的心性和人格不断突破传统的儒家规范，晚明八股文陷入空疏庸腐的危机，都与阳明心学由盛到衰的发展历程息息相关。抛开王阳明本人的学术思想及心学传播之间的出入不谈，阳明心学在明代后期八股文坛所导致的正面或负面的后果，都是可以确认的。

其四，阳明心学在明末走向衰落、陷入危机，受其影响的八股文风也流弊渐显。晚明恶劣的政治社会现实，促使士人们对朝政及士风加以反思，阳明心学面临越来越多、越来越重的指责，复兴儒学正统的运动就此兴起。与此相应，作为儒学阵地之一的八股文，也因艾南英等的倡导而重兴“清真雅正”之风。

其五，明代后期八股文风的变化，是由诸多复杂因素导致的。本章并不否认阳明心学之外，还有其他因素的存在，比如明中后期特殊的政治气候、发达的商品经济、狂狷的士风、文学流派的影响等。但是，在文化思潮与文体风格关系的视野下来考察八股文风变革，阳明心学无疑是一个不容忽视的重要研究对象。它与八股文风的变革，确实存在密切关联。本章的任务，即在描述这些关联的具体情形，并为我们更好地认识明代的儒学思潮与八股文提供一个新的参照角度。

第四章 冯梦龙智慧观与小说《智囊》研究

提到冯梦龙，人们最熟悉的是他的"三言"(《喻世明言》《警世通言》《醒世恒言》)。在现有的研究中，"三言"受到的关注最多，成果最丰。相较而言，冯梦龙编纂的几部文言小说集《智囊》《古今谭概》《情史》受到关注较少，而三者之中，《智囊》尤甚。《智囊》是冯梦龙编纂、评点的一部重要的专题性文言小说集，编者从先秦到明代的各种典籍中选取一千多则有关"智"的故事，分为"上智"、"明智"、"察智"、"胆智"、"捷智"、"术智"、"语智"、"兵智"、"闺智"、"杂智"等十部，每部又分若干小类，每类一卷，共二十七卷。每部有总序，每卷有小引，部分小说篇末有按语和评点，原本辑于天启六年。初刻"滥蒙嘉许，而嗜痂者遂冀余有续刻"，于是冯梦龙又于崇祯七年作了增补改订，更名为《智囊补》(或称《智囊全集》)，共二十八卷。该书在明清时期流传甚广，有多种刻本。现代也有多家出版社整理出版，是文言小说中少见的畅销书。从时间上看，《智囊》出现在政治异常幽暗，思想却异常活跃的晚明，从地域上看，《智囊》诞生于当时文化和经济都空前繁荣的江南。"晚明江南"这样具有象征意味的时空背景，使得深入研究《智囊》有十分必要的文化意义。冯梦龙作为一个才华出众却仕途失意的文人，将他的全部情感、志向、愿望都诉诸笔端，《智囊》中的故事、按语与评点不仅集中体现了冯氏的智慧观，而且还包含他对历史人物、当朝人物的评价，对政治、军事的独到见解，更表达了他在现实中不能实现的救世情怀与政治理想，是研究其思想不可或缺的资料。《智囊》内容庞杂，取材广泛，保存了许多珍贵小说材料，不仅具有较高的校勘价值，而且成为明清拟话本小说重要的取材源头。因此，无论是基于对冯梦龙研究进一步深入和开拓的考虑，还是基于该书的文化价值、文献价值，《智囊》研究都有重要意义。

遗憾的是，在文学史中，《智囊》一般处于被遗忘或半遗忘的状态，前辈学者在著作中提及《智囊》时大多轻轻带过，或仅作简单介绍，没有对其进行系统全面的论述。现有的研究文章虽然对《智囊》的编纂艺术、文学价值、智慧观等有初步探讨，取得了一定的成果，但大多只论述了某一个方面的问题，比较零散，对于我们全方位地理解把握该书是不够的。

目前，国内以《智囊》为主要研究对象的论文可分为以下几类：第一，研究《智囊》的编纂艺术，如房厚信《从〈智囊〉看冯梦龙的编纂艺术》(《求索》2012 年第 4 期)认为冯梦龙在该书中运用了题材的重组黏合、情节的删削提炼、行文的润色修饰、标题的增补重拟等编纂方法，展示了他卓绝的编纂才能。房厚信《冯梦龙〈智囊〉编纂体例探析》(《安庆师范学院学报》(哲学社会科学版)2012 年第 1 期)认为《智囊》不仅具有取材专一和钟情史书的特点，而且工于创造，一方面打破"述而不作"的传统，对小说进行精妙的评点，另一方面将搜罗的智慧故事按照层递、并列、正反相较三种结构关系进行精心编排，编纂体例特色鲜明，对后世影响很大。第二，探讨《智囊》中的智慧观，如尤其《智的内涵、功用、来源及表现形式》(《宁德师专学报》(哲学社会科学版)1994 年第 1 期)从内涵、功用、来源、表现形式等方面首次对冯梦龙的智慧观进行了比较全面的梳理。傅承洲《〈智囊〉的编辑与评点》(《江苏社会科学》2012 年第 4 期)认为《智囊》的编辑动机在于开启民智，为统治者提供借鉴，其中的分类、评点体现出冯梦龙对智慧的独到认识。第三，探讨《智囊》作为笔记小说所具有的文学价值，如吴惠敏《论冯梦龙〈智囊全集〉的人物塑造》(《学术论坛》2009 年第 3 期)明确指出《智囊》借鉴了《史记》人物塑造艺术中的比较法和互见法，创造了不同述评结合方式的人物塑造形式，使用了以记事为核心、以人物语言为基本要素的形象塑造方法，体现了写古用今的人物塑造意旨。文章观点颇具学术眼光，论述角度比较全面，美中不足的是材料罗列较多，"论"的部分尚有待深入；房厚信《〈智囊〉成书缘起、性质和文学价值》(《阜阳师范学院学报》(社会科学版)2010 年第 4 期) 从文化思潮、编纂动机、市场需求三方面简要交代了《智囊》的成书缘起，将其归为小说类，并从小说史的角度肯定了其文学价值。第四，《智囊》和《智囊补》的比较，如栾保群《关于〈智囊〉和〈智囊补〉》认为《智囊补》是《智囊》的"增订版"，两书细目的次序有所变化；吴国庆《〈智囊〉和〈智囊补〉比较》(《徐州教育学院学报》(哲学社会科学版)1998 年第 3 期) 认为《智囊补》是对《智囊》的修订和完善，主要体现在收目的完备性、编目的科学性、文字的可读性三个方面；金芬《〈智囊〉研究正误二则》否定了《智囊补》是《智囊》增订本，《智囊》内容已全部为《智囊补》所囊括的说法，从篇目、内容上对二者进行了比较。此外，有代表性的论文还有夏咸淳《〈智囊〉诸书与晚明崇智思潮》(《学术月刊》1998 年第 10 期)，探讨了以《智囊》为代表的晚明智书的思想特色及其产生的社会背景和历史渊源，其研究思路颇具启发性。徐永斌《"二拍"与冯梦龙的〈情史〉〈古今谭概〉〈智囊〉》(《明清小说研究》2005 年第 2 期) 梳理出了"二拍"中取材于《情史》《古今谭概》《智囊》的篇目，可见冯梦龙著述对"二拍"的影响。

总之，现有的《智囊》研究，主要就其编纂与从《三言》的角度着手，而其性质以及在《智囊》中冯梦龙的思想韬略甚至于感情立场，学界就这些方面的研究完全是空白的。本章尝试从历史、地域文化的角度切入，将《智囊》定位在"晚明江南"这一特殊文化背景下，并对《智囊》这本书内容及其性质做出判断，包括以下五个方面：一是《智囊》编纂的时代文化背景；二是《智囊》的内容介绍和对其中分类内在逻辑的评价；三是对《智囊》中的评点及作者思想观点的辨析；四是《智囊》中某些奸诈智谋运用情况及其评述的辨析；五是《智囊》政治思想与冯梦龙的政治实践。

第一节 《智囊》文本生成的生态考察

一、时代风尚流变与《智囊》产生的文化背景

1. 晚明人文主义思潮的兴起

关于晚明，嵇文甫先生在《晚明思想史论》开篇有一段抒情式的描述："晚明时代，是一个动荡时代，是一个斑驳陆离的过渡时代。照耀着这时代的，不是一轮赫然当空的太阳，而是许多道光彩纷披的晚霞。你尽可以说它'杂'，却决不能说它'庸'；尽可以说它'嚣张'，却决不能说它'死板'；尽可以说它是'乱世之音'，却决不能说它是'衰世之音'。它把一个旧时代送终，却又使一个新时代开始。"①诚如嵇先生所言，晚明处在中国历史上一个变革的时代，随着商品经济的空前发展，市民阶层的崛起，士阶层的批判精神进一步强化，在意识形态领域占据统治地位的程朱理学已严重脱离实际，日渐腐朽，为适应社会现实的需要，思想界掀起了一股浩浩荡荡的人文主义思潮。这股思潮在哲学上表现为竭力阐发人的主体意识和社会价值，提倡个性解放和人文主义，主张阐扬伦理自觉和独立人格，以及"激励奋进，冲决罗网，焚烧荆棘，荡夷汙泽"（《陆九渊集》卷三十五《语录下》）的意志，表现出对理性自觉精神的深切追求。它以泰州学派的王艮、何心隐、李贽、公安三袁等为主要代表人物。泰州学派的创始人王艮是明中叶以来著名思想家，他师从心学大师王阳明，不事诗书，唯贵心悟，唯重实践，认为"百姓日用即道"，"百姓日用条理处，即是圣人之条理处。圣人知便不失，百

---

① 嵇文甫：《晚明思想史论》，东方出版社2013年版，第1页。

姓不知便为失"。他肯定饮食男女之性，认为这是人的天性的自然权利，不容许人为安排和干涉。所谓"天理者，天然自有之理也"，"凡废人为，皆是作伪"。他反对学者消除欲望，主张以乐为学，其《乐学歌》云："人心本是乐，自将私欲缚。私欲一萌时，良知还自觉。一觉便消除，人心依旧乐。"泰州学派的继承者何心隐继承了王艮"人欲就是天理"的思想，反对禁欲主义。他肯定人欲存在的合理性，对"无欲"说进行批判，同时主张"寡欲"，即对人欲进行节制和规范，防止其无限制的膨胀。他批判统治者腐朽奢侈的生活方式，并指出统治者的贪欲是"弃天弃道"的行为。他还提出"育欲"说，主张对人欲进行引导。统治者应当与百姓同欲，这显然含有人性平等论的因子，在当时具有积极的进步意义。此外，何心隐还具有强烈的平等意识，认为人和人之间是平等的，应该相互尊重，指出"凡有血气之莫不亲"，"凡有血气之莫不尊"①，冲破了传统尊尊亲亲的僵死界限，把尊尊亲亲扩展到所有人，这是非常进步的思想。左派王学的再传弟子李贽，公然以"异端"自居，宣扬"私欲"和"童心说"。他反对克己，肯定人欲，宣称"穿衣吃饭，即是人伦物理，除却穿衣吃饭，无伦物矣，世间种种，皆衣与饭类耳。"②他认为"夫私者，人之心也。人必有私而后其心乃见。若无私则无心矣"。③ 他首创"童心说"，认为"童心者，真心也。若以童心为不可，是以真心为不可也。夫童心者，绝假纯真，最初一念之本心也。若失却童心，便失却真心；失却真心，便失却真人。人而非真，全不复有初矣"。④ "童心"即"赤子之心"、"真心"，他以此反对虚伪的道统，主张个性解放。李贽还提出了自己的天赋平等论。他认为人人都有同等的认识能力和物质要求，圣人和普通人都是平等的，"上自天子，下至庶

---

① 容肇祖整理：《何心隐集》，中华书局 1960 年版。
② 李贽：《焚书》，中华书局 1974 年版。
③ 李贽：《焚书》，中华书局 1974 年版。
④ 李贽：《焚书》，中华书局 1974 年版。

人，通为一身矣"①。他批判传统的男尊女卑观念："余窃谓欲论见之长短者当如此，不可止以妇人之见为见短也。故谓人有男女则可，谓见有男女岂可乎？谓见有长短则可，谓男子之见尽长，女子之见尽短，又岂可乎？"②。在文学批评上，李贽打破视小说、戏曲为旁门左道的文学传统，给予《水浒传》《西厢记》等通俗文学很高的评价，甚至将小说、戏曲与儒家经典相提并论，称之为"天下之至文"。公安三袁的思想理论建树主要体现在文学方面，他们在李贽"童心说"的基础上提出"性灵说"，"独抒性灵"是其思想核心，其文学创作"大都抒性灵，非从自己胸臆流出，不肯下笔"③。性灵，既表现为作家人格的率性自然，更表现为尽情坦露，不加掩饰的创作态度。他们反对摹拟、仿古，主张创新、发展，强调真实自然，反对宋人以文为诗，真正做到"不效颦于汉、魏，不学步于盛唐，任性而发，尚能通于人之喜怒哀乐嗜好情欲，是可喜也。"④在文学批评上，三袁对小说、戏曲，乃至民间歌谣也给予了高度评价。袁宏道甚至认为："吾谓今之诗文不传矣。其万一传者，或今闾阎妇人孺子所唱'擘破玉''打草竿'之类，犹是无闻无识真人所作，故多真声。"⑤他们将《水浒传》《金瓶梅》等通俗文学视为逸典，与《六经》《离骚》《史记》等经典比肩。

2. 竞奢之风与文化消费的兴盛

学界普遍认为，晚明是一个竞奢时代。一般认为，奢靡之风从明中叶便隐然兴起。仅以江南地区为例。自南宋以来，江南经济发展远超其他地区，在经济繁荣的背景下，江南素以"俗尚奢华"著称。元末明初由于战乱原因，加之明太祖朱元璋对江南地区的刻意打压和抑制，奢华

---

① 李贽：《焚书》，中华书局 1974 年版。
② 李贽：《焚书》，中华书局 1974 年版。
③ 钱伯成笺校：《袁宏道集笺校》，上海古籍出版社 1981 年版。
④ 钱伯成笺校：《袁宏道集笺校》，上海古籍出版社 1981 年版。
⑤ 钱伯成笺校：《袁宏道集笺校》，上海古籍出版社 1981 年版。

之风暂时中断。而到明代成化年间，随着经济的复苏和繁荣，奢侈风气再度兴起。杭州"吴越地方千里，带甲十万，铸山、煮盐，象犀、珠玉之富，甲于天下……四时游嬉，歌舞之声于今不废"。① 松江"成化以来，渐侈靡。近岁益甚，然其殷盛非前代可比"。② 弘治时的湖州"冠、婚、丧、祭，惟务繁文"。③ 江南地区的情况不过是全国的一个缩影。京城社会风气早在正统时期便开始由俭入奢，京城以外北方地区在弘治年间纯朴社会风气开始变为奢侈，西南地区在嘉靖时兴起奢侈之风。到万历年间，各地奢侈风气达到顶峰，"今风俗侈靡，官民服舍俱无限制。"④台湾学者徐泓在《明代社会风气的变迁》中谈道："嘉靖以后，社会风气侈靡，日甚一日。侈靡之风盛行，消费增加，提供人民更多就业机会，尤其商品的贸迁质与量的增加，更促进商品经济的发达。侈靡之风盛行，又影响明末社会秩序的安定，僭礼犯分之风流行，对'贵贱、长幼、尊卑'均有差等的传统社会等级制度，冲击甚大。尤其侈靡之风，刺激人们欲望，为求满足私欲，乃以贪污纳贿为手段，破坏嘉靖以前淳厚的政治风气，使贪贿成风，恬不为怪，而贪渎之风，又倒过来刺激社会风气，使其更趋奢靡。"⑤诚如徐泓先生所言，奢靡风气对社会贪腐起着推波助澜的作用，极大地破坏了传统社会所推崇的淳厚之风。然而，从另一个角度看，奢靡风气也刺激着社会经济的发展，拉动人们的消费需求。翻开晚明的文集、笔记，甚至方志，随处可见时人对消费的狂热。这是一个物欲横流的时代，上至皇帝、士大夫，下至普通商人、

---

① 成化《杭州府志》卷十七风十，四库存目丛书史部地理类一百七十五册，齐鲁书社 1996 年版，第 250 页。
② 正德《松江府志》卷四风俗，四库存目丛书史部地理类一百八十一册，齐鲁书社 1996 年版，第 447-448 页。
③ 弘治《湖州府志》卷二风俗，四库存目丛书史部地理类一百七十九册，齐鲁书社 1996 年版，442 页。
④ 《明英宗实录》卷一六九，正统十三，八月已卯条。
⑤ 徐泓：《明代社会风气的变迁》，第二届国际汉学会议论文集，"中央研究院" 1989 年版，第 137-159 页。

老百姓，无不表现出对物质的热爱。人们消费的对象几乎遍布社会生活的各个领域，包括服饰、饮食、住宅、出行、请客送礼、婚丧嫁娶、休闲娱乐等。随着生活水平和文化水平的进一步提高，人们不只满足于物质方面的享受，还追求精神生活的丰富多彩，小说、戏曲等文化商品受到前所未有的欢迎和追捧，文化消费作为一种新型消费方式蓬勃兴起。文化消费和市场的活跃可由通俗小说的流行窥见一斑，据昆山人叶盛记载"今书坊相传射利之徒伪为小说杂书，南人喜谈如汉小王光武、蔡伯喈岂、杨六使文广，北人喜谈如继母大贤等事甚多。农工商贩，抄写绘画，家畜而人有之；痴呆文妇，尤所酷好。……至百态诬饰，作为戏剧，以为佐酒乐客之具。有官者不以为禁，士大夫不以为非"。① 胡应麟记载："今世传街谈巷语有所谓演义者，盖尤在传奇、杂剧下，然元人武林施某所编《水浒传》特为盛行"；"今世人耽嗜《水浒传》，至给缙绅文士亦间有好之者。"②《三国演义》描写关羽等人故事，因情节生动，引人入胜，以至"读书之士亦什九信之"。可知文化消费的群体十分庞大，上至文人士大夫，下至村夫野老，而主体部分乃是数量可观的市民阶层。明代中后期，伴随着商品经济的发展，城市大量兴起，数量超过以前任何时代。据统计，早在宣德年间，全国主要商业城市就有三十三个。百万以上的城市也有数个，如南京、北京、临清等。城市化的直接结果是城市人口的激增。如何良俊所言，明中叶以前，百姓"十九在田"，正德以后，农民纷纷涌入城市，"今去农而改业为工商者三倍于前矣"，"以十分百姓言之，已六七分去农"。③ 城市人口比重的递增，使市民阶层迅速膨胀。这一新兴阶层是一个相对有钱、有闲、有一定文化素养的群体，他们有较充足的金钱和时间，以及基本的文化水平，支

---

① 《水东日记》卷二十一，"小说戏文"，转引自李向民《中国艺术经济史》，江苏教育出版社1995年版，第517页。

② （明）胡应麟：《少室山房笔丛》卷四，上海书店出版社2009年版，第42页。

③ （明）何良俊：《四友斋丛说》卷十三《史九》，中华书局1959年版，第112页。

撑文化消费活动。当然，与文人相比，市民阶层的文化水平毕竟是有限的，这决定了文化消费的通俗性、休闲性、实用性等基本特征。换句话说，小说、戏曲等文化商品和其他商品一样，不过是人们在茶余饭后消磨时光，聊以解忧之物。人们愿意从通俗简单的小说戏曲中了解一些历史典故、逸闻趣事，借以积累谈资、抬高身份，断不愿埋头于艰深晦涩的经史著作和传统诗文中。

3. 文化生产与商业化写作

文化消费离不开文化生产。自汉代以来，重农抑商成为历代封建统治者的基本国策。"士农工商"的传统社会结构中，士为四民之首，享有最高的社会地位和特权，属于统治阶级；商居四民之末，社会地位低下，属于被统治者。然而，到明代中后期，传统的社会结构发生了很大变化。由于城市商品经济的发展，商业活动越发频繁，商人阶层人数增多，而且在社会生活中发挥着越来越重要的作用。与此同时，越来越多的士人由于政治黑暗，科举之路壅塞，仕途无望，加之物质利益的吸引，社会价值评判标准的转变等原因，不再拘泥于传统的义利观，毅然投入到商业活动中。大部分投身商业的士人依然是依托自身的文化资源，即以文治生。这种现象在当时十分普遍。唐寅曾作诗说："闲来写就青山卖，不使人间造孽钱。"[1]有人向常熟人桑思玄求文，托以亲昵，没有给"润笔"，思玄谓曰："平生未曾白作文字，最败兴，你可暂将银一锭四五两置吾前，发兴后待作完，仍还汝可也。"[2]仇英一生靠卖画为生。祝枝山为人作文要收取"见精神"（钱财）。甚至连一些朝廷官员为人作文字也要收钱。一般文化作品如此，大部头的小说、戏剧作品更是如此，在图书出版业，大批专门从事商业化写作的作家纷纷涌现。这类作家不仅都与商业或多或少地发生关系，有的甚至自己开设书坊，经营

---

① 宋戈：《唐伯虎诗选》，辽宁大学出版社1987年版，第188页。
② 李诩：《戒庵老人漫笔》卷一《文士润笔》，中华书局1982年版，第16页。

编辑、刻印、销售的一系列服务，有的身兼作者、编辑、出版商、印刷者、书坊主数职。著名小说家、戏曲家凌蒙初既搞俗文学创作，又经营刻书业，自己刻印自己的作品如"二拍"出卖。落魄文人陆云龙靠卖文为生，他评选的《皇明十六家小品》流传极广。万历年间，金阊书林的舒载阳不惜重价从文人手中购得《封神演义》稿本，"此集乃某先生考订批评秘册，余不惜重赀购求锓行"，① 刻印后获得巨大商业成功。冯梦龙因"家藏古今通俗小说甚富，因贾人之请，抽其可以嘉惠里耳者凡四十种，畀为一刻"。《金瓶梅》书稿初出时，冯梦龙"见之惊喜，怂恿书坊以重价购刻"②。

二、江南地域渊源与《智囊》产生的外部条件

1. 江南地区特殊的政治地位

南宋以后，随着中国政治经济中心的逐渐南移，江南地位日益提高，到明代达到高峰。自明太祖开始，明王朝以南京为首都共计53年（洪武元年即1368年，至永乐十九年即1421年）。明成祖朱棣在夺取帝位后，出于政治和国防上的考虑，于永乐十九年正月正式离开南京，迁都北京。虽然迁都之后，江南地区已不再是全国的政治中心，但政治上的特殊地位并未改变。因为，一方面从历史传统来看，南京是明太祖的皇陵（孝陵）所在地，龙脉之所出的濠州钟离（今安徽凤阳）亦位于南直隶的腹心。出于尊敬祖宗的考虑，江南地区的地位不得不特意维护和提高。事实上，有明一代一直存在着"政本故在江南"的思维定势。另一方面，从现实利益而言，江南地区拥有全国最发达的农业、手工业、商业和内外贸易，张翰在《松窗梦语》中记载，"今天下财货聚于京师，而半产于东南"，"国朝岁供军储四百万，大抵取给江南"③，是支撑中国

---

① 魏隐儒：《中国古籍印刷史》，印刷工业出版社1984年版，第113页。
② 沈德符：《万历野获编》卷25，《词曲》，中华书局1959年版。
③ 陈洪谟：《松窗梦语》，中华书局1985年版。

明王朝的财富之源。经济上无可替代的突出地位，客观上无疑增加了政治地位的重要性。基于江南特殊政治地位的考虑，明朝在南京保留了一套与北京大致相同的中央政府机构，这在中国历代封建王朝的历史上是绝无仅有的事。当然，南京政府机构的规模和编制较小，官署中副职、虚职和缺员较多；相同品级的官员，南京官的权限多有限制和削弱，其待遇、影响和前途远不及北京。政治的实权掌握在北京手中，南京官多属于闲职，由北京调往南京实际是一种贬谪。南京处于一种微妙而独特的地位，这对江南地区的社会和文化产生了影响。首先，南京政府的实权虽不如北京，但其象征性地位始终未变，尤其是两京之间联系密切，信息渠道畅通，朝中的政治风波多可在南京表现出来，并由南京传递至整个江南地区。这在客观上使得江南人士具有较强的政治意识，关心国事并热衷政治。其次，明中期以后，由于党争激化，使得南京及其周边地区聚集了一大批仕途失意的清流官员，他们是与北京势力形成对立的政治力量。明中后期的东林党运动，以及后起的复社都是著名的实例。东林党运动的出现和被镇压，使得江南地区的政治氛围异常浓厚，甚至影响到儿童的游戏。王应奎《柳南续笔》卷3"东林气节"称："明季东林诸贤，批鳞捋须，百折不回；取次拜杖阙下，血肉狼藉，而甘之如饴。其气节颇与东汉党锢诸人相似，一时遂成风俗。其时有儿童嬉戏，或据地互相痛扑，至于委顿。曰：'须自幼炼钢筋铁骨，他时立朝，好做个忠臣也。'闻者莫不笑之。然而流风所被，鼓励振拔，儿童犹知兴起，廉顽立懦，其效不可睹乎？"①此外，南京所在的江南地区与北京在地理上处于一个距离适当的位置。江南人士可通过南京的中转及时感受到朝廷的政治脉动，但南京毕竟不是政治漩涡的中心，而且中央的集权统治能力因距离而递减，对江南的控制也不可能像北京一样严密。江南地区特殊的政治地位，为《智囊》的传播提供了宽松的社会环境。

---

① 王应奎：《柳南随笔 续笔》，中华书局1983年版。

2. 江南地区出版印刷业的繁荣

明代是中国古代出版印刷业的成熟时期。据《明代出版史稿》《古今书刻》等书记载，明代共出版书籍不下 3.5 万种。到了明代中后期，出版印刷业更是迎来了成熟的巅峰。"古人书籍，多无印本，皆自钞录。闻五经印版，自冯道始，今学者蒙其泽多矣。国初书版，惟国子监有之，外郡县疑未有。……宣德、正统间，书籍印版尚未广。今所在书版，日增月益，天下古文之象，愈隆于前己。"①而明代著名版本学文人胡应麟则称："今人事事不如古，固也，亦有事什而功百者，书籍是己。"②可见，明代，尤其是明中后期，出版印刷业发展之迅猛。从全国范围来看，南京、杭州、苏州所拥有的书坊数占全国书坊总数的一半，江南地区无疑是当时出版印刷业的中心。据胡应麟《少室山房笔丛》一书记载，当时江南地区的一些大城市，如金陵、苏州、杭州在书坊刻印领域非常突出。"凡刻之地有三，吴也，越也，闽也。……其精，吴为最；其多，闽为最，越皆次之。其直重，吴为最；其直轻，闽为最，越皆次之。"③而聚书之地"有四，燕市也、金陵也、间阖也、临安也"。④无论是书籍的刊刻还是销售，江南地区都起着重要的枢纽作用。"吴会、金陵，擅名文献，刻本至多，巨峡类书咸会萃焉。海内商贾所资，二方十七，闽中十三，燕、越弗与也。……凡金陵书肆多在三山街及太学前，凡姑苏书肆多在间门内外及吴县前，书多精整，然率其地梓也。""武林书肆多在镇海楼之外及涌金门之内、及弼教坊、及清河坊，皆四达街也。"⑤可见，当时江南地区的书肆一般设在大城市的中心地带，其重要性不言而喻。从书籍的质量上看，江南地区也以"精整"闻

① （明）陆容：《菽园杂记》，中华书局 1985 年版，第 128 页。
② （明）胡应麟：《少室山房笔丛》，上海书店出版社 2001 年版，第 45 页。
③ （明）胡应麟：《少室山房笔丛》，上海书店出版社 2001 年版，第 41 页。
④ （明）胡应麟：《少室山房笔丛》，上海书店出版社 2001 年版，第 41 页。
⑤ （明）胡应麟：《少室山房笔丛》，上海书店出版社 2001 年版，第 42 页。

名，胡应麟所提到的刻印质量优异之地全在江南一带："余所见当今刻本，苏、常为上，金陵次之，杭又次之。近湖刻、款刻骤精，遂与苏、常争价。"①江南地区发达的出版印刷业为《智囊》的出现提供了良好的物质条件。

3. 江南文化教育水平的发达

江南地区自唐宋以来就是人文渊薮，至明代中后期更是"人才甲天下"。正所谓，"科第往往取先天下，名臣硕儒亦多发迹于斯"。据统计，有明一代共取进士 24866 人，其中江南八府人士多达 3864 人，占全国比例 15.54%。在科试名次上，江南也居前列，在明代 89 名状元中，江南人士有 21 名，占 23.60%；榜眼、探花及会元，也以江南士人居多。如果不是"南北榜"事件后，朝廷对南北取士的名额加以规定，江南考取进士的人数当更多。江南科第居天下之先，除家学渊源、经济实力等原因外，整个地区的文化、教育水平较高更是一个重要因素。就此而言，进士的数量尚不足以反映其全部。诸多文献记载均可反映出江南地区对文化教育的重视，王锜称赞苏州学校之盛说："吾苏学宫，制度宏壮，为天下第一。人材辈出，岁夺魁首。近来尤尚古文，非他郡可及。自范文正公建学，将近五百年，其气愈盛"②；在叙述成弘以来吴中日趋繁华时又说："至于人材辈出，尤为冠绝。作者专尚古文，书必篆隶，最服两汉之域，下逮唐、宋未之或先。……人生见此，亦可幸哉。"③叶梦珠在论及松江学校时也说："吾生之初，学校最盛。即如上海一学，除乡贤奉祠生及告老衣巾生而外，见列岁科红案者，异凛、增、附生，共约六百五十余名，以一府五学计之，大概三千有余，比昔三年两试，科入新生每县六十余名，岁入稍增至七十，其间稍有盈缩，学臣得以便宜从事。是以少年子弟，援笔成文者，立登庠序。一时家弦

---

① （明）胡应麟：《少室山房笔丛》，上海书店出版社 2001 年版，第 44 页。
② 王锜：《寓圃杂记 谷山笔尘》，中华书局 1984 年版。
③ 王锜：《寓圃杂记 谷山笔尘》，中华书局 1984 年版。

户诵，县试童子不下二三千人，彬彬乎文教称极隆焉。"①毫无疑问，江南地区的整体文化教育水平居于全国领先地位。

在良好的文教氛围浸染下，不仅精英阶层涌现出大量文人学者、才子名士，就连居于社会中下层的普通妇孺，乃至贩夫走卒，也普遍具有比其他地区更高的文化素养。《绍兴府志》中云："下至蓬户，耻不以读书训子。自商贾鲜不通章句，舆隶亦多识字。"②张岱《夜航船》中曾言："天下学问，惟夜航船中最难对付。盖村夫俗子，其学问皆预先备办。如赢洲十八学士、云台二十川各之类，稍差其姓名，辄掩口笑之。"③朝鲜人崔溥的《漂海录》中也描述了在江南看到的情形："江南人以读书为业，虽里闾童稚及津夫、水夫皆识文字。臣至其地写以问之，则凡山川古迹、土地沿革，皆晓解详告之。"④更令人惊叹的是，江南文人家的仆佣也多知书通文，朱国祯记载："王州书室中，一老仆，能解公意。公欲取某书，某卷、某页、某字，一脱声，即检出待用，若有夙因。余官南雍，常熟陈报冲禹模为助教，其书满家，亦有一仆如弃州。"⑤从上述史料中不难看出在江南地区，人们不论地位高低、职业贵贱，文化教育普及程度都较高。江南文化教育的发达客观上促进了文化商品的生产和消费，为《智囊》的广泛传播奠定了文化基础。

三、专题性文言小说总集的编纂与《智囊》的文本范式

如前所述，由于明代商品经济繁荣，新兴市民阶层大量出现，他们对休闲消遣书刊类的需求量很大，当时社会上流传着"卖典集不如卖时文，卖时文不如卖小说"的说法。与此同时，在巨大的经济利益驱动

---

① 叶梦珠：《阅世编》，中华书局 2007 年版。
② 萧良幹：万历《绍兴府志》点校本，宁波出版社 2012 年版。
③ 张岱：《夜航船》，中华书局 2012 年版。
④ 朴元熇：《崔溥漂海录校注》，上海书店出版社 2013 年版。
⑤ 朱国祯：《涌幢小品》，上海古籍出版社 2012 年版。

下，一些书坊主和下层文人纷纷借助于印刷出版发达的有利条件，大量刻印小说，有的反复翻刻，多达几十版。在白话小说领域，章回体的"四大奇书"和拟话本的"三言""二拍"，分别代表了明代白话长、短篇小说的最高成就。而在文言小说中，最引人注目的则是文言小说总集的编选。明代是中国古代文言小说总集编纂的鼎盛时期。宁稼雨先生编撰的《中国文言小说总目提要》一书中提到的文言小说总集约有两百多种，其中编选于明代的占了一半以上。明代文言小说总集的编者之众、作品之多、内容之广在中国历史上是空前的。文言小说总集中，包括文言小说合刻集和专题性文言小说总集。专题性小说总集"主要出自可号称博学之士的文人之手，他们以博览群书为编纂的主要方式，但又程度不等地含有一定数量的自创的作品，而专题的选择与编排方式的确定往往都会有针对社会现实的特定考虑"。"编选者有相当一部分是书坊主或与书坊关系密切的文人，其编辑不是从群书中筛滤摘录与某专题有关的文字，而往往只是将现有的小说整篇甚至整部地汇集于一书，编选那些作品固然也含有编者文学爱好侧重面的因素，但主要是适应读者群的迅速膨胀以及他们阅读面不断扩展的要求。"①因此可见，专题性文言小说总集比文言小说合刻集具有更高的文学价值。明代专题性文言小说总集不仅数量多，而且类型丰富，据秦川《中国古代文言小说总集研究》的归类，有艳情专题，以王世贞《艳异编》、冯梦龙《情史》等为代表；剑侠专题，以王世贞《剑侠传》、邹之麟《女侠传》等为代表；笑话专题，以冯梦龙《古今谭概》、赵南星《笑赞》等为代表。冯梦龙的《智囊》可看作智谋专题的集大成之作，与之同类而先于它出现的还有樊玉衡的《智品》、孙能传的《益智编》、俞琳的《经世奇谋》等。可以说，《智囊》是明代专题性文言小说编纂之风影响下的产物。

---

①　陈大康：《明代小说史》，上海文艺出版社2000年版，第519页。

第二节　冯梦龙的智慧观

一、《智囊》基本内容与冯梦龙的智慧观

如前所述，《智囊》是一部以智谋为专题的文言小说总集，《四库全书总目提要》称其"编取古人智术计谋之事"而成，汇集了先秦至明代的一千多则智慧故事。编选《智囊》时，哪些故事入选，哪些故事舍弃，肯定会有一个标准，这就涉及冯梦龙对智慧的认识问题。纵观全书，从序言到凡例，冯梦龙并没有给智慧下一个明确的定义，但从他对《智囊》的分类与评点中，我们不难梳理出他的智慧观。

《智囊》开篇就强调了智慧的重要性："人有智犹地有水，地无水为焦土，人无智为行尸。智用于人，犹水行于地，地势坳则水满之，人事坳则智满之。周览古今成败得失之林，蔑不由此。"[1]冯梦龙认为智慧是人先天就有的基本属性，然而潜藏于人们心底，就像水潜藏于地下一样，只有通过后天学习，才能发掘出来："智犹水，然藏于地中者，性；凿而出之者，学。"[2]《智囊》的编纂目的正在于开启民智，"子之述《智囊》，将令人学智也"。[3] 就是通过此书的编纂流行，读者阅读之后，能使智慧提升于无形之中，成为智能卓越之人。"吾忧夫人性之锢于土石，而以纸上言为之畚锸，庶于应世有瘳尔。"[4]冯梦龙把智分为十部，即上智部、明智部、察智部、胆智部、捷智部、术智部、语智部、兵智部、闺智部、杂智部，共为十大部分。每一部内，又下分若干类。如上智部内分"见大"、"远犹"、"通简"、"迎刃"四卷，明智部内分

①　冯梦龙：《智囊全集》，中华书局 2007 年版，第 1 页。
②　冯梦龙：《智囊全集》，中华书局 2007 年版，第 1 页。
③　冯梦龙：《智囊全集》，中华书局 2007 年版，第 1 页。
④　冯梦龙：《智囊全集》，中华书局 2007 年版，第 1 页。

"知微"、"忆中"、"剖疑"、"经务"四卷，等等，共二十八卷。冯梦龙用这种分类，来阐述智的不同类型和表现形式。在他看来，"智"是有高下之分的，大致可以划分为三个层次：上智、一般性的智、杂智。上智乃"无心而合"，"不可学"，需要偶然的机遇才能呈现出来。一般性的智内容最丰富，应用最广泛。杂智"黠而狡，慧而小"，然而运用得当也能发挥大作用。这三个层次的智共同构成智的统一体，它们特点不同，有高下之别，又互相联系，在一定条件下可以转化。

第一种智慧，作者谓之"上智"，就是大见识，大智慧。上智部分为四卷，分别为见大、远犹、通简、迎刃。见大就是看见远大的方向，远犹就是远见卓识，通简就是删繁就简，无为而治，迎刃就是轻松解决疑难问题。第二种智慧，作者称为"明智"，其四卷分别为知微、亿中、剖疑、经务。知微即见人所未察，亿中就是洞见事理之必然，也是见人所未见，高明精微，剖疑即是别人看不出问题的地方自己察见问题，经务是解决具体事务的能力。

这两个部分的智慧，是作者特别推崇的。在某种程度上，两类智慧甚至可以涵盖后面除杂智之外的七类智慧。作者虽然为之起了两个名称，实际很难将二者截然分开。读者阅读时，也难以区分两类智慧的异同。总之两类智慧都极为高明，出智之人，也往往是历史上声名显赫的政治家和智谋出众的英雄人物，更是中国历史传记的主角。他们也经常是后世读者推崇的人物，更是青少年学习的榜样和模仿的对象。

在上智部和明智部，这些名字是我们常见的：姜太公、孔子、诸葛亮、光武帝刘秀、宋太祖、唐名臣韩滉、吴越国王钱镠、燕昭王、汉丞相丙吉、楚庄王、袁盎、王猛、唐丞相魏元忠、宋范仲淹、宋代宋祁、张耳、狄青、邵雍、杨士奇、唐严震、萧何、刘邦时候的董公、寇恂、张飞、吕夷简、古弼、张承业、后唐明宗、李渊、卫青、李愬、王旦、孙觉、赵抃、贾彪、柳公绰、商高宗、李泌、王叔文、苏颂、宋太祖、吕端、徐达、陈升之、司马光、李沆、韩琦、刘大夏、崔群、富弼、赵鼎、文彦博、王阳明、陈实、程琳、张咏、韩雍、杨荣、杨沂中、程颢、张柬之、赵汝愚、李贤、刘晏、李晟、孙叔敖等。这些人都是历史上显赫之极的人物，他们的见识智慧，远过常流百姓，将他们的事迹记录下来，足以为百世之标。读者能够学习研究他们的智慧，无疑是冯梦龙编纂此书的重要动力。所以《智囊》一开始，就将此二部展现在读者面前。

智慧经常能体现为人们的观察分析能力，这形成了《智囊》中的察智部。冯梦龙认为"智非察不神，察非智不精。……善于相人者，犹能以鉴貌辨色，察人之富贵福寿贫贱孤夭，况乎因其事而察其心，则人之忠佞贤奸，有不灼然乎"？① 只有通过深入细致的观察才能了解事情真相，认识事物本质，准确判断人的忠奸善恶。"察智"不是窥探隐私，而是细心观察，洞察社会人生的能力。出于对吏治的重视，冯梦龙尤其强调要"精察"狱讼，要"得情"，即了解事情真相，要"诘奸"，即"剪彼蟊贼""摘伏发奸"。"得情而天下无冤民，诘奸而天下无戮民"②。《察智部》收录了历代不少明察秋毫、准确断案的故事，如欧阳晔、尹见心、程戡、何武、张咏、黄霸、李崇等前代循吏断案如神的事迹，张举、殷云霁、高子业、杨茂清、郑洛书、许进、周新等本朝良吏昭雪冤狱的故事。冯梦龙在评点中对他们以智许之，大加赞扬。

有智谋的人常常胆略过人，这形成《智囊》中的胆智部内容。冯梦龙认为："凡任天下事，皆胆也；其济，则智也。……智藏于心，心君而胆臣，君令则臣随。令而不往，与夫不令而横逞者，其君弱。故胆不足则以智炼之，胆有余则以智裁之。智能生胆，胆不能生智。刚之克也，勇之断也，智也。……必也取他人之智，以益己之智，智益老而胆益壮。"③智与胆的关系，是君与臣，主与辅的关系，胆需要智来统摄。

① 冯梦龙：《智囊全集》，中华书局2007年版，第278页。
② 冯梦龙：《智囊全集》，中华书局2007年版，第278页。
③ 冯梦龙：《智囊全集》，中华书局2007年版，第324页。

有勇无谋，不过是匹夫之勇；智勇兼备，才能无往不胜。《胆智部》专辑历代有勇有谋的故事，如《班超》条记载，班超出使西域，得知匈奴使至西域，班超带三十六人夜袭虏营，斩其使及从士三十余级，镇抚西域。冯梦龙评曰："必如班定远，方是满腹皆兵，浑身是胆。"① 对班超的智慧与胆略给予赞美。《陈星卿》条记载了陈星卿运用智谋，挺身而出，粉碎势家子强夺民产的阴谋，为孤儿寡母主持公道的故事，冯梦龙赞曰："郡中得星卿数辈，势家子不复横矣。……星卿之敢于奋臂者，乘新令扶仰之始，用其胆气耳。星卿亦可谓智耳。"②

智慧过人者也会给人巧妙的印象，这构成术智部内容。智是术的基础，术是智的运用，智通过术发挥作用，术凭借智获得成功。术智的表现极为丰富，有"委蛇"、"谬数"、"权奇"等类。婉曲而不简单化，叫做委蛇。不委蛇，将受到束缚。箕子佯狂，大醉不醒，"凡无道之世，名为天醉。夫天且醉矣，箕子何必独醒。观箕子之智，便觉屈原之愚"。③ 箕子委蛇，装酒醉糊涂而避祸，屈原不委蛇，"世人皆醉我独醒"，结果遭谗被贬，自沉汩罗。隐匿而不显露，叫做谬数。"去其昭昭，用其冥冥"，"事可以隐"，不"谬数"将受到损害。《满宠、郭元振》条记述满宠奉曹操命令，拷打讯问杨彪，杨彪不供。满宠劝曹操：给杨彪定罪定得不明白，杀之失民心。于是曹操赦免了他。满宠用严刑拷打的办法，把真实的意图隐匿起来，所以保存了杨彪的性命。唐将郭元振与西突厥首领乌质勒谈判，天下大雪，郭元振站着不动，冻僵了，乌质勒年老，几次冻倒地上，会谈结束就死了。其子谋划领兵袭击。副使解琬劝郭夜遁，郭不从，明日，索服住吊，赠礼哭之甚哀，留数日，为助丧事，终使乌质勒之子感劝。郭元振站着说话，以此杀人，后又去吊唁被杀的人，他把内心隐秘藏得很深，获得成功。冯梦龙就此评论

① 冯梦龙：《智囊全集》，中华书局 2007 年版，第 328 页。
② 冯梦龙：《智囊全集》，中华书局 2007 年版，第 339-340 页。
③ 冯梦龙：《智囊全集》，中华书局 2007 年版，第 357 页。

道："拷掠也，而反以活之。立语也，而乃以杀之。其情隐矣。怒我者转而善我，知其情故也。欲袭我者转而感悦我，不知其情故也。虽然，多智如曹公，亦不知宠之情，况庸才如解碗，而能知元振乎?"①这便是"谬数"的佳例。谬数的运用无穷无尽，"孙滨减灶，虞诩潜之。以秀实延更，冯琐促之。事反功同，用之不穷"。②"谬数"运用得越隐蔽，越巧妙，越好。《严养斋》条批注，赞叹"势取不得，以惠取之。我不加费，而人反诵德。游于其术而不知也。妙矣哉"!③奇诡而不失去道义，叫做权奇。权术是不顾念礼仪的，唯要防备敌人的残暴（"亦念非仪，虞其我暴"④），荒诞与真实，正与奇的手段可交互使用（"诞信递君，正奇争效"⑤）。不这样做，将受到困顿。《孔子》条写孔子路过蒲国，正值公孙氏谋反，孔子被扣，被告知：若不去卫国，可放行。孔子与他立盟。但刚出蒲国东门，立刻就去卫国，子贡说"这不是违背盟约吗"？孔子说"这种被迫立的盟约，鬼神是不会理会的"。冯梦龙评曰："大信不信"。这则故事是"权奇"的范例，故事中的孔子奇诡而不失道义。《程婴》条写程婴、公孙许臼为正义而实行"权奇"。"事在婴杵前，婴杵盖袭其智也。然婴之首孤，杵之责婴，假装酷似，不准仇人不疑，而举国皆不知，其术更神矣，其心更苦矣。"⑥权奇甚至可以利用宗教。《李抱真 刘玄佐》条记述李、刘二人利用宗教的影响筹集到大量军饷，冯梦龙批曰："不仗佛力，军资安出？"⑦

　　智慧者经常反应敏捷行动快速，这就形成捷智部内容。冯梦龙说："叶叶而摘之，穷日不能髡一树。秋风下霜，一夕零落，此言造化之捷

---

① 冯梦龙：《智囊全集》，中华书局 2007 年版，第 376-377 页。
② 冯梦龙：《智囊全集》，中华书局 2007 年版，第 385 页。
③ 冯梦龙：《智囊全集》，中华书局 2007 年版，第 387 页。
④ 冯梦龙：《智囊全集》，中华书局 2007 年版，第 389 页。
⑤ 冯梦龙：《智囊全集》，中华书局 2007 年版，第 389 页。
⑥ 冯梦龙：《智囊全集》，中华书局 2007 年版，第 400-402 页。
⑦ 冯梦龙：《智囊全集》，中华书局 2007 年版，第 395 页。

也。人若是其捷也，其灵万变，而不穷于应卒，此惟敏悟者庶几焉。呜呼！事变之不能停而俟我也，审矣，天下亦乌有智而不捷、不捷而智者哉！"①捷智分"灵变"、"应卒"、"敏悟"三种情况。"灵变"是指关键时刻要善于随机应变，迅速果断地做出应对之策。成败往往系于一时，所谓"一日百战，成败如斯。中年造车，覆于临时。"②只有把握住一刹那的关键时机，才能"去凶即吉"，化险为夷。公子小白、刘邦在紧急关头或装死，或装伤，巧妙躲过灾祸，冯梦龙评曰："小白不僵而僵，汉王伤而不劣，一时之计，俱造百世之业。"③《张咏 徐达》条张咏高呼三声，平息了军中骚乱，徐达三叩头，坚定了皇帝对他的信任。一刹那间作出如此明智的决断，不仅需要谨慎，更要靠智慧。陈平解衣划船，打消船夫的谋财之心；刘备借酒后畏雷，放松曹操对自己的警惕等，莫不如此。"应卒"就是要善于应付突发事件。善于应变的人，能于"山穷水尽处"，"忽睹天台雁荡洞庭彭"，这样的人"胸中走盘珠万解在"，智慧已臻于圆融。《造红桌 赁瓦》中宦官限令赵从善一日之内，供给三百张红桌用于祭祀，赵派人从酒楼茶肆中取来类似桌子，洗净糊上白纸，再涂上红漆交了差。宦官又要他提供火炬三千为皇帝、太后夜游照明。他命令取下妓院门帘，灌以油脂，卷而绳之，系于夹道松树，道路两旁照耀得如同白昼。宋高宗南渡，驻跸临安，欲造一殿，无瓦而天雨，有官吏想出向沿街店铺借腰檐瓦的办法，解决了问题。冯梦龙称赞"二事皆一时权宜，可为夷役之法。"④"敏悟"主要指思维敏捷，迅速了解、领悟事物的能力，"不卜不筮，匪虑匪思"，而达到"天巧自如"的境界。《文彦博 司马光》条叙述了文彦博小时以水灌洞，使球浮出的故事和司马光砸缸救人的故事。冯氏评曰："二公应变之才，济人之术，已露一

---

① 冯梦龙：《智囊全集》，中华书局 2007 年版，第 413 页。
② 冯梦龙：《智囊全集》，中华书局 2007 年版，第 416 页。
③ 冯梦龙：《智囊全集》，中华书局 2007 年版，第 418 页。
④ 冯梦龙：《智囊全集》，中华书局 2007 年版，第 444 页。

斑，孰谓小时了了者大定不佳？"①文彦博、司马光之所以能迅速采取措施对付突发事态，是由于他们天资聪颖、思维敏捷。

　　智慧在军事活动中，往往起到关键作用，作者为此编辑《兵智部》。《兵智部》共四卷，与《上智部》和《明智部》篇幅相同。表明作者对此类智慧的重视。中国人历来强调军人将领的智慧，政治家作为全国的最高领导人，也必须对军事规律有较充分的理解。现在经常称述的战略，其实一定程度上，政治家了解军事活动之后的知识积累，在军人那里叫做战术，在最高领导者那里就叫做战略了。因此，兵智经常包含了两层含义：军事家的兵智和政治家的兵智。一个政治家假如对军事一窍不通的话，可能无法驾驭军人，那国家还能有效控制吗？历代军人，特别是乱世武人，经常篡夺政权，对军人的防卫，是一个政治家不可缺少的智慧，因此兵智是不可缺少的一环，也是中国历史叙事之中，最常见到的内容。所以中国典籍中最早的纯粹历史著作《左传》，常被后人评价为善写战争。而历史名将如东汉初名将冯异好读《左氏春秋》与《孙子兵法》，《三国志·关羽传》称关羽爱读《春秋》，西晋名将杜预有《左传》癖，注《左传》，宋代岳飞也爱读《左传》，学界还有人认为《左传》是某位军事家的著作。而宋代史学名篇《资治通鉴》就是完全模仿《左传》的叙事模式而成，对军事的记录，是其中特别重要的因素。二十四史中，军事家历来是史籍中最不可缺少的要角。在中国，读历史的人，不通军事或对军事不感兴趣是无法想象的。作者冯梦龙在历史典籍的阅读上，从少至老，手不停于史传，对军事的兴趣，贯穿始终。他曾编过《东周列国志》，里面有大量的军事历史，《通鉴》是他经常阅读的史书，因此兵智部是他非常重视的部分。当然，古代名将代有其人。他也不可能将每一个杰出军事家的全部战例编进书中，他只能将其中的具有代表性的例证编进《智囊》，而且这些例证，也未必就是某位军事家最辉煌战例

---

① 　冯梦龙：《智囊全集》，中华书局 2007 年版，第 453 页。

的代表。受编纂时间限制，作者不能精细地遴选其中战例，如果要了解军事智慧，此书也许不是最好的选择；想要精通中国古代战争史，必须看正统的史书。那么《智囊》兵智部，就没有价值吗？当然不是，毕竟将历代典籍中的军事活动遴选在一起，是比较少见的情况，那么，其意义也就分明了。

作者将兵智分为四卷，分别为不战、制胜、诡道、武案。这种分类不严密，不准确。其实武案卷，就是指的军事准备的阵图阵法的训练，也包含一般谋略巧智以破敌的案例。最后还是说的战争案例之意。要之，虽名为四卷，其间差别并不分明。分卷内也不过是例证过多而暂分四块而已。

兵智部所载军事家包括历代名将，也包括一些历史上不太知名的将领，只要某次大小战争之中，有过人之处，就被作者采纳入书。兵智部出现的将领有春秋时代智罃，伍子胥，隋初高颖，五代周德威，三国吴国诸葛恪，北魏杨侃，唐末高仁厚，岳飞，李愬，西汉赵充国，春秋晋国析公，北宋王德用，韩世忠，三国程昱，陆逊，李光弼，孙膑，赵奢，李牧，周亚夫，东晋周访，陆抗，邓艾，李世民，李靖，朱俊，韦睿，马燧，郑公子突郑厉公，李晟，刘锜，北宋曹玮，狄青，明王越，尔朱荣，明刘江，西晋马隆，韩雍，北宋李继隆，明代吴成器，王阳明，明代杨锐，明代沈希仪，明赵臣，唐末王式，夫概王，春秋斗伯比，孙叔敖之父，田单，朱元璋，张良，李广，吕蒙，虞诩，祖狄，东汉臧宫，隋贺若弼，五代刘鄩，北齐侯渊，韩信，元张弘范，勾践，柴绍，宇文泰，北宋张齐贤，裴行俭，东汉度尚，项梁，司马师，李纲，吴璘等，可谓众多。

此章对于军事智慧的学习，算是一个比较好的版本，也常作为编纂的标准，对后来的同类书籍的编纂产生非常有力的影响。

在外交或者临时场景的智慧反应，也是作者关注的对象之一，这就构成了《智囊》语智部内容。冯梦龙将口才谓之语智，即在言语上的快捷聪明反应。除了外交家的口才之外，即兴场合有时也需要此种才能。外交是中国历史里面重要的叙事内容。从《左传》开始，外交内容占据了《左传》中仅次于军事政治之外的第三种分量。而《战国策》之中，外交也成为其中的核心，占比达到百分之九十。而到了《史记》之中，楚汉相争之际，也出现了几位非常出众的外交家。三国时代，三方鼎峙，也有非常杰出的外交行人往来其间。北宋与辽人金人对抗，也需要外交人员。外交场所，经常需要敏捷的口才来化解政治危机或者政治尴尬。基本上春秋战国的纵横家，楚汉之际及三国的辩才，南北朝间之使人，宋辽金之间使臣的杰出口才的事迹，在本章中都有记录，而一些临场急智应对之言，也被作者录入。对这些智慧的体会学习，可以让读者的语言逻辑和机智巧辩能力得到提升。

智慧不是男性的专利，妇女之智谋有时远在男性之上。古人有"智妇胜男"，"巾帼不让须眉"的俗话。为此作者特地编录《智囊》闺智部，分"贤哲"和"雄略"两卷。古人常说的列女传之类的文献，和历代史籍中的列女传，是作者此部的文献来源。冯梦龙驳斥了"妇人无才便是德"的传统观点："无才而可以为德，则天下之懵妇人毋乃皆德类也乎？"①他认为智慧对于女性也同样重要，女性的智慧一样值得大书特书。《闺智部》，专门辑录历代妇女的智慧事迹，毫不吝惜对女性才智的赞美。《乐羊子妻》三条分别记载乐羊子妻规劝丈夫拾金不昧，勉励丈夫持之以恒完成学业，委婉劝谏婆婆勿贪他人财物的事迹，盛赞其品德和才识，称其为"益友""贤师""大贤孝妇"②。在冯梦龙看来，女性的才智甚至可以超过男子。《陈婴母 王陵母》分别记载了陈婴母劝陈婴投靠项梁，王陵母伏剑自杀使其一心辅佐刘邦的故事。冯梦龙评曰："婴母知废，胜于陈涉、韩广、田横、英布、陈豨诸人。陵母知兴，胜

---

① 冯梦龙：《智囊全集》，中华书局 2007 年版，第 622 页。
② 冯梦龙：《智囊全集》，中华书局 2007 年版，第 628 页。

于亚父、蒯通、贯高诸人。"①《杨敞妻》记载霍光派田延年向杨敞通报废立之事，杨敞吓得"不知所言，汗出浃背"，而其妻镇定自若，果断地代为"参语许诺"。冯梦龙评曰："此何等事，而妇人乃了然于胸中，不唯敞不如，即大将军亦不如。"②杨敞夫人的才智和见识远超过丈夫和大将军。《申屠希光》记载申屠希光为丈夫报仇，灭仇人、势豪方六一全家一事。冯梦龙评曰："六一陷人于族，乃人不族而己族矣。以一文弱妇人，奋其白刃，全家为戮，义愤所激，鬼神助之，有志竟成，岂必须眉丈夫哉。"③对其智慧与胆略推崇备至。《邑宰妾》记载万历年间一坐事入狱的邑宰之爱妾，用自己年轻的生命保护丈夫和家产的故事。冯梦龙评曰："妇之智不必言，独其猝不乱，死不怵，从容就功，有丈夫之智所不逮者。惜传者逸其名。"④其智慧、胆识以及牺牲精神得到了冯梦龙的高度评价。冯梦龙对妇人的军事政治才能也大加称赏，《晏恭人》后的评述鲜明地表现了他的态度："……何必颇、牧，诚得李侃妇、晏恭人以守，邵续女、崔宁妾以战，刘太妃为上将，平阳公主副之，邓曼、冼氏为参军，荀崧女为游奕使，虽方行天下可也！"⑤在《闺智部·贤哲》类末尾，冯梦龙有一篇总评："谚云：'智妇胜男。'即不胜，亦无不及。吾于赵威后诸人得'见大'焉，于崔敬女、络秀诸人得'远犹'焉，于柳氏婢得'通简'焉，于侯敏、许允、辛宪英妇得'游刃'焉，于叔向母、伯宗妻得'知微'焉，于李新声、潘炎妻等得'亿中'焉，于王陵、赵括、柴克宏诸母得'识断'焉，于屈原姊、娄江妓得'委蛇'焉，于王佐妾得'谬数'焉，于李文姬得'权奇'焉，于陶侃母得'灵变'焉，于张

---

① 冯梦龙：《智囊全集》，中华书局 2007 年版，第 631 页。
② 冯梦龙：《智囊全集》，中华书局 2007 年版，第 651 页。
③ 冯梦龙：《智囊全集》，中华书局 2007 年版，第 659 页。
④ 冯梦龙：《智囊全集》，中华书局 2007 年版，第 665-666 页。
⑤ 冯梦龙：《智囊全集》，中华书局 2007 年版，第 656-657 页。

说女得'敏悟'焉。所以经国祚家、相夫勖子，其效亦可睹已!"①"见大"、"远犹"、"通简"属《上智部》，"迎刃"、"知微"、"亿中"属《明智部》，"识断"、"委蛇"、"谬数"属《胆智部》，"权奇"属《术智部》，"灵变"、"敏悟"属于《捷智部》。上述各类所辑均为历代才智超群的男性的故事，而冯梦龙将《闺智部》中的女子与这些男性相提并论，认为她们的智慧即使与男性相比也毫不逊色，完全可以入《上智》《明智》《胆智》等部，只因单设有《闺智部》，才将她们列入其中。

智慧的发出者绝大多数场合是高尚之士圣贤之人，但有时恶人奸臣也狡猾过人，不时暗藏奸计，陷害忠良；而小人无赖市井流氓乡村地痞，也能狡计坑人，造成社会危害，为此之故，冯梦龙特为编录《智囊》杂智部内容，分为"狡黠""小慧"。关于这部分，后文有详细介绍，此处省略。

在冯梦龙看来，人品有善恶、好坏之分，智慧有时不分善恶是非。即便是大奸大恶之人，也可能聪明过人，智慧超群，他们的聪明才智也有借鉴价值。冯梦龙用形象的比喻说明智慧本身没有正邪之分，"一铴也，夷以娱老，跖以脂户，是故狡可正，而正可狡也"。② 关键要看用智之人的目的何在。"道德家有言曰：'智者，人心之干莫，能杀人，亦能自杀，晁家令其已事也。故古之至人，畏智如畏刃。'吾友龙犹氏曰：'此用智之罪，非智罪也。夫干将、莫邪，圣人以之断物，豪士以之立懂，贼夫以之抉人眼、屠人腹。贼夫手中之干莫，即圣人手中之干莫也。神人护身之智，即纤人杀身之智也。复仇者不咎干莫，则杀身者亦不当咎智矣。'"③有人对冯梦龙编辑并评点《智囊》兼收奸臣强盗提出质疑："子之品智，神奸巨猾，或登上乘，鸡鸣狗盗，亦备奇闻，囊且

---

① 冯梦龙：《智囊全集》，中华书局2007年版，第646页。
② 冯梦龙：《智囊全集》，中华书局2007年版，第671页。
③ 冯梦龙：《智囊全集》，中华书局2007年版，第1页。

秒矣，何以训世?"①冯梦龙回答说："吾品智，非品人也。不唯其人，唯其事；不唯其事，唯其智。虽奸猾盗贼，谁非吾药笼中硝戟? 吾一以为蛛网而推之可渔，一以为蚕茧而推之可宝。譬之谷王，众水同归，岂其择流而受!"②对智慧，他主张采取兼收并蓄的态度，"太山而却撮土，河海而辞涓流，则亦不成其太山河海矣"!③

冯梦龙在《智囊》中选录了不少奸臣的智谋故事。《术智部·出现钱》条记载了秦桧运用智谋调节货币流通的事。篇后冯梦龙评曰："贼桧尽有应变之才，可喜。然小人无才，亦不能为小人。"④一方面，他称秦桧为"贼桧"，并不否认其为"小人"，另一方面，又肯定了秦桧的聪明才智，提出了"小人无才，亦不能为小人"的见解。唐朝的安禄山，宋朝的康伯可、贾似道，明朝的王振等人，或为叛将，或为奸臣，冯梦龙编《智囊》也收录了他们的智慧故事，并给予正面评价。他评康伯可："康伯可后来附会贼桧，擢为台郎，两宫宴乐，专应制为歌词，名节扫地矣。然此十策，正大的确，虽李伯纪、赵元镇未或过也。可以人废言乎?"⑤他评贾似道："贾虽权奸，而威令必行，其才亦有快人处。"⑥他评王晋溪："晋溪之才，信有大过人者，虽人品未醇，何可废也。"⑦凡有智慧、谋略可取，决不因人废言。

智慧也不仅是高贵者的权利，社会上卑贱之人，有的计略过人，谋取他们的利益。《智囊》中选辑了不少身份地位卑贱乃至名不见经传的下层人物故事。《上智部·使马圉》条记载："孔子行游，马逸食稼。野人怒，挚其马。子贡往说之，卑词而不得。孔子曰:'夫以人之所不能

---

①　冯梦龙:《智囊全集》，中华书局 2007 年版，第 1 页。
②　冯梦龙:《智囊全集》，中华书局 2007 年版，第 2 页。
③　冯梦龙:《智囊全集》，中华书局 2007 年版，第 2 页。
④　冯梦龙:《智囊全集》，中华书局 2007 年版，第 397 页。
⑤　冯梦龙:《智囊全集》，中华书局 2007 年版，第 274 页。
⑥　冯梦龙:《智囊全集》，中华书局 2007 年版，第 442 页。
⑦　冯梦龙:《智囊全集》，中华书局 2007 年版，第 190 页。

听说人，譬以太牢享野兽，以九韶乐飞鸟也。'乃使马圉往，谓野人曰：'子不耕于东海，予不游于西海也，吾马安得不犯子之稼？'野人大喜，解马而予之。"①冯梦龙评曰："人各以类相通，述诗书于野人之前，此腐儒之所以误国也。马圉之说诚善，假使出子贡之口，野人仍不从。何则？文质貌殊，其人固已离矣。然则孔子曷不即遣马圉，而听子贡之往耶？先遣马圉，则子贡之心不服。既屈子贡，而马圉之神始至。圣人达人之情，故能尽人之用。然世以文法束人，以资格限人，又以兼长望人，天下事岂有济乎？"②子贡和马圉，一个是孔夫子的得意门生，一个是未曾读书识字的马夫，其贵贱自不待言，可子贡解决不了的问题，马圉一说就通。寸有所长，尺有所短。每一个人都有其特长，关键看是否能发现其长处。冯梦龙既肯定了马圉的聪明才智，又肯定了孔夫子善于用人。《魏元忠》条载："唐高宗幸东都时，关中饥馑。上虑道路多草窃，令监察御史魏元忠检校车驾前后。元忠受诏，即阅视赤县狱，得盗一人，神采语言异于众。命释桎梏，袭冠带，乘驿以从，与之共食宿。托以诘盗，其人笑而许之。比及东都，士马万数，不亡一钱。"③魏元忠竟然用狱中的强盗来保护皇帝东幸，却出色地完成了任务。冯梦龙评曰："因材任能，盗皆作使。俗儒以鸡鸣狗盗之雄笑田文，不知尔时舍鸡鸣狗盗都用不着也。"④《严辛》条记载：严辛是严嵩家的仆人，宜春县令刘巨塘到严家贺寿，严辛"导刘往间道过其私居，留刘公饭。饭已，辛曰：'他日望台下垂目。'刘公曰：'汝主正当隆赫，我何能为？'辛曰：'日不常午，望台下不忘今日之托。'不数年，严相败，刘公适守袁州，辛方以赃二万滞狱。刘公忆昔语，为减其赃若干，始得戍"。⑤

① 冯梦龙：《智囊全集》，中华书局 2007 年版，第 5 页。
② 冯梦龙：《智囊全集》，中华书局 2007 年版，第 5 页。
③ 冯梦龙：《智囊全集》，中华书局 2007 年版，第 14 页。
④ 冯梦龙：《智囊全集》，中华书局 2007 年版，第 14 页。
⑤ 冯梦龙：《智囊全集》，中华书局 2007 年版，第 174 页。

冯梦龙批曰："严氏父子，智不如仆，赵文华、鄢懋卿辈，智亦不如此仆。虽满朝缙绅，智皆不如此仆。"①严氏父子势焰熏天之时，满朝文武争相阿附权贵，只有仆人严辛想到"日不常午"，为自己留一条后路，难怪冯梦龙说严氏父子及其爪牙乃至满朝缙绅，智皆不如仆人严辛。《察智部·维亭张小舍》条记载维亭张小舍善于察盗的故事，冯梦龙极赞其"先察盗，智，后疏于察盗，更智！"②

　　如前所述，《智囊》分十大部，十部之下，再细分为二十八卷。表面看去，作者的分类非常细致，然而其逻辑层次清楚明白吗？事实恰恰相反。冯梦龙自己在再版序言中说了，他"丙寅岁，余坐蒋氏三径楼近两月，辑成《智囊》二十七卷"。③ 即在明熹宗天启六年的两个月，将《智囊》一书编辑成功。在那个没有现代科技可依靠的时代，编辑内容如此庞大的一部书，竟只用了两个月时间，则其书的粗疏可以想见。事实上，此书的十大分类，是非常随意而混乱的，各类智慧在内容上存在交叉重合，不少智慧既可以归为此类，也可以归为彼类。之所以分出如此多的类别，实是全书篇幅浩大而不得已为之。智慧只有不同领域的运用差别，并无上下高低之分。与智慧的不同之物只有愚蠢，愚者必败而有智者必成。而在智慧之中，有问题的智慧只在于邪恶之徒对它的借用。如《智囊》中记载的奸臣奸雄的智谋运用，在社会上骗子盗贼对它的借用，在某些领域，某些人的小聪明误大事。这三类情况所反映的，其实都是智慧的敌人。因为奸臣纵然得意一时，而凄凉万古，因为他们终将身败名裂，被钉在历史的耻辱柱上；而盗贼骗子恶棍坏蛋固然一时得逞，但那将是以被法办惩处作为代价，后果严重而悲惨；而小聪明不叫智慧，是因小失大，失去真正的人生。则知智慧的运用，总是和正义道德紧密相连，没有道德支持的智慧，将被证明不是智慧，而是反智

---

①　冯梦龙：《智囊全集》，中华书局 2007 年版，第 174 页。
②　冯梦龙：《智囊全集》，中华书局 2007 年版，第 303 页。
③　冯梦龙：《智囊全集》，中华书局 2007 年版，第 1 页。

慧，是无智，是失智错乱不堪。从这个角度讲，冯梦龙《智囊》十大部分的分类，是未加深思而糊涂透顶。他的区分，应该是将智慧放在不同领域，如军事、政治、文化、社会心理、法律审判、妇女生活、个人价值等；或者将智慧分成先秦、两汉、三国魏晋、隋唐、五代两宋、元金辽、大明，从中可以看出智慧只有领域运用的不同。而邪恶智谋的运用应该当成智慧的反面教材，观察历史上智谋与凶恶的联合总是以失败告终，从反面角度证明智慧的道德性质。智慧总是与正直无私公平合理紧密相连，建立智慧智谋于道德正义的基础之上，才是其唯一正确的出路。止于此，则《智囊》编辑之能事毕矣。

二、从《智囊》评点看冯梦龙的高明见识

冯梦龙编《智囊》，绝不仅仅是为了读者市场，在一定程度上，体现的是冯梦龙的政治见识和韬略，也可以看出他的历史造诣，甚至看成一部冯梦龙编写的史书。《智囊》全书近两千条故事，有评论的接近三分之一，也就是说留下了大约六七百条评论。如果将这些评论汇集在一起，也是一部相当可观的论集。

冯梦龙对古代典籍相当熟悉，自少年时代以来，他阅读的书籍中，最认真投入的部分是历史。长期的阅读，使作者具备了深厚的历史修养，养成深刻的历史见识。读他的历史评论，使人想起司马光在通鉴中"光曰"，《左传》中"君子曰"，太史公书中的"太史公曰"，其他的如清初王夫之的《读通鉴论》《宋论》，赵翼《二十二史劄记》等历史评述。则其见识尽在其中，而其治世策略也宛然在此。

《智囊》绝大多数材料来自史籍，部分来自笔记小说，即使是后者，大体也在历史典籍的范围之内。因此，依然可以看成历史材料的一部分。而对历史故事的记录和评判中，最能看出作者的见识。他绝大多数的智慧是不可能都得到实践机会的，毕竟冯梦龙的官职只是县令，而且只有区区四年时间，历史没有给他太大的舞台。《智囊》更大的意义是

为读者提供间接经验教训。一旦熟知这些智慧，读者的能力会得到极大的提升。在这个过程中，此书的智慧，就必须满足正确有效的标准，同样冯梦龙的评断见识是否达到最高境界和水平，也是读者必须了解明白的，否则学习错误知识或者糊涂经验，不仅于读者无益，甚至于贻误读者，伤害社会国家。

事实上，冯梦龙采用的材料，大多是从历代载籍中精心挑选的，许多是帝王将相，历代名臣的精彩实践，即使某些材料是普通百姓的生活实践，也被证明是行之有效的。其材料的选择，是没有太大问题的，冯梦龙都给以剪裁和安排，甚至于评述，这些见识判断需要接受历史和读者的检验。事实上，冯梦龙的评论中，确实存在两种情况：正确的历史评断和错误的看法。对于这两种论断，我们在本节和下一节分别论述。本节专论冯梦龙的正确判断和评述，这在《智囊》全书中无疑是主体，这也决定了本书的价值。

《上智》是冯梦龙最看重的智慧。《诸葛亮》条，有人批评诸葛亮特别吝惜大赦的举措，他回答："治国应该使用大略，不施小惠，所以汉代匡衡、吴汉两人都不愿皇帝轻易大赦天下。先帝刘备也说过，我曾与陈纪、郑玄周旋，多次受到他们的启发教诲，治国的方略说得非常清楚了，从未见他们主张大赦。至于刘表治荆州，年年赦免犯罪之人，这对荆州的管理，有什么用呢?"到了后来费祎执政，常用姑息之法，蜀国就削于无形了。冯梦龙评论此条说：子产对子太叔说，只有道德极为高尚的人，才能用宽和之法服人。次一等的治理方法，没有比严厉方法更好的。比如火焰，人望而生畏，于是躲得远远的，故死于火的人就少。水一点也不可怕，人民接近它而耍弄，死于其中的就多了。所以宽大治理天下是难以通行的。子太叔后来治理郑国，不忍行刚猛之法而用宽大之政，结果郑国很多人犯法作乱。所以孔子说：管理过于宽大，老百姓就会任性胡来，轻易犯法，就用猛烈的国法替代。管理过于严酷了，百姓就易于受害，遂用宽和的方法加以补充，宽猛兼济，政治管理就达到理想状态了。商鞅治理秦国，对撒灰尘于道上的人都处以死刑，这是太严厉了，梁武帝看到有人被判处死刑就流泪释放，是过于宽厚了，假如将两者折中，就是最正确的方法了。

在此条之后，冯梦龙又接着记录一条《光武帝》：刘秀做大司马时，手下家奴犯法，军中负责后勤的长官祭遵将他格杀，刘秀大怒，将祭遵抓捕。主簿陈副进谏说，明公您常希望大家遵守军纪，现在祭遵执法不避豪强，是我们的纪律所赞赏的，为什么要处罚他呢？刘秀听此高兴了，立即释放并让祭遵当刺奸将军，并对诸将说：大家不要犯在祭遵的手上了，我的私奴犯法都被处死，他更不会姑息你们。对此条冯梦龙评断：赏罚必行则主威彰显，这就是光武帝之所以统一天下的原因。

以上两条史实表现的是关于国家法纪法令政令的，事实上法治也是古人治国的关键，治国大事，不过制定路线策略，用人赏罚分明而已。诸葛亮不愿意轻易大赦罪犯，就是要信赏必罚，赏罚分明，使民知畏爱，而刘秀治国，也是出于同样的考虑。作者之所以关注此问题，说明他对治国有明确的方略。国家信赏必行，则治天下可运于掌。

法治之外，用人无疑是治国的重心，古人曾有"三军易得，一将难求"的说法，如光武帝曾评价吴汉"隐然一敌国矣"，说他一个人可以顶上一国的分量，则知人才对于国家的重要，所谓"得人者兴，失人者亡"，也是对此的总结。《智囊·上智部·见大卷》中有十多条重视、爱惜、推举人才的故事。如《胡世宁》条中，明代左都御史胡世宁考察部下之责，内阁要求他不要与部下相接，防止私下结党交易。他说如果不与下属接触，哪能了解人家的才能？于是皇帝同意了他的建议。与胡世宁观点相同的建议，在古代多次出现。对此冯梦龙评价说："公孙弘曲学阿世，依然能开宰相府邸而召集贤人，当今惯于防止欺弊，而不利于选择贤能，每当危机时刻，就有缺人才的感叹。"《韩滉·钱镠》条，韩滉为浙西节度使，他所征辟的宾佐，根据其人才能，都能恰当地予以安排。有一位朋友的儿子前来投奔，设宴款待时，他察见此子一直未与邻座交言，便让此人做仓库看门。果然，后来此人每天端坐库门，官员们无人敢轻易出入，可谓用得其才。吴越王钱镠曾游宴后园，发现园丁陆仁章种树有巧思，留下深刻印象。待到南唐围攻苏州时，便命其传信息于围困的苏州，最后得以救援成功。冯梦龙评价说："用人如韩滉、钱镠，天下无弃才，无废事矣。"后面的一条《燕昭王》的故事更是大家熟知的，燕昭王为郭隗筑台以尊崇之，招徕天下贤士苏秦、乐毅、邹衍、屈景等，为之复齐国之仇。《丙吉 郭进》条说丙吉为汉朝宰相，为他驾车的小吏好酒，一次酒后呕吐于车上。负责刑事的官员说，此人应该被处罚赶走。丙吉说，因为喝醉了被斥逐，他还能被别人接纳吗？不过就是弄脏了我的车而已。后来此人为丙吉出力不少。宋人郭进为山西巡检，有手下人到朝廷告他，宋太祖审问后，发觉是诬告。于是发回让郭进处置。此时正好碰到北汉侵扰郭进辖地，郭进对此人说，你敢告我，说明胆子不小，现在有敌情，你能击退敌人，我饶你不死，不能击退敌军，那就自杀吧。于是此人带兵奋力冲杀，取得大胜，郭进荐此人于上，并升任其官职。《楚庄王 袁盎》条，楚庄王的故事也是大家熟知的。庄王设宴款待大臣，命后宫美人给臣僚们斟酒。到了晚上，酒酣耳热灯暗之际，有一大臣暗中牵扯美人的衣袖，美人顺势将他帽子上的缨穗扯了下来。庄王命令大家，今天大家喝酒，不扯下自己帽子上的边穗就不算尽兴，群臣于是都撕下了帽子上的缨穗。后来围攻郑国的战斗发生，有一个将领一直奔命拼杀，五战五合，势不可挡，大破敌军，问其何人，乃是当年那位暗中扯衣人。每次看到这个故事，都为楚庄王爱惜宽容大臣的精神感动。《王猛》条记录的是王猛善用邓羌的事迹。前秦宰相王猛率领大军征伐前燕，燕军驻扎在潞川。王猛与之相持，派将军徐成侦查敌人，约好中午回来相见，但是徐成晚上才归，王猛怒而欲斩之，大将邓羌为之说情：敌众我寡，明天决战，请姑且原谅徐成吧。王猛说：不斩徐成，军法不立。邓羌说：徐成是我的部将，虽然违期当斩，我愿与他将功赎罪。王猛不许。邓羌大怒，回到军营，准备攻击王猛。王猛认为邓羌为人义气勇猛，于是听从邓羌而饶恕徐成。王猛对邓羌的顺从，虽然违背军法，但是大战用人之际，必须特事特办，最后得邓羌的死力而获得大胜，一举灭亡前燕政权，建立巨大的军功。《范文正》条说，范仲淹用人，多半取用其大节而略小过。如孙沔如滕元发，虽不拘小节，但胆略过人，后来都成为名将。他为元帅之时，幕僚宾客多取用贬谪之人。人问他为何如此，范仲淹说，人真有才但有小过的话，不因机启用，就成了废人了。故范仲淹举荐的人士中，奇才特别多。《尹源》条说尹洙兄长尹源做泾州通判时候，沧州知州刘涣，因擅自斩杀部卒降为密州知府，尹源上书朝廷说，刘涣做主将，部卒有罪不服，将其斩首并无错误，却因此贬官，我担心边卒骄傲不敬主将。刘涣得以免于处罚。这也是令人感动的。以上这些故事，记录的皆是古代帝王将相名臣成全、保全人才的事迹，则知冯梦龙的用人思想，对于国家政治的治理，是非常重要的。人才满朝，则天下何事不可为！

在古代，制定国家政策，无疑也是治国方面极为关键的因素。对此《智囊》有大量的记录。《上智》中的远犹卷，就是记录此类内容。远犹，就是远见的策略。关涉国家根本大略。治国中，一旦根本政策制定完善，后来就无大患，如果没有远见，常有巨大的灾难发生，这即所谓人无远虑必有近忧是也。《李泌》条就是关于立太子的问题。太子天下本，立之不可不慎也。唐肃宗的儿子建宁王李倓英明果断，才略过人，跟从肃宗北上宁武，兵士寡少，屡次遇上寇贼，李倓自选骁勇兵士在肃宗左右护卫，一路血战。肃宗有时不能准时吃饭，李倓就悲泣不已。军中将士都期待心向于他，肃宗自己也欲让他任天下兵马元帅。李泌说：建宁王确是元帅之才，然而你儿子广平王是兄长，如果建宁王统兵平乱，难道要广平王让位太子吗？肃宗说：广平王是我长子，是天然的太子人选，何必要做大元帅？李泌说广平王尚未立为太子，现在天下大乱之际，全国瞩目关注的焦点是元帅，如果建宁王平定天下，陛下您虽然不想让他做太子，但其下属答应吗？太宗玄宗就是这样，因为立下大功而为太子。于是肃宗让其长子广平王为元帅，诸将都归他指挥调动。李俶听此消息，感谢李泌说，这就是我的本志。如果李泌不熟悉唐代太宗玄宗因为立天下大功而为太子的历史，他可能难以看出乱时建功容易成为太子的规律，则后来立为太子并继位的，就不是唐代宗广平王，而是建宁王李俶了。古代因太子之争而致天下大难的例证不可胜数，这即李泌为古人高度赞赏的原因。《宋艺祖》条，作者摘录的是宋太祖杯酒释兵权的故事，因为大家熟悉，这里不再细述。对此冯梦龙评价说：有人认为宋代的弱势，是因为过于削弱将领们兵权所致。军人强势，不等于国家也强势。强干弱枝，自是国家的根本大法，唐安史之乱以来二百年的藩镇割据，谈笑之间就轻松解决了。整个宋代基本无权臣武人专政，不都是因此策略所带来的吗？冯梦龙的评断确实是正确的，太祖削军人之权，固然使宋代武人不振，但是维持了三百余年的国家稳定，其意义不细述。

　　远犹卷有《郭钦》条论国家根本政策。汉魏以来，羌胡鲜卑投降汉政权的，国家多半将他们安排在塞北边疆郡邑。之后与当地长官或郡内汉民冲突，不时杀害朝廷官员，渐渐成了国家祸患，侍御史郭钦建议，趁着国家刚刚平定东吴的军队力量强大之际，逐渐将少数民族从内郡迁到外边，严禁少数民族出入边地，可以消祸患于萌芽，此乃万世长策，惜朝廷未从，致西晋末年天下大乱。对此条，冯梦龙评价说：只有开国之际，国家强大之时，才可以执行这种迁徙少数民族于边地的政策，失去这样的机会，后来就很难施行了。宋代初年不能让契丹服从，终于使金人元人肆虐中国。我朝太祖朱元璋北逐蒙古，文皇帝朱棣定都燕京，多次攻入蒙古腹地，岂非万世长策！冯梦龙的观点相当正确。开国或国家实力强大之时，可以实行一些远见长策，特别是少数民族与汉族杂处一处，容易发生矛盾，一旦中央政权衰落，少数民族最容易作乱，趁早将他们迁到边远地方，就不能构成威胁。其实此类政策最有名的提倡者，是西晋人江统作的《徙戎论》，《晋书·江统传》全文转录，在《资治

通鉴》中，也被司马光高度关注。历代史书都特别关注此政策，由此可
见作者评论的准确了。

在同卷的《李沆》条中，冯梦龙也特别转录了李沆的故事。李沆为
宰相的时候，王旦为参知政事。因为对西夏用兵，非常忙碌。王旦某日
感叹，"我们什么时候得到太平，自己得以无事无为多好！"李沆说：
"有一些事情占据我们的生涯也没有什么不好，这样人们可以保持警惕
状态，以后朝廷安宁了，国家未必无事。俗话说得好，外宁必有内忧，
譬如人们有病，就会紧张而加以治疗，这对自己反而是好事。我死了之
后，你肯定会接着为相，与夏人和亲之后，国家无事，我担心皇上奢靡
之心开启。"王旦不以为然。李沆又不断将四方水旱灾害盗贼窃发之事
上奏皇上，真宗为之变色。王旦对李沆说："小事不必麻烦皇上，丞相
每次上奏忧患之国情给皇帝，皇上颇不高兴。"李沆说："皇上年轻，应
当让他知道天下忧患危机，常怀恐惧敬畏之心，不然，血气方刚的他，
不是留心声色犬马，就是大兴土木，信神封禅之类的事情就大肆兴起
了。我老了看不到这些事情，以后你会看到。"李沆死后，宋真宗在契
丹降服西夏人归附之后，就大肆封禅，经营宫室了，才知李沆有先见之
明。王旦叹说："李沆真是圣人啊！"冯梦龙对此条的评论是：在春秋时
代晋楚鄢陵之战之前，范文子不希望晋国与楚国交战，范文子说，只有
圣人才既无内患又无外患。不是圣人，外面安定了，一定会发生内患，
为什么不将楚国的威胁保住，从而对外面晋国形成压力和约束呢？晋厉
公没有听从范文子的建议，而与楚国打了鄢陵之战，且取得辉煌的胜
利，于是骄傲自大，将三郤家族灭了，进一步还想灭其他家族的时候，
栾书、荀偃发动政变杀了他，晋国从此步入君权旁落的状态之中。这个
评论完全正确，李沆看到人君必须要有事情压着，否则就会大开享乐奢
靡之门，确实见识超卓。

《智囊》此类关于治国智慧的故事不可胜数。除此三大类之外，关
于维护君臣秩序的故事、臣民保护自身安全的故事、君王爱护人民的故

事、良吏准确断案的故事、将军百战百胜保卫国家的故事、在外交场合斗智斗勇的故事，非常之多，限于篇幅，我们做总体论述。

先看名将们的故事。《智囊》既然是集中表现古代智慧，而在战争中，智慧是决定性的因素，《孙子兵法》总结说"智信仁勇严"五种素质缺一不可。而五者之中，智慧又排在首位。所以《兵智》冯梦龙辑录了四卷，与《上智》《明智》节数一样多，足见兵智确实特别能展示智慧。几乎每一篇故事中将军们的智谋都给人难忘的印象。《荀罃 伍员》条，晋国荀罃为了与楚国竞争郑国，主张不与楚国正面决战，而通过敌进我退，敌退我进的方式，将楚国拖得筋疲力尽，最后拖垮楚国，将郑国彻底争夺过来。显示不用决战之法，也可以击垮对方，从而创造不战而屈人之兵的方法。为后人提供了新的启发。而伍子胥也是用这种方式拖垮楚国，从而使楚国筋疲力尽，最后率领吴军主力深入楚国，报杀父兄的家仇。《高昭元》写的是隋朝初年名臣高颖用骚扰陈朝边境的方法，使陈人疲于奔命，最后平定陈朝一统天下。而在《周德威》条，记录的是后唐名将周德威出谋划策击败后梁皇帝朱温的策略。《诸葛恪》条，记录诸葛恪通过骚扰丹阳山民的农业收成的方式，将丹阳山民征服。《岳飞》条，记录岳飞用水陆两种方法结合击败杨幺。《李愬》条记录李愬麻痹敌人突然袭击进入蔡州活捉吴元济。《赵充国》条记录老将赵充国保证粮草供应不战而屈服羌人。《陆逊》条记录陆逊通过先进兵后撤退的方法，将吴军从襄阳前线安全撤归。《孙膑》条记录孙膑教田忌赛马中，以上马对付对方中马，以中马对付对方下马，以下马应对对方上马，则自己方两胜一负，而终占上风。孙膑教田忌攻敌所必救，最后击败魏军庞涓。《赵奢》条记录赵奢与秦军角逐，先占制高点而击败秦军。《李牧》条记载李牧麻痹匈奴而后突然袭击匈奴并大败匈奴。《周亚夫》条中周亚夫将大梁城暂时委弃，以引诱七国之兵，使其顿兵坚城之下，而后待敌人疲敝，再展开反攻，从而大败吴楚联军。《周访》条记录东晋名将周访击败江汉起义军杜曾，先让自己两翼部队消耗敌人兵力，然后以中坚部队击败敌军,从而彻底剿灭杜曾。《陆逊 陆抗》条记录陆逊以火攻之法击败刘备,陆抗围困叛将步阐,围而不打,间隔其内外交通,使之不能与魏人联系,从而彻底消灭叛军。《唐太宗》三条写唐太宗击败窦建德,先占据汜水关,然后以逸待劳,一战将窦建德击败。唐太宗对付薛仁杲宗罗睺,坚壁不战待敌粮尽退兵军心涣散之际,与之决战,最后击败薛仁杲。《李靖》条,唐代李靖攻打荆州萧铣,乘水势大涨之际进兵江陵攻敌不备,后又将荆州散乱的兵船任其流下长江而使萧铣的救兵绝望,最后彻底击败萧铣。《朱俊》条记载汉末朱俊围攻南阳起义军,让坚守的敌军逃出而在防守条件恶劣的外城击败之。《耿弇》条,耿弇用声东击西的办法将张步困守的临淄攻下,而坚守的城池西安(非陕西西安)小城也因此投降。

要之,《智囊》兵智部特别能显示古代将军们的智慧,而冯梦龙对这些故事中的摘录,也是对这些智慧的学习与赞赏,后世军人们一旦拥有这样的智慧之后,其应对战争动乱,就有非常多的办法了。

还有一种智慧就是外交领域之中的语智和臣子进谏的智慧,就是言语应对之才智了。和军事智慧相比,外交智慧相对逊色。毕竟战争是贯穿整个中国古代的。而外交智慧特别发达的时代,主要表现在春秋战国汉初和三国及宋辽宋金之间了,而臣子的谏说技巧,也是一种敏捷的智慧。这样的聪明应对也是稀少的,值得人们学习效仿。冯梦龙此类故事多半取自历史上的外交家。如《子贡》条就是来自《左传》,春秋末年,吴国征集诸侯来会。卫侯来迟了,吴人派兵将卫侯的住处包围起来威胁他。子贡游说吴王太宰伯嚭:"卫君前来赴会,一定谋划于国内大臣们,其大臣有的希望卫侯参加盟会,有的反对参加盟会,所以他来迟了。其中赞同参加的,是你们吴国的盟友,反对的,无疑是吴国的敌人。如果你们将卫君关押起来,那是损害你们的朋友而帮助你们的仇人。"于是吴人放了卫君,化解了一场外交危机。本条的第二段,依然是写子贡游说越国,误导吴国攻打齐国,解救鲁国的外交智慧。这段故事来源于《史记·仲尼弟子列传》中子贡的部分，这一段在《春秋》中是没有记录的，更多是司马迁的摘录，其史实与《赵世家》中赵氏孤儿的故事一样，是否可靠不得而知。但其外交策略遵循的是《战国策》的逻辑，因此依然具备外交智慧。之后的《鲁仲连》条就是著名的"鲁仲连义不帝秦"，那是读者们耳熟能详的，显示的是鲁仲连高妙的说辞，不仅其口才令人敬服，更令人惊叹的是他与秦国势不两立的态度和决心，包含智谋和道义双重成分。秦汉之交的陆贾、叔孙通、郦食其，三国时代的诸葛亮、虞翻、邓芝等人的外交智慧也非常令人叹服。宋代周旋于辽宋之间，宋金之间的外交使者的口才智谋也给人留下深刻印象。我们这里只以宋大臣富弼使辽故事为例，看看其非凡的说辞对于危机的化解、两国关系的维持到底有多大作用。

《富弼条》说：辽国趁宋朝有西夏的侵扰这一机会，派使者至开封要求宋朝割让瓦桥关以南十县土地。富弼奉使至辽，对契丹国君说：宋辽两国友好近四十年，现在突然要求我朝割地，是什么原因？辽主说：宋朝违约，堵塞雁门关，在辽宋两国边界增设水库湖泊沼泽，阻碍两国交通，修固边疆城池，征兵百姓加强军力，这将要对辽国不利。群臣们要求举兵南下，我本人以为不需打仗，只需派人要求割地即可。求地不达目的，再启战端不迟。富弼曰：你们辽国忘了我们真宗皇帝的大恩吗？当年澶渊之盟，如果真宗听从将领的话，辽国的将士一个也逃不了。自那时以来，两国盟好，则两国君主得利，而臣子得不到丝毫好处。如果用兵交战，则好处归于臣下，而君王失去威权。所以有些大臣劝陛下用兵，那是为自己谋利。现在我们宋朝封疆万里，精兵百万，你们辽国想开战启衅，就能保证一定打赢吗？即使你们打胜了，牺牲的兵马，是君主的损失，还是臣子的损失呢？如果一直通好，每年我们送给你国的钱物尽属君主，而臣子则得不到任何益处。辽主非常同意富弼的看法，连连称好，最终一场外交争端化解于无形之中。

假若不是富弼的一通说辞，结果就很难说了。而富弼之所以能说服辽主，就是因为宋朝自己的经验体会。即两国发生战争，得利的是军人武将，而国君可能要付出损害自己威望的代价。如果两国和平友好，则军人武将就没有建功立业的机会，不会增加积累威望威胁国君，更不会使国家遭受损失，生灵涂炭。这种体会对于辽主是一样的，因此富弼一旦开说，即被辽主听纳。作为外交家，其说辞必须经过反复考虑精心准备，才有惊人的力量，富弼也因此成为北宋使辽最著名的外交家。对这些古代才智故事的编辑，无疑有利于读者言语智慧的提升，其意义就不言而喻了。

而临机应变的智谋，历史上也有不少的记载。《语智部·辩才卷》中的《秦宓》条，令人印象深刻：三国时吴人张温使于蜀汉，蜀国大臣都来会见，秦宓独独后来。张温问诸葛亮说："这是谁呀？"孔明说："此人是我们的学士秦宓先生。"张温问："学士读书吗？"秦宓回答："蜀国的五尺孩子都要读书，何况我呢？"张温问："天有头吗？"说："有。"问："在哪一方？""在西方。诗经曰：乃眷西顾。不正是朝西方看顾吗？"张温又问："天有耳朵吗？"答："有。天在高处，但是能听到下面的话。《诗经》说：鹤鸣九皋，声闻于天。白鹤在高山之上鸣叫，声音传到天上。天没有耳朵，能听到这种声音吗？"张温又问："天有脚吗？"答曰："有。《诗经》说：天步为艰。没有脚怎么会步行呢？"张温问："天有姓吗？"答："有，天子姓刘。""何以知之？"答："因为今天天子姓刘。"张温问："日出于东吗？""虽然太阳从东方升起，但是在西边落下。"真是应答如响，一坐惊叹。秦宓对张温的问答，没有丝毫滞碍。张温素称知识渊博，反应敏捷。殊不知天下奇才，所在多有，蜀国也有像秦宓这样知识渊博思维独特的怪杰，张温问什么，他答什么。其出人意表的回答，给人极为难得的印象，更造成了惊人的喜剧效果。其人的应对辩才，古今不可多得也。

巧妙的讽谏之词，也值得后人借鉴。讽谏是一种下级对上级的意见，一切讽谏都必须采取巧妙的方法，古代此类行为也不断发生。典籍中多有记录，冯梦龙在《智囊》的言语智慧中摘录甚多。《语智部·善言卷》有《晏子》条记载，齐景公时代，刑狱繁兴，一次景公问晏子说，你居住在市场附近，哪些东西价格昂贵，哪些便宜？晏子回答说，犯人穿的假肢贵，而一般的鞋便宜。景公听此回答，悟出是晏子借此进谏，于是将刑罚减损。冯梦龙对此评论说，晏子的讽谏，一般都挺巧妙，多半是间接的提议，因此齐景公常常能予以采纳。晏子几乎就是一位滑稽专家。《晏子春秋》和《左传》记录了晏子许多言论谏说。与之风格近似的《战国策》中著名的邹忌讽齐王纳谏、触龙说赵太后等故事，都是典范。后世此类语智也不少。

除了以上智慧之外，其他小的智慧在《智囊》中记载也不少。具体如察见即预防应对可能出现的危机，如尊君爱国、如保全臣子本身安全、如急中生智应对危机、如利国利民之智慧。对这些智慧故事的记录，我们不一一加以论述了，从前面的部分看，冯梦龙先生的记录和评述，基本都是引用古代典籍，其评论大体与历史智慧相应，体现了他的卓识。这些见识用到实际的政治生活和实践中，一定会取得不错的政治效果。

第三节　冯梦龙在政治实践中对智慧的运用

一、《智囊》中某些智慧及作者评论见解的辨析

《智囊》中绝大多数的评论是准确深刻的，因为它们来自历代典籍，被历史实践反复证明有效。但是《智囊》中，也有一些材料来自笔记野史，其材料本身的可靠性值得怀疑，更主要的是这些书籍的作者，有的见识短浅，有的判断水平可疑。而冯梦龙的见识，也没有达到卓越的历史学家和政治家的高度。而且其人生于晚明之际，价值观深受时代影响，而且还是李贽的信徒，颠倒之处不少，与主流的价值判断常有所偏

离。毕竟冯梦龙是一个才子，有强烈的文学家倾向，文学家并不以识见取胜，只以才情彰显。古来文人皆才高识短，要求他们才识兼备，实在乃责难太过。

但是作者的《智囊》终究是为政治家和官员以及杰出的知识分子定制的，《智囊》最主要的读者是知识分子和有志于政治实践的士人。《智囊》中的故事和作者的评述一旦出现问题，对于读者来说，就是巨大的误导，其后果是严重的。因此我们需要对作者评论和相关判断的这部分进行辨析，以便为读者提供警示，从而使《智囊》一书达到最好的影响。

首先是有关《智囊》一书的名称。作者对治世治民素怀理想，作为中国的读书人，从历史书中寻找治世治国智慧，这是理之自然。本来作者应该给自己的书名定为《治国良策》之类，但是也许是出于读者市场考虑，觉得世人重视智慧之故，竟径直以《智囊》命名。但是在中国的读书人之中，向来主张才德兼备，以德为先。司马光在《资治通鉴》中明确提出过才德观，要以德帅才，而不是相反，所谓以德帅才是君子，以才帅德是小人。冯梦龙给自己的书命名为单独的智慧，这是违背传统的才德观的。事实上，中国历史上特别强调智谋和才能的兵书，如《孙子兵法》、《吴起兵法》，以外交才智，纵横家事迹为主的《战国策》，以法家哲学为核心精神的《韩非子》等著作，都不同程度地被历代论者轻视歧视，不能获得恰当的评价。因此《智囊》一书的流行，也受到学界的批评。四库馆臣对《智囊》及冯梦龙给予否定性评价"佻薄殊甚"，也许有其道理。而作者在此书的自序中，也回答过读者的疑问："子之品智，神奸巨猾，或登上圣，鸡鸣狗盗，亦备奇闻，囊且秽矣，何以训世？冯子曰：吾品智，非品人也。不唯其人，唯其事，不唯其事，唯其智。虽奸猾盗贼，吾药笼中硝、戟？吾一以为蛛网，而推之可渔，一以为蚕茧，而推之司室，譬于谷王，众水同舟，岂其择流而受？"①主要是

---

① 冯梦龙：《智囊全集》，中华书局2007年版，第1-2页。

有读者质疑作者在《智囊》中的《上智》部记载了宋代奸相秦桧的所谓智谋故事，而在后面的《杂智》部记载各种骗术及奸佞之徒的诡计。其实在整个《智囊》全书中，有问题的历史记述非常之少。但是这已经给读者带来了很大的冲击，本节就此展开论述。

《上智部·假书》条中，秦桧主政期间，有个士人伪造他的亲笔信拜访扬州太守。太守察觉此信是伪造的，缴上书信并将此人押回朝廷。秦桧知此事之后，依然给予此人官职。有人问为何如此。秦桧说：有胆量虚造我的书信，此人定非常人，现在不给他一官半职，他必将叛逃，而不利于我国。对此条，作者给予了高度评价："奸桧此举，胜韩、范远甚，所谓'下下人有上上智'。"①将秦桧此举抬到韩琦、范仲淹之上。在此条的第二段评论中，冯梦龙继续举了另一个伪造韩琦书信的人得到官职的故事，之后又举了一个伪造书籍而得利的故事。最后作者评论说，这两件事情，都能增加人们的智慧。

其实对于秦桧此举，历史上还有一条相关的记录。也是一个人伪造与秦桧有关的信件而得利。为什么伪造他的书信，不仅不受惩罚而且还能得官，这就是秦桧的奸诈之处了。也就是说，此人伪造书信，无非因秦桧的名声和影响力巨大。就像我们今天某人被人利用，一方面确使此人受到损害，另一方面则客观上增大了此人名声。在秦桧看来，这个伪造书信的人，就在客观上增大了自己的影响力，如果处罚此人，则对自己的名声和影响力反而不利，这就是他赏赐此人的原因，表现了一代权奸的谲诈。他的目的不过是扩大自己的威权，增加自己的威风。更令人诡异的是，他还为自己的诡诈找了一个借口，就是此人不予官职的话，就会逃到外国，损害宋朝，做出一副乃心为国的模样，更是欺天下人无智。而冯梦龙将此故事写进书中，又以讹传讹欺骗天下后世，扩大了秦桧的欺骗影响。

---

① 冯梦龙：《智囊全集》，中华书局2007年版，第10页。

《上智部·秦桧条》记载的是，建炎初年，金人使者至南宋讲和，声称金人使者来临，南宋百官必须在朝廷外大事迎接，南宋满朝失措，秦桧恬不为耻，准备派全部朝臣迎接。金人使臣要求与南宋大臣见面时，一定要在毛毯上行礼，这礼节在当时不是臣子能接受的。这一天，秦桧在内廷内外全部铺上了毯子，于是金国使者取消了这一要求。

最后关头礼节固然是取消了，但是南宋全部臣僚都来朝见了金国使者，只是没有在毛毯上进行而已。金人欺凌南宋的态势一点也没有改变，秦桧为南宋政权获得的面子只是最后一关而已，这里面看不出来秦桧有什么高明的计策，有什么过人之处。冯梦龙再一次记录秦桧的所谓智谋，一方面显示他缺少洞察力，另一方面表明他对秦桧的投降路线的损害认识不深，对民族耻辱愤恨不足。

当然冯梦龙记载的奸臣谋略并不仅仅在上智等章节，最集中的是《杂智》部，大部分记录是奸佞之智谋，或者邪恶之奸诈计略，所谓鸡鸣狗盗而已。冯梦龙编次此章，目的是为了显示对一切智慧的全部采纳。本章共分为两节，一节为狡黠，一节为小慧。顾名思义，狡黠就是狡猾之意，带有邪恶意图，而小慧即小聪明，向来都是大智慧的敌人，实际就是反智慧，甚至于就是蠢不可及。冯梦龙编进《智囊》，正表明了他的态度。

比如《杂智部·狡黠卷·曹操》记载了曹操的四件计谋。这里只讲两件。第一件说曹操有次行军打仗，粮食即将供应不足。于是召见军粮长官问询应对之策。军粮官回答说，可用小斛来供应兵士饮食之需，曹操说好计。不久之后，军中传言曹操用小斛代替大斛，欺骗大家。曹操于是对军粮官说，借你的脑袋以消军中议论，斩军粮官之首，并题词于其首级上说，此人用小斛替代大斛，盗窃军粮，军心才平定下来。第二条，曹操说，我睡梦中别人不要靠近，否则我可能杀人，我身边的人尤需小心。某天曹操佯装深睡，被他宠幸的一位女子为他盖被，曹操跃起砍杀，再继续睡觉。醒来之后，故意问人："谁杀她的？"此后他睡觉再也没有人敢接近了。前一件故事表现曹操嫁祸于人，让他人牺牲性命而缓解了军粮危机，后一计牺牲了一位自己的侍女，而欺骗大家，从而使谋杀自己的人不敢轻举妄动，都是极端自私自利，欺骗世人。其邪恶残忍的程度，可谓古今无二。这两件故事载之于《三国志》，是否真实，也许值得怀疑，但大体符合曹操宁可我负天下人的哲学。冯梦龙摘录曹操狡黠故事，没有给以评论，但是既然放到了书中，至少包含了作者某种程度的肯定之意。

同卷的《田婴　刘瑾》条，田婴是齐湣王的堂兄弟，也是孟尝君的父亲。有人对湣王说：年终的财政收入，陛下何不以几天时间好好审查一下，不然，阁下不知官吏们的忠奸得失。齐湣王同意了。田婴于是命令官员们将各种事务一起交给齐湣王，齐湣王忙得一塌糊涂，晚上吃饭时间都没有，不久之后就累得睡着了。齐湣王因此将国政全部委托给田婴，田婴因而专权。明代宦官刘瑾，也是用这一招对付明武宗而专权。《赵高　李林甫》条，赵高劝说秦二世深居简出，自己专权，李斯感到不悦。赵高见李斯说：关东群盗大起，但皇上继续扩建阿房宫，我本欲进谏，因为地位卑下而无效，丞相您才是谏说此事的恰当人选。李斯说，皇上深居禁宫，我无法得见。赵高说，请等待皇上闲暇之时通知于您。于是等待秦二世正在宴饮享乐之时，他派人告诉李斯进谏机会已到。李斯到宫中进谏，引起二世的厌恶，之后遂被赵高谗杀。赵高玩李斯于股掌之上而使其不自知，足见其狡智惊人。李林甫某日对李适之说，华山有金矿，开采可利国家，皇上现在尚不知此信息。过了几天李适之将此建议提给玄宗，玄宗回问李林甫，林甫回答玄宗说，我早就知道华山有矿，但那是皇上大命根本，又是本朝王气之源，开凿了于陛下和国家不利，所以不敢向皇上提出。玄宗认为林甫爱自己而李适之则否，于是疏远李适之，不久罢免李适之的相位。《石显》条中，石显知道自己擅权，担心皇上听信他人离间之言，于是做了一个试验，预防元帝怀疑。某天石显到相关官署办事，预先告诉元帝，自己办事的时候，可能要半夜进出，声称自己要借用圣旨开宫门进入。第二天，果然有人上书皇帝，告石显矫诏开宫门，元帝得了此上书，笑着给石显看示。石显因此哭着对皇帝说：陛下对我格外信任，但群臣嫉妒，想陷害于我。元帝认为石显的话有理，对他更加宠信了。石显预防皇帝猜疑自己的方法相当奸诈，为后来自己的继续专宠打下基础。

《智囊》杂智部，前半部分除了曹操的故事之外，或者是奸佞之辈的诈谋，或者是权臣的巧诈，总之皆非光明正大的智慧。作者对奸臣诈谋的记述，多少是出于预防的心态，即面对权臣或奸臣，怎样预防他们，或者遇到此类诈谋，如何应对，最大限度地消除奸邪的影响。用冯梦龙在《杂智部总序》的话说，就是"破其狡，而正者胜矣""象物为备，禹鼎在兹"，自己可以不用奸谋，但是要明白奸诈的套路，所谓害人之心不可有而防人之心不可无，从而从容应付之。然而对于曹操的多诈，作者可能是一种欣赏的态度，而把这些奸谋放在一起排列，依然会给读者一种印象，奸谋诈谋并不是一种绝对恶的东西，有时不失为一种保护自己的智慧，为自己的利益，一定情况下可以采用。再联系作者前面《上智》部关于秦桧的记录，更能造成这样的一种印象。

《杂智部》后面，作者记录的多半是骗子、讼棍、猾徒、敲诈勒索者、恶棍的故事，造成的后果可能更加严重。其中一篇《邹老人》，记载一个富人王某杀了仇家李某，法官将王某羁押在狱。王某于是以百两黄金求救于讼棍邹老人，邹老人又至南都南京求助于刑曹徐先生。徐先生说此事很难办理，邹老人说徐先生你们最近抓捕海盗二十人，其中有两人是苏州人，您只要指定两人中的第二人杀了李某，就可以救我的亲戚王某了。邹老人然后又访问两位苏州籍的海盗家人，许诺赡养其家，两海盗于是也同意了。在之后对海盗的审问中，海盗如是说某月某日于某地杀了李某。邹老人带着这个案子回到苏州，让王某免于刑罚。这是一起典型的舞弊案件，也可见出古代狱讼的糟糕状况。

在另一条《啮耳讼师》中，有一浙江人殴打七十岁老父，且打落了父亲的牙齿，其父拿牙齿告到官府。其子非常害怕，找一名讼棍问计。讼棍叫他过去耳语，一下就咬去他半边耳朵。到开庭对质的时候，法官认为人不可能自咬耳朵，而老人牙齿本来容易松动，最后此逆子得以免于处罚。对此事实，冯梦龙评论说：讼棍颠倒法律很可怕，然而这个策略也太神了。流露出赞叹之意。

同节的《矙生光》中记载的敲诈相当恐怖。万历年间，有个富绅意欲讨好权贵，偶尔询问矙生光。三天之后，矙生光手持一双玉杯前来售卖，说：此一双玉杯出自宦官之家，大约百金的价钱，现在卖给你五十金，富绅欣然接受这个买卖。过了几天，突然东厂某校官捆着两人过来，其中一人就是矙生光，另一个就是那宦官。矙生光说，前几天卖给你的玉杯，本来是皇宫的宝贝，是这位宦官盗窃出来的，现在被发觉了，只有将此玉杯还于宫中了。富绅非常窘迫，然而其玉杯已经赠给他人了，于是问矙生光该怎么应付，矙生光故作艰难状，最后说可以为你打点："某人需要贿赂多少，某官员需要贿赂多少，庶几可以消此麻烦。"富绅不得已，前后送了近千金，后来虽知是矙生光的诡计，但已无可奈何。

再一则《京邸中贵》。有一个士人候选京城，久客于外，资金用尽，想贷款千金，与一个熟人谈论此事。几天后那人回报说："某宦官同意贷款五百金给你。"士人认为太少，那熟人说"凡是贷款的，无一例外要厚礼送人，宦官喜欢别人恭维他，他高兴了，说不定多贷给你。"士人于是从各处集中剩余物品，价值近达百金，到期入门拜见宦官。宦官家里，富丽堂皇金碧辉煌，不久宦官出来，满脸横肉，身边两个童子拥护他行走。接受士人礼品后，同意贷款八百金，预备明天完成交接。士人出来之后，喜不自胜，到明天再去，屋舍空无一物，才意识到受骗。骗子无所不至，确实可恶至极。再一个故事是说强盗的巧智。《躄盗》条说，有个强盗，脚是跛的，特别善于偷盗。某夜与两位强盗到一大族偷窃，翻瓦揭屋之后，两强盗将此跛盗用绳子吊了下去，之后又将装东西的柜子吊将下去，然后让跂盗装物进柜，已经吊上两个柜子了。跂盗突然想，如果上面两位弃自己于不顾，自己可能被抓，因此就马上钻入柜子中。而上面两盗则想，如果将这个跂盗吊上来，分赃的人就多了，于是吊上第三只柜子，就飞奔而去。两人中一人说，这小子素称能盗，殊不知被我们暗算。另一人说，此时那小子与主人翁可能已经见面了，说罢哈哈大笑。不知跂盗就在他们抬着的箱子里听得一清二楚。两强盗抬着抬着就疲倦了，坐在路边，跂盗估计天将大亮，且听到远处人声渐近，突然大呼叫喊："有强盗打劫我"，二盗听此，立即放下箱子狂奔，而跂盗独享全部的赃物。何景明先生为此做了《蹩盗传》，可资一笑。

以上是狡黠部的故事，表现了冯梦龙对此类智慧的兴趣。一部分奸诈之徒的狡诈，甚至获得了作者的赞赏。而对于奸臣的害人殃民，作者是持两种态度的，如对赵高等的行为，李林甫的陷害忠良，那是声讨批判的，但是对曹操可能就是欣赏了。对于诈骗犯强盗的智谋，多半是感兴趣而赞叹的。但是，这样一来，冯梦龙的编辑行为可能受到怀疑，毕竟这是不道德的智计。传播这些故事，不仅不能提升读者素质德行，而且引诱读者模仿此类行为，这是需要我们辨别的。

以上有问题的条目和作者看法，属于对智慧的过于推崇，而失去了传统价值观的肯定。另一种故事和作者的评论，显示作者某些判断的偏倚，对于治世治国可能发生不利的影响。比如上智部见大节的第一则故事，历来都有争论。

《太公》条说，太公姜尚封于齐国，齐有一个名叫华子的人，上不臣于天子，下不友于诸侯，世俗之人反而谓之为贤士高人。姜太公三次派人命他来见，华子皆拒绝了，姜太公于是断然诛杀此人。周公问他："此人是齐国的高人，为何杀了？"姜太公说："一个人不臣天子，不服诸侯，我怎么可能统治他呢？这是天地间多余的人，召集他三次都不应命，是反逆之人。现在要表彰此人，使全国效法他，我怎能有百姓可以统治呢？"对此故事，冯梦龙发表了一段看法：齐国之所以没有懒惰的百姓，未成为弱国，就是姜太公的这种政策造成的。《韩非子》对隐士的否定，也源于这种精神。这条故事竟被放在整个《智囊》的第一篇，足表作者对隐士的偏见。

实际上，治国必须宽大为怀，对隐士的尊重，是中国古代贤君的一个基本策略。古读书人，人生无非两途，或出仕，或隐退。所以许由、务光成为古代高士的象征。在史记七十列传中，《伯夷列传》被司马迁置于首篇，而伯夷、叔齐兄弟就是不臣于周武王的隐士，受到中国知识分子的高度赞赏。汉高祖得天下之后，因为商山四皓辅佐太子而放弃取消其太子位的打算，即因他对四位隐士的推崇。陶渊明作为魏晋之际的高士，受到舆论和学术界的最崇高敬意。历代皇帝得天下后，一般会推出几个隐士装点门面，显示帝王的宽容，士人的恬淡，士风的高洁。中国历代对隐士是持高度赞赏态度的，这成了历代舆论的主流。而生活在明季的冯梦龙先生，竟将韩非子那种狭隘的治国路线当成宝贝，岂非可笑！说什么"闻人高士，非大圣人不知其当诛也"，读过如此之多典籍的冯梦龙先生，不应发出这样的感叹。

在本节的《后唐明宗》条中，后唐明宗之子李从荣性格轻佻，喜欢儒学，常召集后生浮薄之辈饮酒赋诗。某天明宗问李从荣："你军政空闲之时，都干些什么呢？"李从荣回答说："读书，与众位儒生作诗论道。"明宗说："我常见先帝庄宗好写歌诗，没什么用处。你是军人后代，文章不是你的专业，肯定也做不好，传说出去，徒然让人取笑。我老了，对于经义虽不甚知晓，但喜欢听人讲论，其他的都不值得学习。"从荣最终失败。冯梦龙记录此条，其中所说的儒学，诗歌，经义，概念混淆不清，中心意思大抵是反对武人学文。当然后来从荣失败了，也许是他未精通经史之故。如果饱读载籍，会不通军政之理，而陷于失败境地吗？他的结果，不就是明宗不教诸子读书所致吗？而《训储》二条中，也曾记录相关情事，这都是明宗不学无术之故。而冯梦龙却记载此条，以智许之，实是有失偏颇。

上智部远犹节的《徐达》条说徐达包围元顺帝于开平府，故意网开一面，让元顺帝逃逸，常遇春大怒。徐达说：此人虽是夷狄，然而曾经长期统治中国，我们皇上又能把他怎么样呢？将裂地封爵他，还是杀了他？既然两种对策都不合，不如放了他，常遇春还是不同意徐达看法。到了南京，朱元璋也没有怪罪徐达。

对于这一条，清代的赵翼曾著文驳斥，考证开平之役，徐达并未参与，本就没有这回事，此条是徐祯卿日记所录，但冯梦龙未经细考深思，贸然写入，确属粗疏所致。尽管如此，依然可以看出冯梦龙的见识，因为他在此条之后，发表了见解。他说徐达放走元顺帝，省却了多少麻烦。徐达之所以敢于放走元帝，就是因为明太祖宽宏大量的缘故。他是由后来朱元璋给元帝谥号为元顺帝，赦免陈理为"归德侯"而未杀两件事推知的。这就是想当然了，明太祖是宽大的人吗？那是一个心胸最窄的人，这已是被历史证明的事实。谥号为元顺帝，只是表示自己的朝代是承继前代而来。而且，顺帝已经死了，已经成了历史。如果他抓住了顺帝，哪还能留性命？现在尊其名，不过是给臣子看的，就是要你们尊君，为新朝的君臣统治秩序服务。其意图是明白的。封陈理为归德侯，是因为陈理构不成威胁，后来不也将其人送到朝鲜半岛去了吗？那可是学习曹操送祢衡给刘表的故智，放在大明境内，说不定什么时候就将陈理杀了，须知朱元璋可是一个卧榻之侧不容他人酣睡的人。仅从对顺帝、对陈理的态度，得出他宽宏的结论，是以己度人，是天真幼稚。事实上，若徐达擅做主张，朱元璋一定会要他的命。虽然将在外，君命有所不受，但是放元帝逃走，那就不是一般的事情了。而后来蒙古余孽瓦剌在明英宗时代侵扰，明世宗时代，蒙古余部对北京周边的困扰，明末蒙古部落与后金联合，对东北的骚扰，有明一代，这些竟成国家的最大外患，加上北方戎狄历代都是中国的头等大敌，徐达也不至蠢到如此程度，将到手的不世大功放弃。当然这是我们对此事真有可能发生的推问，而历史本身根本就无这事。但从中可以看出冯梦龙在此条上判断的失误和见识的短浅。

而在《见大》节中，还有一条值得商榷。《屠坪石》说屠羲英先生为浙江督学，巡视到湖州的时候，群小望风伺察诸生的过失。一个书生在娼家夜宿，天尚未亮，就被保甲抓逮到屠先生门下。后来屠先生将书生放走，反将保甲打了一顿。对此条，冯梦龙先生评述说，李晟曾携带成都妓女回朝，被节度使张延赏追还，赵抃做青城县令时携带妓女招摇回家，胡铨海外赦免生还而恋爱黎倩，女色害人，贤者不免，以此处理他们，士人很少完美而能逃脱惩罚的。宋人韩亿以为不要因为微罪小过而禁锢士人。屠先生就是得韩亿的精神，原谅宿妓书生。

冯梦龙先生认为书生宿妓只是小节，屠先生饶恕书生，显示宽广胸怀。这大概是因为感同身受，因他长期与妓女过从甚密，一生也为此受累而功名未达。他特别希望碰到屠先生这样的学官，如果他有这样的运气，才华横溢的他不至沉沦下僚，某种程度上，这也是作者的血泪之言。

二、《智囊》与冯梦龙的政治实践

冯梦龙编纂《智囊》，确实体现了他的政治理想，乃至于治国治天下的大略。从我们前面的论述中看来，《智囊》中的策略及其作者评论，绝大多数见解深刻准确，作者的一生一直在古代典籍中思考摸索，对于当代政治的探索和思考，作者也从未停止，虽然作者的某些识断有所偏颇，但是不影响他大体的判断。作者的这种政治见解的积累，为后来的政治实践打下了坚实的基础，数年之后作者被推荐为福建小县寿宁县令。这个县城虽然偏处闽北万山丛薄之地，但是毕竟是一个完整的县级构建，为作者的管理实践提供空间舞台。而后来的实践表明，有了《智囊》强大理论支持的作者，真的将此县治理得有声有色，夜不闭户，黎民大悦，这说明有准备的知识分子和不学无术的普通官员相去天差地远。冯梦龙在寿宁县令期间，写作了一部县志《寿宁待志》，详细记录他治理寿宁的经历过程，为这一段历史做了记录，保存了珍贵的文献。在其书中，也可以看出作者的政治实践，效果惊人。我们将《寿宁待志》与《智囊》联合考察，不难见出冯梦龙的政治实践是《智囊》的实际运用，这表明《智囊》不仅是读者学习智慧的宝书，也是政治实践的指导，对于古代，甚至于后世的政治实践，都有重大的历史意义和现实意义。

比如《上智部·远犹卷·训储》两段，前段说的是商高宗做太子时，他的父亲小乙曾让他生活在老百姓之中，以体察民生疾苦，培养爱民之心，了解民情国理。而第二条，说的是五代后唐明宗李嗣源时的事情。明宗的儿子们竞相展示自己的奢靡享受，张昭(非三国东吴张昭)告诉明宗教训诸子的方略说：陛下的儿子们，应该为个人设置师傅老师，让他们向老师学习。一天让他们记住一件历史故事，一年之中，记住的就多了，那么每月老师将儿子们学习的情况报告给陛下您，等您的儿子们参见您的时候，陛下就考问他们，即使十件事中记得一半的话，他们也会了解很多历史故事，对于古今成败兴衰之理，有很深的体认，则于其本身作用极大。可惜唐明宗未能采纳其策略，以致后来后唐政权迅速倾覆。对此条，冯梦龙评论说：明太祖朱元璋教育太子，让他熟悉农家生活，观察老百姓住处衣食，使他知道民间境况，到洪武末年，让太子身边的官员讲述民间利害诸事。明成祖巡视北京的时候，命令两位年长的皇孙到农村查访，观看农民种植之方法。这是应该当成永久的教育皇子皇孙之法。而在李嗣源故事后面进行的评论中，作者说，这是万世教育皇子的方略，胜于讲经说法。两处评论足以显示冯梦龙的见识。

即在古代国家的治理中，对于皇太子的教育，往往具有国本的意义。汉代贾谊的《治安策》中，曾经对汉文帝说过，太子天下本，必须进行强有力的教育，让他们读书长知识增智慧，培养治理天下的才能。这一政策后来在董仲舒的对策中得到强化，并成为后来公孙弘劝说武帝置太学的源头，皇子太子的教育与广大贵族子弟的教育，甚至于广大百姓子弟的教育，皆由此而发，其意义怎么评价都不为过。这种教育制度最先在皇家确立，后来在京城建立，之后在郡国推广，再之后在全国推行，成为中国古代国家教育制度的基础，实现了孔子当年有教无类的理想，构成中国大一统帝国王朝的初步教育制度。冯梦龙的评论，就放在《上智部·远犹卷》，远犹就是远大策略的意思，足表冯梦龙重视教育的立场。

那么冯梦龙作为行政官员，他是如何管理地方事务的呢？我们看到他将教育放在首位，对人民施加有力的教育，从而轻松完成地方治理。他的《寿宁待志·学宫》篇，记录他对寿宁县学堂的建设："儒学在县左，坐丑向未，乃四库之地。……且四山压局不秀，前无余气，水乃文星，入怀反跳，全无迎恋之情，登明伦堂，仰视堂局，如坐井观天，四周朝辅粗恶，文笔贵峰，俱宿首不照，此文风所以不振，而科第所以绝响也。形家每言，西门之外有大地焉。余曾往视，乃坐乾向巽，坐金克向木，不利文星，终非全吉，且迁费不赀，而城中绝无好事者，……余益以二十余金，由是堂宇载整，学门重建，移前十余步，迁泮池于内，……门外设木屏，以便行者，泮池亦易木桥，朱丹既饰，视昔加焕焉"①。《寿宁待志》中的《学宫》篇，就放在《县治》篇之后，足表冯梦龙对学校的重视。他说寿宁县学堂就在城的东北边，坐丑向未，坐东北向西南，在城市的丑位，属四库之地，主闭而不发，不利文昌；而且四周山高压屋，学堂前面空地狭小，拘束不开，虽有小溪流过，但是入局而后反跳流走，为无情之水，不易成就人才。到了教室，从里往外张望，如坐井观天，特别压抑，所以县学堂就难以成就人才，科举成绩为零，因为风水恶劣。冯梦龙听风水专家说，西门之外有块风水好地，他亲自考察，发觉坐乾朝巽，属于以金克木，不利文昌，不太吉祥。而且将东北方向的旧县学堂迁移过去，费用很大，城中又没有慈善富翁襄助，此

---

① 冯梦龙：《寿宁待志》，福建人民出版社1983年版，第9-12页。

事难以办成。一段时间之后，因为某人拿出欠的二十八两银子，加上作者自己的俸禄二十两白银，对县学堂进行重建改造，将校门南迁十余步，而将泮池迁到校门之内，重修的学堂美轮美奂，面貌一新。在学官的重建中，冯梦龙完全从风水角度出发，之后自掏腰包，终于将学校建成。若是他对此事不甚热心，绝不会有这样的态度和热诚，而寿宁县境内第一次有了如此鲜丽的校堂，之后寿宁文星焕发，人才辈出，皆冯先生启之也，其于寿宁人民之文教恩泽，可谓大矣。这一做法与他在《智囊》中强调教育重要性的思想相呼应。

而对经济治民之事，冯梦龙也专门辟有一节《经务》，表明作者的经济之志略，在某种程度上，是对明末灾荒遍地的一种应对策略，表现他对时事的关注和对国事的忧心。其中一则《平米价》记录，宋代名臣赵抃在神宗熙宁年间为越州知府，两浙地区大旱，蝗虫为害，饥民死者塞满道路，浙江各州都在路边树立警告口号标语，允许老百姓告密，凡是增高米价的，都要受到惩处。赵抃则独自标语广告说：凡是有米的家庭出售大米，都将以比现有价格更高的价格购买，于是米商辐辏汇集于越州，米价大跌，人民的饥馑得以解决，拯救一方饥民。同一则的第二个故事，记载的是南宋人黄震奉朝廷命令救抚州灾荒，要求本地的富人乡绅集中于本地府门，要他们不卖粮米的抄家，强行购买粮米的处斩，于是米价就稳定了，又拯救一方饥民。

在下一则故事《抚流民》篇中，作者收集的是宋代名臣富弼做青州知府安抚流民的故事。当时河北山东一带水灾，老百姓流徙四方，富弼命富人将粮食卖出，加上公家的积粮，换成金钱，用这些钱建成公私临时住宅十多处，将流民安置其中。对于青州境内的退休官员，等待补缺的官员，寄居此地的官员，则让他们看顾饥民，记下他们的功劳，以备他日补赏。每过五天，富弼持以酒肉饭菜犒劳他们。这些富人因此非常尽力。而在山林水泽之处，可以耕种之地，任流民占据生产。将死了的流民，挖大坑埋葬。第二年，麦子丰收，流民各自带粮回家，官府从其中征集强壮的劳力当兵，数目达到上万人。在同一例中，作者还记录了北宋人滕元发为郓州知府拯济饥民的故事，他当年从淮南地区购买粮食二十万石。当时淮南开封以东地区都闹饥荒，滕元发召集城中富人，与他们约定说，"流民将到本地，没有地方安排住宿，就会发生疾病瘟疫，可能危及你们的利益。我将在城外废弃空地，建设简易房舍，以安排流民住居。"富人们同意了滕元发的建议，襄助富弼一天即做成简易房屋两千五百间。流民到了之后，就授以土地，而生活用具基本齐备，又以军法管理流民，让青少年做饭，壮年人砍柴，妇女挑水，老年人休息，人民就像回家一般安适。最后救活饥民万余人。

第三则故事，作者记载的是明代宪宗成化年间安抚流民的故事。他说，从陕西中南部到四川北部，河南南部，湖北西部山区一带，数百千里，大山丛薄，流民聚集其中，刘通、李原因此造反，流民四散，左都御史项忠命令相关官员驱赶他们，结果流民在路上死亡无数。国子祭酒天门人周洪谟于是写作《流民说》，大约说东晋时代，北方流民无数至于南方，国家在流民停留之地，设置侨居新郡县，将流民当成本地居民管理，就可消其危险于无形之中，根本不需要驱逐。到成化十一年，这一带流民再次起事，内阁大学士首辅李贤推荐周洪谟《流民说》于朝廷，明宪宗命副都御史原杰处理此事，原杰就在湖北四川河南山西交界山区建立新的县级机构，安置流民成为当地居民。给予土地耕种，设置竹溪、郧西、白河、商南、南阳、桐柏、南台、伊阳，建制郧阳府，使此地终得安宁。

对以上三件举措，冯梦龙的评论是：富弼能够在极穷困的状态下安抚流民，并建立一支强大的军队。对滕元发的举措，冯梦龙的评价是：借用祁尔光的话说，滕元发救济饥民，与富弼方略大体相似，只是富弼用的是散处四方之法，而滕元发用的是聚集之法，但效果是一样的。而对安抚荆襄流民之法，则评价说：今天招抚流民，都是形式主义之法，纵使给流民土地，但是没有房子，就是有土田，但没有牛耕种，老百姓能安顿下来吗？勿怪于流民变成流贼，变成农民起义军的源头，以致天下大乱。冯梦龙编纂《智囊》之时，正是李自成张献忠农民起义军刚刚爆发的时代，国家对此束手无策，起义烽火遍天下，帝国大厦岌岌可危，作者面对如此态势，心忧如焚。其爱民忧国之情，宛然可观矣。

在作者刊布了《智囊》之后，他于崇祯七年来到福建小县建宁担任县令，他的治民之策非常接近以上的几则策略。《寿宁待志·土田》记载说："寿凿石为田。高高下下，稍有沙土，无不立禾。计苗为亩，不可丈量。而租苗多寡，因有大亩、小亩之别。税额分上中下三则。上则粮五升，中则粮四升，下则粮三升。大体田滋于水，水脉通塞，而田之肥瘠随之。然或高下而燥湿相反，或连圩而润涸顿殊。此当问之老农耳。山高水寒，树获俱后于他县。岁只一熟，然食费颇少，如遇有年，尽可储备。近因邻境多饥，奸民往往因与为市。而斜滩通水，盐贾泛舟交易，米之漏孔渐多，而价亦渐贵。一值水旱，外运艰难，立而待毙。此常平预备之法，不可不讲也。农之家必有仓。当获时，即于田家出谷而归。不但省负荷力，亦由家鲜余地也。久霁则全收，旬日雨。禾生耳矣。积薪煨之，则以壅田。冬月，烧山取灰，故随处有灰厂，或恐伤竹木，扫草叶，即于厂内煨之。屡致延烧，不可不戒。西门一路田瘠，必用竹叶或蕨叶。"[①]

在短短一篇文章中，作者对于寿宁人民的粮食问题有精准的总结，如果不是平素留心此事，决不会如此熟悉。他说寿宁多山，人民因山为田，只要有一点泥土，就可在上面耕种，因为土地面积大小不一，因此不可丈量，故而收税，大略定为上中下三种税收标准，上田每亩收粮食五升，中等四升，下等三升。因为地形高亢，气候寒凝，每年只有一次收成。但是消耗不多，假如遇到丰收之年，公私可以储备粮食。近年以

---

① 　冯梦龙：《寿宁待志》，福建人民出版社1983年版，第15-16页。

来，邻境饥荒，奸巧之民因此贩卖粮食至于外县，致本地粮食价格上升，一遇水旱灾荒，外面粮食难以运进，马上就发生饥荒。因此在本县的荒政之中，必须建立常平仓，以备荒年之不及，这才是寿宁治理的万全之策。人民的吃饭问题是头等要务，因此在《寿宁待志》中，作者将之置于重要的位置，足表古代治民，重要的事就是吃饭问题，可以说是悠悠万事唯此为大。再回过头来，我们看到前面几则救荒之历史故事，就知道作者向来留心此类历史掌故，来为现实提供经验教训，至此，我们就可以理解冯梦龙先生的苦心了。如前所述，赵抃先生在越州，命令凡是出售粮食的，他将以较高的价格收购，黄震的命令则是凡是屯粮不卖的斩首，凡是强行买粮囤积的斩首，很快就将粮价稳定。作者对此类政策是大加赞赏的，这为之后他的寿宁治民口粮提供了最好的借鉴。而富弼对付流民之法，滕元发应对流民之意，明代成化年间对流民问题的解决，都藏在作者的胸中，因此一到寿宁，百姓的吃饭问题得到彻底的保证，可见冯梦龙《智囊》的编纂，绝不是白做的，所谓历史留给有准备的人，真是一句至理名言。所以在《智囊》中专门记载了一段朱熹的故事，也可以佐证作者对此事的关心强调。《寿宁待志·明智经务》说："乾道四年，民艰食，熹请于府，得常平米六百石赈贷，夏受粟于仓，冬则加息以偿歉，蠲其息之半，大饥尽蠲之。凡十四年，以米六百石还府，见储米三千一百石，以为社仓，不复收息，故虽遇歉，民不缺食。"朱熹的方法，就是向上级官府借粮六百石用于贷借给百姓，老百姓夏天借了粮食，冬天加上利息还给公家，一般利息比正常的少一半，逢大饥之年，老百姓完全不用交利息，积十四年，当地将六百石粮食还给上级官府，另外尚多余粮米三千一百石，作为后来社仓的基础粮食储备。贷给百姓，不再收取利息，百姓再也不遇饥荒了。真是万世良法。国家因此将朱熹之法推行全国。

　　而在《智囊》之中，此类故事尚有不少，冯梦龙对此呕心沥血，表明他对此类事件的揪心。这些历史故事，多半是在《智囊补》中出现的，在明末农民起义的背景下，饥荒像瘟疫一样在全国横行，作为一位知识分子，他对时局极为关心，也为国家和人民的苦难而忧思不已。他不仅为自己的寿宁治理准备了策略，也为整个国家解决问题提出了对策。可惜不为朝廷采纳，不然可以补万一于国家。

至于对待民间诉讼，以及案件侦查处理，也是治理的大事，《智囊》也有专节论载，且数量很多。但是这些历史材料，往往不是来自正宗历史典籍，而是出自野史笔记，所以作者一般评论很少，而其态度就放在全节的开头总论之中。冯梦龙说"智非察不神，察非智不精。……孔子亦云：察其所安。是以知察知为用，神矣广矣。善于相人者，犹能以鉴貌辨色，察人之富贵福寿贫贱夭孤，况乎因其事而察其心，有不灼然乎？"①这就是说，作为官员，对待民间案件要有洞察判断的能力，无论表面怎样复杂模糊，也要在背后找到事件发生的真相，做到真正地明察秋毫。这样的奇才异能之士，在历史上并不鲜见。《察智部·得情卷·张楚金》说：湖州参佐江琛，将刺史裴光写过的字，连结一起，做成文章，写成与徐敬业相通的造反书信，举报朝廷。公家派御史前去考查，审查的结果是，书信中的字确实是裴光写的，但是其中言语不像裴光说的。前后三次审查都无法判定案情。则天皇帝命令张楚金继续审查，依然如前不变。楚金非常忧心，某日仰卧于西窗之下，发现日光穿透窗纸布，受此启发，将裴光书信拿到太阳下观察，发现这封书信竟是补缀而成。于是将州中官员召集一起，叫人取来一桶水，命令江琛将书信投入水中，信中的字就散开了，江琛只好叩头服罪。这个案子的勘定真是艰难。假如不是张楚金在西窗下休息，看到太阳穿透窗子的布纸，哪能联想到用水浸信纸？说明断案，必须竭尽智能，反复思考之，乃能有得。

在同一节的《尹见心》中，记录这样一个故事，有一个人觊觎侄子

———————
① 冯梦龙：《智囊全集》，中华书局2007年版，第278页。

的财富，灌醉侄子后杀于自己的家里。其长子与他的老婆有仇，想虚构她后母与其堂兄的奸情而趁机斩后母首，并割下堂兄的首级一起报官。当时县官尹见心正在二十里外迎接上级，听此报告已经是夜半三鼓的时刻。见心从灯下观看两只首级，一只首级皮肉上缩，显得有些时间，一只则否。立即问杀人者道：是一时杀的吗？曰：是。问：你后母有亲生孩子吗？答：有一女，只有数岁。见心说：先让你在监狱里待着，等到天亮审查你。马上叫人接来小女孩，来之后，见心给予糖果小孩子吃，慢慢问小女孩，最后发现整个谋杀过程。这位尹见心先生仅仅从两件首级中样貌不同，发现蛛丝马迹，而终于准确定案，其聪明细微，真常人所不及。再一则《张举》的故事，张举为句章县令。一个妇人杀丈夫，趁机放火烧房，诈称丈夫死于大火，其丈夫弟弟举报，于是张举取来两只活猪，将一只杀了，一只不杀，同时堆在柴堆上面狂烧，张举察见被烧的活猪口中有灰，而那口死猪则口中无灰。再检验被杀的人，口中无灰，知其为妇人所杀。于是真相大白，抵妇人罪。张举所以能判此案，也是知识渊博所致，不然从何判定此罪？

　　在本节中，冯梦龙列举了多则判案故事，从中可以看出冯梦龙对此类活动的关注，因为古代行政官员经常要负责民间案件诉讼，如果不能断案，作为官长，真的不能有效治民。因此古人为官，以狱讼为大，以刑狱为要。而冯梦龙后来在寿宁做县官，果真将自己的此类经验见识用到县民的诉讼中去，而且取得不错的效果。《寿宁待志狱讼》篇曰："寿讼最简亦最无情。……寿人凶悍有出理外者，青竹岭村人姜廷盛，盛气而来，谓同弟征粮至三望洋地方，为刘世童劫其粮而砍伤其弟。保家凿凿为证，验伤刀伤可畏，未几，世童亦至，诉云廷盛自砍其弟，欲以诈之。余念兄无砍弟之理，且白昼自砍，何能诈人？然廷盛蓬垢不可近，而世童衣履如常，应对暇豫，又不似曾交手者，且各召保，次日午，余命舆拜客，既出西门，径诣三望洋，遍询父老儿童，莫不言廷盛自砍。闻其亲姨吴氏，尔时曾来劝解，所居不远，召至询之，亦但言误伤。而童子姜正传即廷盛本族，乃目击其事奔报吴氏者，言自砍不虚。详究其故，廷盛以里役事苛责世童，世童首之县，廷盛恨甚，有弟瘫手，盛素恶其坐食，至是，携之诣刘索斗，冀一交手则毙弟以陷之，刘不与角，益愤与惭，值肉案有屠刀，即取之掷弟，中额，血披面，盛亦取自涂而为肤受之诉耳。始知天理所必无，未必人情所或有也。余乃重扑廷盛，取同保家甘结，俾领弟回疗治。若不死，许从宽政，否则尔偿！盛计窘，谨为调护，遂得无恙。假使余不躬往，或往而不密，必为信理所误矣。令此地者当知之。"

冯梦龙先生的这次断案，虽非惊天大案，但属一次铁案，非常准确，完全与真情相符，谁也没有冤枉，可谓青天。

此案件说一个农民姜廷盛控告另一农民刘世童打劫其粮食，并砍伤自己的弟弟，中间人言之凿凿，伤口处宛然犹在。不久之后，刘世童到了，诉说是姜廷盛自己砍伤，他现在讹诈于本人。冯梦龙想，人情不应自砍兄弟，且白天砍人，怎能讹诈别人呢？但看姜廷盛蓬头垢面，而刘世童仪态娴雅，不像砍人之辈，于是第二天作者坐轿前往纠纷发生的地方三望洋。问遍当地父老乡亲，都说是姜廷盛砍伤。听说姜的亲姨吴氏甚至前来劝阻，于是又将其人找来细问，也说是姜廷盛砍的，当时另一目击者小男孩姜正全是姜廷盛本家，也说是廷盛砍的，而且通知吴氏的也是他。后来作者彻底搞清，姜廷盛因为服役之事怪罪刘世童，刘世童就将姜氏告到官府，廷盛遂非常怨憎，加上廷盛有个瘫腿的弟弟，廷盛深厌老弟吃白食，于是将老弟拖来，企图与刘世童打死弟弟而嫁祸于人，刘世童不与交手，姜廷盛怒且愧，碰巧案上有把杀猪刀，廷盛怒将刀子扔到弟弟面前，碰破了额角，血流覆面，姜廷盛又将弟弟面上的血水抹于自己脸上，因此控告刘世童。冯梦龙于是将姜廷盛痛打一通，叫他回去好好看顾弟弟，如果老弟死了，就要他抵命。这件案件终于了结。冯梦龙说，此案假如自己不亲往勘察，或者去了，但勘察不细致的话，可能造成一件冤案。足见《智囊》中的相关判案故事，就是作者的学习对象，并且他也从中学习到了断案经验和技术。于是我们知道《智囊》的察智部分，具有很强的现实意义。

《智囊》中察智部分的判案故事相当之多，如果将故事演绎开去，会变得非常有趣，冯梦龙也在三言中改造了这些故事，赢得了读者的喜爱，足见判案故事的趣味性之高。

在《智囊》中，人口问题也受到作者的关注，古代重男轻女，远较今天为甚。此外因生活艰难，税收的繁重，天灾人祸，农民有时生子艰难而弃之，因此对于地方户口的增加造成了影响，更主要的原因是有女有子而不养，极不人道极为残忍，作者对此义愤填膺。依然是《明智部·经务卷·叶石林》条记载，叶梦得在河南颍昌郡（今天的许昌）为长官，正好碰上水灾，开封以西特别严重，浮尸从唐河邓州一带顺流而下，不可胜数。叶梦得命人打开常平仓拯济。但是，许多被遗弃的小孩无人收养。某天，叶问周边的人："民间有人没有孩子的，为什么不收这些丢弃的孩子？"有人回答说："他们担心孩子养大，生身父母前来认领。"叶梦得查阅国家法令：凡是发生灾荒遗弃小儿的，父母不能再领回去。于是将本条法令写在纸上，交给各地的保甲官长。凡是捡到小孩的人家，就给他们一张公家的证明，官府又同时加以登记，共救活小儿三千八百名。

《上智部·见大卷·贾彪》条说，东汉人贾彪与荀爽齐名，被举为新息县令。小民因为贫困，很多生子不养，贾彪制定严厉的规定，凡弃子者，与杀人同罪。一次新息城南有人抢劫犯罪，城北有妇人杀死儿子，贾彪前往现场，他的御仆驾车往南，贾彪大怒说：有人打劫只是小小犯罪，而母子相残，逆天背理。于是驱车往北，治妇人杀子罪，城南罪犯听此消息，也立即自首了。数年之间，老百姓生养子女数千人，都说这是贾父所赐，生男名叫贾男，生女叫做贾女。作者对这些历史上拯救被遗弃孩童的名臣抱有极大的敬意，而他后来到寿宁县令职任上，亲自贯彻这些古贤人的政策，也拯救了许多婴儿的性命。

正如《寿宁待志·风俗》中所记载的："闽俗重男轻女，寿宁亦然，生女则溺之，自余设厉禁，且捐俸以赏收养者，此风顿息。……附《禁溺女告示》：寿宁县正堂冯：为严禁淹女以惩薄俗事，访得寿民生女多不肯留养，即时淹死，或抛弃路途，不知是何缘故？是何心肠？为父者，你自想，若不收女，你妻从何而来？为母者你自想，若不收女，你身从何而活？……今后各乡各堡但有生女不肯留养，欲行淹杀或抛弃者，许两邻举首，本县拿男子重刑三十，枷号一月，首人赏钱五钱，……其抱养之家，……养大之后，不许本生父母来认，每月朔望，乡头结状中并入'本乡并无淹女'等语。"①冯梦龙先生在寿宁的禁止淹女告示，拯救了多少女孩，福及当地女性至大，其功德可谓无量。而先生的举措，与贾彪、叶梦得的举措异世同辙，殊途同归，令人感动之至！

对于税收的问题，《智囊》中也有记录。税收是封建国家的大事，攸关国家财政平衡得失，同时也关涉每一个普通家庭的幸福。在开国之初，因为政治清明，管理有序，国家税收往往非常节制，而到了王朝后期，随着用度增广，各种税收不断增加，其后果就是老百姓的负担愈重，人民的生活日益艰辛。冯梦龙先生作为一位忧心国家的知识分子，他在书中，甚为留心税收的增减。《上智部·远犹卷·程琳》：程琳做三司使的时候，有人主张税收名目太多，以致很多官吏暗中使奸，提议将众多名目简化，只以一种名义征收。程琳说，将众多税名合为一种，暂时确实方便，但后来有兴利聚敛之臣，必然再次增加新的税名种类，因为他不知道这一种明目的税收已经包含各类税种，认为其他税类尚未涵盖其中，就将再次加税，增加人民负担。果真到蔡京当政的时候，将税名统一，然后又在此基础上，增加新的税种。人民的困难大幅增加了。足见程琳先生的远见，苟无爱民之心，何以及之？同节另一则《高

---

① 冯梦龙：《寿宁待志》，福建人民出版社1983年版，第51-53页。

明》说：明代景帝年间，黄河南移，百姓于是耕种黄河退出的空闲土地，颇有收成，一些官员提议将这些新开垦的土地按亩丈量收税。御史高明反对。他说：黄河变迁无常，如果税收不变，平地一旦再次被水浸灌，加在上面的税收份额不改，老百姓怎么能承担得了？于是朝廷就对此闲地不加收税。此论惠泽生民大矣。一则《张咏》：北宋人张咏为咸宁崇阳知县时，当地百姓以种茶为业。张咏说：种茶固然有重利，然而官家将对其收税，既然如此，不如不种。命百姓拔掉茶树而种上桑树，老百姓当时颇不乐意。后来国家对茶叶收税，别的县民皆失业了，独独崇阳农民所栽的桑树都有收获，每年因此制成的绢布达百万匹。百姓回忆张咏的大恩，为之建立庙宇祭祀纪念。

作者对这些惠泽生民的义举特别感动，写下充满激情的评论：我每见沿江的郡县，因为江滩开垦交税而使百姓重困，大概因沙涨成田，有关官员喜欢对新田加税以获得政绩，不知以后减税多难。四川的盐井发展也是这样被困住的。大学士陈于陛著作《意见》说：有人开盐井就要交税，因为旧井毁坏，加在上面的税收未除，百姓特别受害，故而新的盐井也不敢开发。国家应该为此立法：凡是废弃盐井，除去一切税收，允许百姓开发新的盐井，开发成功的时候免去税收，三年后收税，则百姓的压力负担大大减轻。冯梦龙继续评论：洪武二十八年，户部有太祖圣旨云：山东、河南人民，新开荒的田地，不管多少，永远不要加税，有力气的尽管去开垦。这才是真正的惠民大法。

税收是攸关国家和百姓的经济，而现代社会国家，税收的多寡，也直接涉及国家经济的兴衰。后来冯梦龙至于寿宁，在税收上特别用心，尽量减少当地人民的税负。《寿宁待志·升科》："天下有名美而实不美者，升科是也。沿江滨湖，岸有摊长，中原北地，土多荒芜，开垦起税，故宜有之，……况区区寿邑，……沙浮土浅，梯石而耕，……但有抛荒，宁留余地？凡升科，皆故田也。穷民鬻产未足，并粮鬻之，彼享无粮之租，此认无田之粮。积欠不偿，一逃自脱，虚悬岁久，莫穷根柢。偶于讼牒中，逗漏隐粮一二，不敢吐实，止承开垦，此升科所自来也。余既究此弊，欲以本鄣所升之数，即抵本鄣所悬之数，升愈多则悬愈少，行之数年，则虚粮渐实，可免鄣民赔累之苦。而吏书固争，谓升科系考成一款，必不可少。余不得已听之。"①

对于升科之事，作者在《待志》中，专辟一节论述之。所谓升科，就是将百姓新开垦的土地，刚刚几年不加税收，但数年之后，则必定加税。古代官员，特别喜欢将百姓的土地加入升科加税的范围之中，以便为自己积累政绩而升迁服务，但是此举给百姓带来巨大的经济压力，也阻碍人民开垦的热情，从而给地方农业发展造成侵害。寿宁这个地方，山高险峻，沙浮土浅，得地至难，然而在农民的固有土田上，经常额外加税。农民交不起税粮，只好一逃了之。作者发现了此问题，希望用升科加税的新田地，替代过去逃跑农民的已有田地，从而减轻百姓负担。作者欲行此计，但是为手下书吏所阻，只能慨叹而已。在《智囊》中记录升科历史，具有实际的经济管理意义。

对民间巫风的态度，作者也非常关注。古代文化落后，巫鬼在民俗中占据非常重要的地位。而在整个明代朝廷，信神仙信巫的风气也非常盛行，明世宗明神宗在位时间很长，却将国家治理得一塌糊涂。之所以如此，一个重要的原因是一心信道信神仙。明世宗时代的陶仲文、邵元节等人因为给皇帝提供此类服务而做了大官，陶仲文甚至兼封少师少傅少保，有明以来一人而已。而社会上也深受影响，巫风神仙流行，晚明此风盛极。作者览古鉴今，认定此类活动荒谬之极，希望从中找出经验教训，破除巫术迷信。《智囊》也多次记录此类故事，冯梦龙期待从中启发民智。

《明智部·剖疑卷·宋均》条：汉光武帝时候，宋均作九江太守，下面的浚遒县有唐、后两山，百姓热诚祭祀。众多巫人，从民间百姓家

---

① 冯梦龙：《寿宁待志》，福建人民出版社1983年版，第19-21页。

招来男女青年，当成男女山神，以致民间不敢嫁娶。宋均赴任之后，下令说，从今以后，凡是为山神嫁娶者，必须从巫家选择。不许骚扰良民。此风气不久就自动消灭。另一条《圣水》说，唐敬宗宝历年间，亳州传言出现了一种圣水，喝了之后，就包治百病。从洛阳郡到江西境内，几十郡人民汲汲如狂，前往收取圣水，有人甚至获利巨大，百姓纷纷被其迷惑。李德裕此时在浙西为长官，取来圣水，当场用猪肉五斤烧煮，宣称如果是圣水的话，煮肉应该煮而不化，一会儿之后，这肉就稀烂如泥了。自此人心豁然，妖风败灭。《佛牙》条说，后唐明宗时候，有个僧人曾游西域，得了佛牙，献给明宗，明宗拿出佛牙给大臣炫耀。学士赵凤进谏说，世人传说佛牙水火不能损害，请检验一下。当即举起斧头，应手即碎。对此，冯梦龙评论道：正德时代，张锐、钱宁等以佛事蛊惑武宗。到世宗嘉靖十五年，依夏言的建议，销毁大善殿，佛骨佛牙不下数千斤。佛牙如此之多，假如皆出于佛身，也不足贵了。这些人如此做派，真是佛教之罪人啊。而《活佛》记录：云南风俗信鬼，鹤庆玄化寺声称本寺有活佛，每到年节之时，士女汇集，动辄数万人，争着用金泥涂在活佛脸上。林俊巡按至鹤庆，命令将此活佛焚烧，父老乡亲劝阻说，如果烧了活佛，可能招致冰雹损害庄稼。林俊说，如果真的下冰雹，我就不烧活佛。烧着之后，什么也没有发生，而且得到黄金数百两，林俊上缴给官府。对此，冯梦龙评论道：五斗米，白莲教之类，都以烧香聚众为法，地方长官不得不防，不仅是救愚民变风俗而已。近代以来有从佛面刮金装扮自己面容，以致得恶疮而死的，都是愚民过于相信鬼佛之故。从中可以看出冯梦龙对愚民信鬼的厌恶，而地方长官对于此类风气的禁行，又具有重要的引领作用。

所以冯梦龙到福建寿宁之后，对愚民的举动，尽力加以引导。《寿宁待志·风俗》："俗信巫不信医，每病必召巫师迎神，邻人竞以锣鼓相助，谓之打尫，犹云驱祟，皆厌酒肉于病家，不打尫则邻人寂寞，辄谤为薄，当打尫时，或举家竞观，病人骨冷而犹未知者，自余示禁且捐俸施药，人稍知就医，然乡村此风不能尽革也。"①从上述可见，冯梦龙在治理寿宁期间，尽量引导人们走出信巫鬼的迷圈，而进入文明理性的世界，虽然效果不彰，但其努力是明确的。因此其在《智囊》中的记述，具有明显的启发民智之功劳。

以上《智囊》中六类故事只占智囊历史智慧的很小部分，冯梦龙虽然只在丹徒教谕和寿宁县令的位置上，不能发挥大的效益，但是其实际经验依然表明，具有强大智慧的《智囊》对于政治经济社会管理有着巨大意义。如果冯梦龙先生官至宰辅，甚至于是国家首脑，则更加有益于生民和天下国家。虽然他本人不能达到这样的地位，但是对于读者来说，学习或者熟悉《智囊》中的经验智慧，无疑会增进自己的能力，在人生的各种实践中，轻松应对各种问题，至此，其意义就不言而喻了。

三、对《智囊》的总体评价

冯梦龙《智囊》的编纂，在冯梦龙一生编辑的各种书籍中，只是其中的一本，虽然规模不小，但并不占据特别重要的分量。冯梦龙编辑的书籍太多了，而且遗失的也非常之多，如果他所编的书籍都得以保存，《智囊》的占比可能更小。其次此书编纂的时间非常之短，只有区区二个月时间，作者无论有多大的才智学识，也难于做出特别的精品，虽然后来他因为读者的需要，继续编纂《智囊补》，但那也只是补漏而已，对此书并无本质的补救和改变。尽管如此，《智囊》这本书依然是很特殊的一本，毕竟其名字叫做《智囊》，学了此书之后，可能就变成足智多谋的人，可以因应世务，甚至于成为奇才。此后历代读者，酷爱此书的人士不少，他们在阅读此书后不仅智谋大进，甚至于成为政治军事领域的人杰，在军事政治界发挥重要的作用，而因为这一点，《智囊》很为人看重。

---

① 冯梦龙：《寿宁待志》，福建人民出版社 1983 年版，第 54 页。

为什么《智囊》能在晚明苏州一带出现流行，一则是苏州是中国晚明文化繁荣发展的重镇，再则此一带是晚明王学左派的重要基地，三则是苏州等长江三角洲地区文化发达，读者群数量相当巨大，这些为明代后期的文化出版业的兴盛奠定了雄厚的基础，从而创造了中国文化史的奇迹。《智囊》的出世，无疑是这一潮流的产物。因此本书也打上了鲜明的时代印迹。

当然《智囊》只是冯梦龙先生编纂的书籍中的一种。作者草草编成，将全书分成十大部分：分为大智、明智、察智、胆智、术智、捷智、兵智、语智、闺智、杂智。虽分为十类，但是内在逻辑并不严密，在十类智慧中，前面九大类型实质上分别并不清楚，都可以混为一体。而在最后一种杂智中，倒是独特的一类，即所谓邪恶黑暗之智谋之奸诈之计略。《智囊》实际分成两类即可，邪恶智计和一般智慧是也；或者分为政治，外交，军事，经济，文化，社会领域也可；或者按时代顺序，分为先秦，秦汉，三国魏晋南北朝，隋唐，五代宋元，明朝也可。但是作者的分类是不清晰的，九类智慧之间没有本质的差别。皆因作者投入时间有限，在此问题上，并未用心也无法用力，因此其分类出现严重的混乱，这是需要后来人明白的。我们顶多只需将《智囊》全书当成历史智谋，浑然同看，不用将各种智谋分门别类。

在题材选择上，作者多取材于中国历代典籍，最主要是来自历代史书，少部分源于历代笔记，虽有可疑之处，但绝大多数是可靠的，毕竟史籍是中国文化中的核心，历史故事的智慧是被现实反复检验的，作者附在故事后面的评论，大多表现出卓越的见识，成为后来读者可资借鉴的经验教训和治国方略。如果因为某些评论的不确，而断言此书的评论见识全无价值，那就大错特错了。作者毕竟是在历代典籍中摸爬滚打过来的人，对于经史子集相当烂熟，是明末一大才子，所谓饱学之士，其见识判断，没有太大的问题。

但是作者读书极杂而博，有时缺乏严谨的考详。更主要作者的第一身份是文人而非学者，而且作者情多理少，以文人自命，历史见识并未排到他的首位。加上作者的生活放浪不羁，纵情任性，使其见识判断有时失去准的。特别是作者受晚明王学左派影响颇深，对李贽信之不移，李贽的不少谬论也会为其吸纳不思，使得《智囊》的编纂出现一些问题：材料的选择不时不慎，更主要是对奸臣佞贼的计谋不能分辨，看不出背后的诡诈恶谋，对一些邪徒恶棍、骗子盗贼的恶毒计策缺乏辨别的理性，这些给《智囊》这本书带来了负面评价，作者缺少以德帅才的价值判断，以致给人留下不稳的印象。但是这些毕竟不是本书的主体。如果我们在阅读的时候，剔除这些糟粕，而将其精华吸取，本书的价值依然彰显无遗，可为后来读者提供重要智谋参考。

最后一章的内容，也是《智囊》一书的重要佐证。作者晚年，即在崇祯七年到崇祯十一年四年之间，曾被选为福建寿宁县令，在县令任上，作者著作《寿宁待志》，记录了他治理本县的历史和经历。从本县志看来，作者的治理非常成功，深得人民的爱戴，证明作者之所以有如此出色的政绩，是因为做好了充足的准备。这种准备既在于他之前对历史书籍的阅读，更在于他对《智囊》的著作，并将《智囊》的智慧，运用到寿宁县内的实际治理之中。这从另一个现实的角度证明，《智囊》的写作，绝不是纸上谈兵，而是与实际生活紧密相连的，证明了《智囊》这本书是有实际价值的。可惜作者的实际应用，已然到了他的老年时代，而且是在福建的偏僻小县，不然，冯梦龙将对中国历史做出更大的贡献。要之，《智囊》这部著作使冯梦龙不朽。